生活因阅读而精彩

生活因阅读而精彩

美国联邦调查局绝密档案

MEIGUO LIANBANG DIAOCHAJU
JUEMI DANGAN

全球顶级情报机构的内幕与真相

刘文忠○编著

中国華僑出版社

图书在版编目(CIP)数据

美国联邦调查局绝密档案:全球顶级情报机构的内幕与真相 / 刘文忠编著.—北京:中国华侨出版社,2012.5

ISBN 978-7-5113-2293-7

Ⅰ.①美… Ⅱ.①刘… Ⅲ.①联邦调查局(美国)-介绍 Ⅳ.①D771.236

中国版本图书馆 CIP 数据核字(2012)第 063064 号

美国联邦调查局绝密档案:全球顶级情报机构的内幕与真相

编　　著 / 刘文忠
责任编辑 / 梁　谋
责任校对 / 吕　红
经　　销 / 新华书店
开　　本 / 787×1092 毫米　1/16 开　印张/18　字数/286 千字
印　　刷 / 北京溢漾印刷有限公司
版　　次 / 2012 年 6 月第 1 版　2012 年 6 月第 1 次印刷
书　　号 / ISBN 978-7-5113-2293-7
定　　价 / 32.00 元

中国华侨出版社　北京市朝阳区静安里 26 号通成达大厦 3 层　邮编:100028
法律顾问:陈鹰律师事务所
编辑部:(010)64443056　　64443979
发行部:(010)64443051　　传真:(010)64439708
网址:www.oveaschin.com
E-mail:oveaschin@sina.com

前言 Preface

“即使在夜里，联邦调查局的工作人员也会保持清醒。因为他们时刻想着恐怖分子手里掌握的大规模杀伤性武器、黑手党成员隐藏在暗处的枪口和外国间谍们无孔不入的眼睛！也许今天，也许明天，也许几星期，也许几个月，大案随时可能发生，我们随时都要做好从床上跳起来去抓捕罪犯的准备。”

这是联邦调查局局长罗伯特·穆勒曾经说过的一番话。我们可以从这番话中对美国联邦调查局(FBI)的工作范围有一定的了解。

其实，在很多好莱坞大片中，我们都能看到 FBI 特工们的身影。在电影中，联邦调查局始终是一个戴着神秘面纱的组织。他们的特工来去无形、身手不凡、装备精良，他们的机构组织严密、设备先进、不为人知。那么，在现实生活中，作为美国联邦执法机构，它真的是像电影里那样充满俊男靓女、动辄飞车枪战吗?真实的 FBI 特工是否真的如此威风?珍珠港事件、肯尼迪被刺、尼克松下台、克林顿性丑闻、马丁·路德·金之死、“9·11“事件……这些事件和联邦调查局又有什么样的关联?他们在其中扮演了何种角色?

这一切的疑问,我们都将在本书中为您解答。

通过阅读本书,你会发现,联邦调查局所经历过的种种传奇往事远远要比电影更离奇,也更精彩。只不过,许多精彩的故事由于种种原因不被人们所熟知,藏在了历史的尘埃中。

本书援引大量的原始资料,为您揭开联邦调查局的神秘面纱,同时我们也会为您再现那些 FBI 特工的工作情况。由于联邦调查局与许多影响世界历史进程的大事件都有密切的联系,所以我们在叙述联邦调查局往事的同时也会对当时的历史背景加以介绍。相信读完此书,您将会对许多重大的历史事件有更真切的认识。

总而言之,本书是您了解联邦调查局和美国政坛秘闻的一扇窗。使您获得良好的阅读体验,这是我们最大的心愿。

目录 Contents

第一章　1908,美国的“诡异”

——美国联邦调查局(FBI)形成的故事

FBI 有人称其为“人脑可以想象出来的最伟大的组织”。那么当年它是如何诞生的,在一个多世纪的时间里它又是如何发展的?尽管这是一些尘封已久的往事,但是这些几十年前的故事依旧对人充满了吸引力。

第二章　雾里看FBI

——FBI内部解密

世人皆知的FBI探员从哪里来？他们接受过什么样的训练和考验？他们在执行任务时有哪些要求和准则？他们的私生活又是如何度过的？这一切，都将在本章揭晓答案。

第三章　“白宫之鹰”的是非纠结

——FBI政坛传奇故事

FBI与白宫的故事，可以说一桩桩、一件件都是近代史上重要的谜团。自从FBI诞生的那一天，它就和美国的权力巅峰——白宫产生了密不可分的关系。有的时候，是唇寒齿亡的合作关系；又有些时候，成了你死我活的斗争关系。在一百余年的时间里，白宫和FBI发生过哪些故事呢？让我们来一起细细品读。

第四章 火拼“一号公敌”

——FBI 大案要案纪实

FBI 历史上,有多得数不清的大案要案,但是有那么几桩案件,却显得那样重要,虽然时间也许已经过去很久了,但是依旧被人们口口相传。

第五章　间谍争霸

——间谍与反间谍

联邦调查局一直在扮演间谍与反间谍的双重角色。在这些间谍大战中，留下了许多惊心动魄的大案要案，这些案件往往涉及美国政坛最为隐秘的地方。了解了这些间谍案，或许你能够对世界历史上那些鲜为人知的过往有更客观的理解。

第六章　明星们的“强势”粉丝

——FBI 眼中的明星

明星与 FBI，在普通人眼里，这两种人风马牛不相及，但是 FBI 的特工们可不这么想，在他们眼里，明星也可能成为自己要调查的对象。事实上，不管是电影明星、歌手还是科学明星，都有许多人曾经被 FBI 调查过。由此可见，在 FBI 的眼里，所有人都有可能是破坏国家安全的潜在威胁，他们不曾对任何人掉以轻心。

第七章 来自阴暗处的致命袭击

——FBI 的无奈时刻

那些来自全世界各个恐怖组织的恐怖袭击，一直以来都是 FBI 最为头疼的事情。这些恐怖袭击，由于事前都经过精心策划，而且是在人们不注意的情况下突然发生的，所以显得格外难以防范，也许，这就是让 FBI 感到最为无奈的时刻了。

第一章
1908，美国的“诡异”
——美国联邦调查局（FBI）形成的故事

FBI 有人称其为“人脑可以想象出来的最伟大的组织”。那么当年它是如何诞生的，在一个多世纪的时间里它又是如何发展的？尽管这是一些尘封已久的往事，但是这些几十年前的故事依旧对人充满了吸引力。

1908，FBI诞生记

1908年。

这一年，慈禧太后和光绪皇帝相继去世，溥仪继位，中国进入“宣统元年”。

这一年，俄国贝加尔湖西北发生了“通古斯大爆炸”，至于具体是什么东西引起的爆炸，至今还是一桩悬案。

这一年，奥林匹克运动会在英国伦敦举行。

这一年，奥匈帝国宣布兼并原属奥斯曼帝国的波斯尼亚、黑塞哥维纳两省。

……

总而言之，1908年的世界，充满了变数和不安，足以让世人铭记。但是大部分人还忘记了一件重要的事情。就在这一年，美国联邦调查局（FBI）成立。套用我们中国人的说法，这一年可以叫做“FBI元年”。闻名于世的FBI从此登上了历史的舞台！

在“麻烦”中诞生

1908年，美国总统西奥多·罗斯福被一件麻烦事所困扰。

这件烦心事和美国著名的“西进运动”相关。

美国独立以后，取消了英国政府颁布的禁止移民西进的禁令，并且鼓励美国人到西部去开荒置业。一时间,许多来自东部沿海地区和欧洲的移民纷纷越过阿巴拉契亚山脉涌向西部。据统计，阿巴拉契亚以西的人口在1810年只占美国总人口的15%,10年以后增长为25%。

这些移民当中,既有南部的奴隶主,也有北部的土地投机商;但人数最多的还是一般贫苦的拓荒者——猎人、矿工、牧民和农民,后者是为谋生来到西部的,他们成为西部早期移民的主体。

西进运动和领土扩张是交织在一起的,在西进运动过程中,西部得到开发,大大促进了美国经济的发展。

但是,由于大批流动人口的涌入,而当时美国政府并没有在西部设立相关的政府机构。所以移民到西部的美国人很快就发现,在西部定居是一件非常危险的事情。联邦政府的法律在这地处偏远、人烟稀少的地方根本就完全无用。一时间,美国西部成了没有法律约束的“犯罪天堂”。常有亡命徒拉帮结伙,在荒野抢劫驿车运送的黄金,或者枪杀矿工强占他们的采矿点。

不止是犯罪分子漠视法律，就连普通的移民也不把联邦政府的法律放在眼里。在移民们看来,法律、章程并不比他们的车、马更神圣,基本的前提在于那个东西是否有用。这个“自由之地”的人们嘲笑法律是一堆僵死、刻板、不切实际的条文。的确,在边疆的混乱环境中,任何现成的、形式化的法律都不能够解决这里所存在的重大问题，移民们选择了另外一种符合他们作风和边疆传统的形式。他们“组织群众大会”,针对圈地和其他事宜制定了法律和规章制度,还选举行政官员。但是,这些临时政府发觉很难对付那些积习难改的捣乱分子。为对付这些人,自行成立的治安委员会便抓了最臭名远扬的坏蛋,在没陪审团的情况下强行审判,并把他们吊死在近处的树上。

当时的西部,可以说是法律的荒漠、犯罪的天堂。如果美国政府不能够成立一个机构有效地控制这里的犯罪,那么西部将很可能成为人间的炼狱。

1908年,一个夏天的晚上,天空乌云密布,罗斯福和美国政府的首脑们已经开了一天的会,但是罗斯福仍旧没有一点要散会的意思,因为罗斯福还有一件十分重要的事情没有宣布——成立联邦调查局，在全国范围内打击犯罪(主要针对西部地区)。

罗斯福在思虑再三之后，缓缓地说道："西部的犯罪行为，已经到了空前猖獗的地步，我们必须成立专门的组织来抑制这个地区的犯罪行为！"

罗斯福的话刚说完，反对的声音马上就响起来：

"这个部门根本就没有存在的必要，只会给政府带来负面的影响！"

"这是对民族自由的践踏！"

"过问州政府的行政行为，难道我们美国人所说的自由是空话吗？"

……

这些话都在罗斯福的意料之中，因为当时的美国联邦政府无权干涉地方政府的行政职能。要建立这样一个在全国范围打击犯罪的机构，就等于在挑战地方政府自主执法的权利，自然会遭到反对。

但是，治安问题如此严峻，而且地方政府、尤其是西部地区的所谓的政府又如此漠视法律，如果不能实行铁腕政策打击犯罪，最后将难以收拾。所以，面对质疑和反对的声音，罗斯福还是坚定地说："无论如何，不能让犯罪在美国的土地上横行！所以，这个部门，是有必要的，我的决心也是不可动摇的。"

面对总统的强硬态度，议员们只好闭嘴了。

就这样，一个新的机构诞生了。

"联邦调查局"的由来

这个由罗斯福一手策划的新机构就是日后大名鼎鼎的"联邦调查局"，从名字就可以看出来，这是一个负责美国全境安全的庞大组织。但是在成立的时候，联邦调查局却连个正式的名字都没有。

当第一批工作人员进入到自己工作的地方时，发现这里和其他任何一个政府机构没有什么区别。而且只有不到 50 个人，资金很紧缺，非常寒酸。

直到 1909 年，当时的司法部长威斯科·山姆看到这个专门负责打击犯罪的组织已经拥有了 64 个人，他问自己的属下：“这个部门叫什么？”属下回答他：“不叫什么，就是一个专门负责全国安全的部门。”

威斯科·山姆可不愿意带领一帮乌合之众工作，他给这个组织起了一个气派的名字——调查局（The Bureau of Investigation 简称 BOI）。1925 年改称为联邦调查局。1932 年 7 月 1 日，时任局长胡佛将其易名为美国调查局。1935 年，根据美国国会通过的《关于联邦调查机构作用及职权的法案》，这支队伍正式被命名为联邦调查局（Federal Bureau of Investigation，英文缩写 FBI）。这个称谓一直沿用至今。

和名字一起发展的还有联邦调查的职权范围，今天，FBI 的官方使命是：通过调查违反联邦刑法的行为来维护法律，保护美国免受外国间谍和恐怖分子活动的威胁，为联邦、州、地方或国际机构提供领导和执法帮助，并且能按照公众的需要且在遵守美国宪法的前提下履行上述职责。

“FBI”这个缩写，不仅仅代表着美国联邦调查局（Federal Bureau of Investigation），还体现了 FBI 的信条：忠诚（Fidelity）、勇敢（Bravery）和正直（Integrity）。

或许在当年，FBI 就已经具备了这样的信条和官方使命。一位专门从事 FBI 研究的人这样说道：“联邦调查局在早期担负着 20 多种职责——从调查联邦刑事案件、侦破白领阶层犯罪案件，到维护国家安全等方方面面。”

随着时间的推移，由于国会将越来越多的行为视为违反联邦刑法，FBI 的权限有所扩大，在第一次世界大战和第二次世界大战等国家安全危机出现后，联邦调查局的权限也进一步扩展了。

第一次尝到权力的甜头

从行政关系上讲,联邦调查局隶属于美国司法部。

美国司法部是美国政府的一个部,其部长享有阁员地位。美国司法部的任务是保障法律的施行,维护美国政府的法律利益和保障法律对美国所有公民都是平等的,其部长是美国总检察长。

1789 年美国设立了总检察官这个职务,开始的时候这是一个非全日性的职务,其任务是为美国国会和总统提供法律咨询。但随着美国官僚机构的扩大,这个职务的工作量也不断增大,1819 年时他已无法继续充当国会和政府的法律顾问了。

1870 年 6 月 22 日,美国国会决定建立一个司法部。这个部门于 1870 年 7 月 1 日正式开始工作,这个部门的建立对总检察官的任务、薪金和地位都没有改变,但它设立了一个司法部副部长的职务,其任务是在法律纠纷中在美国最高法院代表美国政府。

美国司法部有将近 80 个下属单位,如反托拉斯局,没收资产审批部,司法统计局,烟酒枪械炸药局,民事局,民权局,社区警务服务部等隶属于美国司法部的下属单位。

作为司法部的一个“小喽啰”,联邦调查局从行政关系上讲是要绝对服从司法部的。《美国法典》第 28 条第 533 款明确规定,授权司法部长“委任官员侦测反美国的罪行”。也就是说，司法部是美国全高层的反犯罪机构，FBI对司法部应当无条件地服从。但是大名鼎鼎的FBI可不是那么好驯服的，在发展的过程中，联邦调查局逐渐扩大着自己的势力，当他们羽翼逐渐丰满起来之后，就连他的顶头上司“司法部”也常常对他们毫无办法。

联邦调查局第一次尝到权力的甜头是在第一次世界大战期间。

1914年8月，第一次世界大战爆发，美国这个时候虽然没有参战，但已经做好了战争的准备。

大战的头两个月，美国还没有决定投入到战争当中。可美国与英法贸易的不断增长，大量军需品运往协约国，使美德关系的阴影迅速扩大。1915年2月，德国开始实施潜艇战，在十周之内，未经警告即击沉的商船有63艘，中立国人员死亡200多人。1915年5月7日，英轮“卢西塔尼亚号”被德国潜艇击沉，死亡1198人，其中有美国128人。8月19日英轮“阿拉伯人”号被击沉，又死了美国人。再加上其他错综复杂的原因，美国最终决定参加到战争中。

但是美国政府还需要一个借口，来说服自己的民众，以获得社会舆论的支持。这个时候，联邦调查局开始大肆宣传与调查关于间谍的案件。民众是极易被愚弄的，通过联邦调查局捕风捉影的间谍宣传。民间开始对间谍这个词语十分敏感。几乎所有的人都在想：“我的身边是不是就有一个德国间谍?”以致所有的德裔美国人都被视为德国间谍。

在当年曾有一篇文章这样介绍：“宣战会把美国变成战场，所有德国来的美国人都是德国皇帝的间谍，与德国结盟的墨西哥人将会向北进军，抢回原本属于他们的亚利桑那州和新墨西哥州，然后占领加利福尼亚州。日本人则会在太平洋沿岸登陆，德国潜艇将炮轰纽约，工业发达的东北部地区所受破坏最为惨重，间谍将遍布世界各地。”

可以说此次间谍大恐慌就是联邦调查局一手造成的，它把美国人带进了一种由自己所创造出来的恐怖梦境中。

美国民众对德国间谍的恐惧变成了对德国的敌视，这个时候，政府更是站出来推波助澜。罗斯福下令:凡是年满 14 周岁、在美国生活而没有获得美国国籍的同盟国国籍男子,都可以认定为敌侨而被逮捕、限制、采取安全措施或迁居,同时禁止来自敌国的侨胞拥有枪支、爆炸物和无线电发报机,所有敌侨必须到相关部门登记。

当时罗斯福叫手下的工作人员把这个命令送到司法部,让他们去执行。司法部长看了这个命令之后,用不可理喻的语气说:“这完全是小题大做,我们美国人本来就来自世界各地,如果这样的话,全美国人都是间谍了?”但是这件事到底怎么办,司法部长还下不定主意,于是他把自己的手下胡佛叫到自己的办公室,询问他的意见。

胡佛在看了那个命令之后,对局长说:“我的意见是,我们按照总统的意思严格执行,现在是非常时期,不可疏忽。”

司法部长看了看胡佛,对他说:“好,那把这件事情交给你们联邦调查局去办!”

胡佛点了点头,拿着总统的命令离开了。

回到自己的办公室之后,胡佛马上叫来了所有的探员,对他们说:“好吧,现在放下你们手头的工作,我们有桩大买卖……”

在美国联邦调查局成立早期,FBI 探员的调查范围仅限于当时存在的刑事法律,诸如破产欺诈,托拉斯犯罪等。但是由于 FBI 开始承担反间谍任务以及对蓄意破坏和煽动暴动等行为的调查,所以 FBI 有了更多的职权。联邦调查局的探员们第一次拥有了持有武器的权利。

在之后的几个月里,联邦调查局倾巢而出,美国的德裔人士几乎全部都受到了联邦调查局的调查、逮捕,被送进监狱。多年以后,当初毫无证据的大肆搜捕成了联邦调查局的一个污点。但在这场“德裔事件”中,联邦调查局却尝到了权力不受国家宪法限制的甜头,这也让联邦调查局的野心进一步扩张。

胡佛的“篡位”

第一次世界大战结束之后，联邦调查局的工作又重新回归到战前的状态,但是此时的联邦调查局已经是羽翼渐丰,势不可挡了。

“红色恐怖”来袭

战争结束的第二年,威廉·弗林当选了调查局局长,他是第一个使用局长这一头衔的人。

威廉·弗林是一个很保守的人,在他担任局长期间,联邦调调查局完全服从司法部的指挥。在工作中,威廉·弗林唯上司是从。所以,这个时期的调查局没有得到丝毫的扩张。

当时的司法部长名叫帕尔默,是来自宾夕法尼亚州的辉格党成员,进步主义者。这个人对于权力十分热衷。而当时战后的社会环境也为他提供了一个执掌最大权力的机会。

当时战争虽然结束了,但在欧洲,来自左翼势力的不断起义和来自右翼的暴乱令各国政府应接不暇,就连美国也不例外,当时的社会陷入到了“主义的动乱”当中,恐怖和暴力活动在美国肆无忌惮。一个月内,就有36位声名在外的美国人收到了炸弹邮件,甚至连司法部长帕尔默也收到这样的炸弹。

帕尔默在收到炸弹之后，却不像别人那么恐慌，他甚至有些窃喜，他知道当前糟糕的治安局势对于自己来讲是一个好机会，因为他所统率的司法部一定会获得更高的重视，如果能处置得当的话，自己就能借此机会进入更高的权力机构。

帕尔默决定利用自己掌控着的“联邦调查局”来帮助自己完成这一愿望。

帕尔默当时找到总统，对总统说：“这些来自不同派别的暴动，对我们国家是威胁，我们必须要予以剪除。”

总统看着帕尔默，小心翼翼地说：“你能告诉我那是什么威胁吗？”

帕尔默回答：“我们的国家，目前正面临着比战争时期更严重的间谍热，还有来自激进分子、外侨等的威胁。”

总统对他说，你把这些话说给那些议员听吧。

在国会会议上，帕尔默情绪十分激动地谈起这些事情，最终使得国会拨款成立了一个反对激进分子的综合情报处，隶属于司法部调查局。此时，进入司法部工作已有两年的埃德加·胡佛被任命为综合情报处处长，帕尔默交给他的主要任务就是清除非美主义对美国国家安全的威胁，当然，最重要的任务还是反恐怖。

所谓的综合情报处，其实主要是由联邦调查局和其他一些情报部门构成，所以胡佛这个“综合情报处处长”，其实已经成为了联邦调查局的直接领导人。

由于手中掌握了像“联邦调查局”这样富有经验的情报机构，所以胡佛的办事效率显得格外突出。他建立了 20 万张卡片资料，每一个激进组织，每一家激进出版社，都在他的这些卡片中有一席之地。仅仅四个月的时间，索引资料中已经收集了 6 万名嫌疑分子的姓名和个人履历。此外，胡佛还和其他政府机构合作，派密探打入激进组织内部，把所有激进组织的情况摸得一清二楚，甚至在有些激进组织中，胡佛还在幕后掌握了他们的领导权。

1920 年 1 月 2 日，胡佛发动了一次对于激进组织的大规模清剿。他指示潜入那些激进组织的 FBI 成员，要求他们在全国 33 个城市领导或是鼓动激进分子们同时召开会议。就在这些组织召开会议的时候,FBI特工们突然冲进会场,也无需出示逮捕证,就将参与会议的成员全部逮捕了。所谓的自由与民主,在这个时候已经成为了一句空话,被拘留的人甚至不允许请律师。

仅仅一个晚上,FBI就逮捕了4000多人,逮捕这些人的原因仅仅是因为调查局认为他们有激进倾向。这时候,恐怖在FBI的眼中已经完全清除了。但是民众那里,由于调查局在这件事情上进行了过分的渲染,所以,他们都把FBI当做是美国人的救星。在美国人眼中,帕尔默和胡佛简直是拯救民族危难的国家英雄。

胡佛走马上任

不过这种英雄的形象没有保持多久就灰飞烟灭了，原因是在对这些调查局所谓的罪犯审问的过程中,FBI无法拿出更有效的证据证明他们有罪,很多人最后只得被无罪释放了。

美国人开始清醒了,他们明白自己原来被FBI欺骗了,很快,他们从鄙视FBI的行为升级为对FBI的愤怒,这个过程并不长,因为很多美国人都意识到了这样一种情况。尽管当时的美国确实还存在着一些有违法律精神的行为,但没有一个部门像FBI这样肆无忌惮的践踏民权。确切地说,在美国人心目中,FBI这种行为是过火了,它侵犯了人民的权利。

作为整个事件的领导者,胡佛其实应该负主要的责任。但是在这个时候他却远远地躲到了一边，而把自己的上司——司法部部长帕尔默推到了众人前面。当时帕默尔被称为是“公众心目中最令人讨厌的江湖骗子”,他也只好引咎辞职。

此时的胡佛,依旧安安稳稳地在司法部做着自己的差事。

两年以后,新任的司法部部长哈伦·斯通走马上任。在司法部,哈伦·斯通连一个人都不认识。他不知道谁是可以信任的,谁是不可信任的。为了培植自己的党羽,斯通在司法部进行了大刀阔斧的人事改革。

1924 年,联邦调查局原局长伯恩斯被解雇。

5 月 10 日,斯通将胡佛叫进了自己的办公室。当时胡佛心理七上八下,他以为自己也会和伯恩斯一个下场,被解雇掉。谁曾想,他进到办公室听到的第一句话居然是:“小伙子,从今天开始,联邦调查局的局长就是你了。”

联邦调查局的“胡佛时代”就此开始了。

解密联邦调查局史上最为传奇的局长

作为联邦调查局历史上最为传奇的局长，在任何谈及联邦调查局历史的场合里，都不得不提起胡佛这个人。

他掌控FBI长达半个世纪，不仅自己成了美国情报界教父级人物，而且还将联邦调查局的权力推向了巅峰，到最后胡佛完全成为了联邦调查局的“独裁者”，甚至连联邦政府也无法管理调查局的种种行为，因而历届美国总统对胡佛都十分“忌惮”，但因他势力太大谁都无可奈何。

那么，这样一位传奇局长，是如何一步步地成长起来的呢？

热衷于情报的小胡佛

1895年1月1日上午7时30分，在华盛顿离白宫仅一英里之遥的一幢白色木板房内，一男婴呱呱坠地。这一天是星期天，整个美国上空一片阴霾。

男婴的啼哭在阴晦的空气里使人觉得更加烦躁不安，而这个新生的男婴，正是长大后在美国历史上叱咤风云，并控制美国联邦调查局48年之久的胡佛。

胡佛一生所着力塑造的个人形象就像他的出生日期一样卓尔不群：1月1日。

埃德加·胡佛的父亲迪克森·胡佛是政府部门的一个印刷工，但是胡佛的母亲玛格丽特·沙伊特林可以说是名门之后——她的祖上是瑞士官宦世家。玛格丽特的父亲在19世纪中期移居美国,曾出任过瑞士首任驻美领事。玛格丽特的母亲是一名内战时期曾在国会山一带治疗过北方士兵的高级护士,这段经历也成了她一生的骄傲,然而最让她自豪的还是女儿玛格丽特,因为玛格丽特为她的家族生了一个足以让她在九泉之下笑得合不拢口的著名外孙——官至联邦调查局局长的埃德加·胡佛。

胡佛所受家教十分严厉,父母都对他抱以厚望,尤其是他的母亲,对胡佛的影响非常深远,特别是在性格塑造方面。胡佛儿时对事物的是非判断都直接源自母亲的影响,这种影响甚至延续到胡佛成年之后。

小时候的胡佛就非常聪明,各科成绩都十分优秀。但是除此之外,似乎看不出胡佛有其他特别的地方。他白天在教会学校读书,周末参加本地教堂的合唱团,做着和其他孩子相同的事情。

但是在胡佛11岁的时候,也就是1906年的一个晚上,小胡佛却做出了一件出人意料的事情。

那天一家人在一起吃过晚饭后,小胡佛跑到自己的房间,拿出一张自制的报纸,发给全家人。

这张自制报纸上的内容是小胡佛自己收集的他所认为重要的新闻材料, 当时他向家里人宣布:“我的报纸每份收取一美分的报酬, 你们都要订阅。”对于孩子的这个举动,胡佛的人家都十分支持,他的妈妈说:“好的,我喜欢我们的小情报员收集的这些情报。”

得到了家人的支持之后,胡佛更起劲了,他每周都要收集两页以上的新闻材料,并要求他的哥哥替他用打印机打印出来。他还给自己的报纸起了一个名字——《新闻周刊》。到最后,胡佛甚至开始在上面发表自己撰写的家事评论、学校见闻、街道消息,并留意收集到的花边新闻,如有一期他在头版位置刊载了总统女儿艾丽斯·罗斯福与众议院院长喜结连理的国家大事。

也许当时他的家人认为胡佛以后也许会成为一个新闻记者, 但是他们没有想到，胡佛成年之后将自己收集情报方面的天赋运用在了秘密调查上。

1913年，胡佛进入乔治·华盛顿大学法学院就读，当时他们家的生活越来越困难，为了节省金钱，他选择了法学院的夜校，因为这样就可以晚上学习，白天打工，贴补家用。那时候，胡佛通过关系在国会山图书馆找了一份整理卡片的工作。早上，他从家中徒步走过几个街区到图书馆上班，下午5点至7点到学校上课，回家后还要复习功课到深夜。

命运的改变源自一次闲聊

1917年夏天，胡佛从乔治·华盛顿大学毕业了，在上学期间，他取得法学士和法学硕士学位。当时美国的青年一代都对战争十分狂热，纷纷加入了正在迅速发展的美国武装部队。但胡佛却没有和别人一样选择参军，他通过关系替自己开了一份“暂缓入伍证明”，并通过母亲娘家侄子、司法部部长威廉·希茨的介绍，进入了司法部工作。

胡佛最后说：“我不认为军队是唯一战场，我更喜欢情报工作。”

但是在司法部的工作并没有胡佛想象中的那样新鲜刺激，他只是一个小小的职员，每天重复着简单而无聊的工作。虽然当时胸怀大志的胡佛对这种工作十分不耐烦，但他却丝毫没有表现出来，他努力地做好这份并不理想的工作，整天在办公室里忙个不停。

胡佛的付出也获得了相应的回报，他忙碌的身影都看在了邮件室主任乔治·迈克森的眼里。而迈克森的一次不经意的闲聊改变了胡佛一生的命运，甚至美国FBI的历史也因为这次闲聊而被改写。

1917年，这是一个非常平常的早晨，乔治·迈克森在公共汽车上遇到了他的好友——调查局局长布鲁斯·比拉斯基，他在和局长的闲聊中无意间提到了埃德加·胡佛。迈克森对布鲁斯说：“胡佛这个年轻人，工作十分勤勉，而且看得出来，他是个聪明的小伙子。”布鲁斯很感兴趣地说：“这样聪明的年轻人放在你那里不是屈才了吗?"

乔治·迈克森表现出了他的大度:"如果您需要,尽管把他拿走好了。"

在迈克森推荐胡佛之后,布鲁斯并没有马上就把这位聪明的小伙子调到自己的部门里,因为当时 FBI 并没有合适的位置留给胡佛。但是布鲁斯把胡佛推荐给了战时行动处处长威廉·弗林,于是,1917 年 12 月 14 日,当时 22 岁的胡佛加入了战时行动处,主要负责对付德国间谍可能进行的间谍或破坏行为,这是一个非常重要的工作。

在反间谍工作中,胡佛找到了自己真正想要的,他投入了无可比拟的热情和劲头,甚至放弃了休假日,他顾不上吃饭,每天都要工作到 2 点,在办公室一坐就是数十个小时。他的辛勤工作和责任心很快就赢得了上司的青睐。弗林曾经多次夸胡佛是"一个勤奋的小伙子",一年之内曾经三次给他加薪。

1924 年,当时的司法部长帕尔默由于工作上的失职被解雇,司法部落到了斯通的手中。斯通虽然当上了司法部长,但是对于整个司法部来讲他却是个不折不扣的"新人",为了巩固自己在司法部的地位,斯通开始了大刀阔斧的人事改革。而胡佛就是在这个时候幸运地被上司看重,当上了联邦调查局的局长的。

胡佛的铁腕管理

胡佛掌管联邦调查局之后,对内管理实施铁腕政策。他规定联邦调查局探员必须实行"强制性自愿加班"政策。

在胡佛的手下,特工人员被迫早晨 7 点就要上班,比一般的工作时间提前了 2 小时。这是一个常态化的规定,更是雷打不动的规矩。这样做的目的,就是让胡佛去国会山汇报工作时对政府的高官们说:"我们的人都在努力的工作,他们花在工作上的时间比在家里还多。"

在联邦调查局任何称职的探员,如果遇上工作需要,会在凌晨 2 点的时候从温暖的被窝里钻出来去捕人,或者加班到清晨。

但是如果无所事事的话,有谁愿意坐在办公桌前虚掷时光呢?而且胡佛这种强制性自愿加班是完全无偿的,这更让探员们都有一肚子的不满,但他们又不敢反抗胡佛的“暴政”。为了把这无所事事的清早熬过去,联邦调查局许多探员就到附近的咖啡厅去消磨时间。那段时间,挨着 FBI 办公地点的咖啡馆生意出奇地好。

但是,并不是所有人都这么想。一些野心勃勃的 FBI 特工为了加薪或者晋升,就给胡佛打小报告,说他们发现许多在总部签到上班的特工人员都在惠兰杂货铺里喝咖啡。

胡佛在知道了这一情况之后,十分生气,但是他又不便把这些 FBI 探员叫来训斥一番,因为他也知道:在没有工作时他还迫使手下人加班是不对的。但是胡佛可不是好惹的,他马上就想出了一办法。

星期五这天,胡佛叫来自己手下的一个探员,对他说:“今天你到咖啡厅去,只做一件事情,那就是把在那里喝咖啡的 FBI 探员的名字给我记下来。”

这个探员就照着胡佛说的去办了。

当他把这份名单交给胡佛的时候,胡佛心满意足地笑了。从此,这些人在联邦调查局再也没有得到重用,并相继被以各种各样的借口给踢出门外。

最善于搞形象工程的联邦调查局局长

每个特工人员,无论他的职位高低,只要一进入联邦调查局的大门,就要自觉地承担着为 FBI 做宣传的责任。在胡佛的眼睛里,自己手下的 FBI 特工人员应该人人都是帅哥美女,不仅要身材高大、五官端正、衣着得体,而且还必须举止优雅、谈吐不凡、富有教养,让人一看就乐于交往。假如探员没有出众的外貌,比如说秃头,或者长有粉刺,等等,只要给他看到,他都坚决予以开除,不管其是否才华横溢,或者是否是他最最喜欢的海军陆战队队员等。

一天早上,胡佛乘电梯去自己的办公室,一个穿红马甲的 FBI 探员正好与他同行。真是活该这位倒霉,胡佛最不喜欢别人穿红衣服。再加上这个可怜的 FBI 探员正巧那几天上火,导致脸上粉刺丛生,这让近距离与他接触的胡佛感到非常不爽。胡佛到了自己的办公室,就马上命令自己的秘书迅速找到那家伙。这个倒霉的探员到了胡佛的办公室还没有来得及开口,胡佛就对他说:“小伙子,收拾一下,从现在开始,你不再是 FBI 探员了。”

因为胡佛对于人形象近乎苛刻的要求,许多才华出众的年轻人都被 FBI 拒之门外。

当年,一个名叫兰德尔的青年怀着报效国家的一腔热血想调入联邦调查局。兰德尔长相英俊,聪明果敢,一看就是个极为优秀的人才。但他的申请很快就遭到了否决。原因就是因为接待他的 FBI 工作人员认为他是个“土包子”,不够文雅,眼神里缺少他们所需要的那种“狂热的激情”。兰德尔当然是心有不甘,就找到联邦调查局的沙利文帮忙。沙利文又找了一个 FBI 官员去面试他,兰德尔这才通过面试。

兰德尔在训练结束考核时,取得了十分优异的成绩,得到 FBI 教官们的一致赞赏。随后他被分配到辛辛那提分局,他在那里的工作十分出色。

但是几年后,兰德尔却说什么也要离开。别人问他为什么,他回答说:“我想工作,想做出点成绩,我不想让自己变成一个无所事事的人,不想把时间浪费在喝茶、聊天、看报纸上。可是,你也知道,我整天都是在办公室里闲待着!”

最终,FBI 没能留住兰德尔,正如他留不住许多像兰德尔一样不满于胡佛工作方式的年轻人。

但是 FBI 这种高强度的工作和高淘汰率的选拔,没有让年轻人对它望而却步,相反,很多年轻人都希望自己将来能成为 FBI 的一员,这可以说是得力于胡佛的宣传工作。

胡佛常派他的得力助手到全国各地的大、中、小学校对联邦调查局进行大力宣传,并以高薪招聘的形式使联邦调查局的名字深入人心。60 年代有人做过调查,所有在校大学生中,希望进入联邦调查局当特工的人占 67%,更多的中小学生则把特工作为自己一生中的一个崇高理想去追求。

"不要给调查局抹黑"是胡佛的经常说的一句话。但是联邦调查局那么多人,总难免有人做出对 FBI 形象不利的事情。遇到这样的事情,凡是对 FBI 形象有不利的地方,胡佛一概掩盖事实真相并坚决予以否认。对报纸杂志、电视节目胡佛更是全力应对。

1955 年 9 月,《花花公子》杂志上刊登了一篇特工上太空侦察的科幻故事。当时胡佛也看了这期杂志,当他看到那篇关于特工的故事时,破口大骂:"这是对我们的污蔑,他们就是想抹黑我们 FBI 的形象。我一定要给他好看!"

FBI 虽然一再声称自己不希望成为警察单位,但是胡佛仍然从联邦调查局国家警察学院特别训练班中抽调了一些人组成了隶属 FBI 的秘密警察。这些特工关注着所有美国公民的资料,包括电视电影明星的花边新闻、私人作家在报纸杂志上发表的文章等都是他们要观察的对象。

这一次,胡佛的秘密警察要用在对付《花花公子》上了。

胡佛叫来秘密警察部队的特工对他们说:"你们要对《花花公子》进行仔细审读,每期都不能放过,如果发现杂志内容有侮辱嘲弄联邦调查局以及我本人的地方,一定要及时向我汇报。"

这帮秘密警察一下子成为了《花花公子》的忠实读者,他们每一期都看,皇天不负有心人,终于在 1963 年 2 月,发现了杂志主编海纳夫写的一篇批评胡佛反色情阅读品的文章。秘密警察立刻把这个消息转达到了胡佛那里。胡佛听了这个消息,十分气愤,他是一个从不容许别人得罪的人,于是他立刻下令特工去调查海纳夫的背景。

即使这是局长的"私人恩怨",但是 FBI 的探员也不敢掉以轻心,马上展开了调查。但是世上哪有那么多"坏人"呢,调查结果显示,这个海纳夫不过是个普普通通的杂志编辑罢了。即便是这样,胡佛也在海纳夫的调查档案上写上了"此人提倡性自由,宣扬色情读品对青年人无害,值得注意",事情还没有完，1967 年胡佛又写了一篇批评《花花公子》漫画的报告，称杂志中有一篇连环画借故事之名讽刺了联邦调查局局长并诬陷了忠诚、爱国、道德、清白的联邦调查局的声誉。由此可见，胡佛对于 FBI 以及自身的名誉，看的有多么重要。

对于胡佛的铁腕政策，不同的人有不同的看法。但是有一个不可否认的事实就是：在接下来的 48 年(1924 年 5 月 10 日—1972 年 5 月 2 日)里，胡佛一直都将联邦调查局掌握在自己的手中，并且在这 48 年的时间里，联邦调查局逐渐成为了美国最为有权势的情报部门之一。这一切，都离不开胡佛的指引。

耸人听闻的性丑闻

很难想象，在联邦调查局拥有如此地位的局长胡佛居然是一个同性恋者，而陪伴他一生的是他的男伴——局长助理克莱德·托尔逊。

胡佛的第一个男伴是珀韦斯，有一段时间胡佛非常信任他，经常与他成双成对的到各种场合露面。胡佛死后，人们在整理他的书信时，发现胡佛经常把珀韦斯称作“亲爱的”，而且信的内容也完全不像是两个男人之间的正常交谈，非常暧昧。在胡佛面前，珀韦斯可不想其他的那些 FBI 特工那样异常小心，而是显得非常随便。当然，珀韦斯的地位并没有保持多久，在克莱德·托尔逊与胡佛“恋爱”之后，他的地位就一落千丈了。

托尔逊在 1928 年进入 FBI，此人长得相貌堂堂，完全符合胡佛的用人标准。而托尔逊的档案里写着校方对他评语“行为谨慎，对女人不感兴趣”，这更是对了胡佛的胃口。不出 3 年，托尔逊就从一个平凡的特工人员连升数级当上了局长助理。

托尔逊在 FBI 的位置像坐电梯一样飞升，这在联邦政府的历史上都是没有第二个的。有些人天真地以为：托尔逊之所以官运亨通，是他的能力突出。但是任何一个知道内幕的人都明白，他真正交上的应该说是“桃花运”。

FBI 的其他特工人员把他叫做"影子",原因就是他整天像个影子似的跟在胡佛后面。在此后的很多年里,这两个人都可以说是形影不离。

他们俩在公开场合频繁地出双入对,使得整个华盛顿都在纷纷传说着他们的故事。就连《时代》周刊都曾经意有所指地说:"FBI 局长埃德加·胡佛身边总是有一位男性朋友陪伴左右,而这个人就是不苟言笑且表情严肃的克莱德·托尔逊"。

胡佛爱好摄影,在他死后,有人发现他的照片中托尔逊是当之无愧的主角:睡觉中的托尔逊、沐浴中的托尔逊、游泳池中的托尔逊、正在吃饭的托尔逊、歪着脑袋吐烟圈的托尔逊、抱着宠物狗的托尔逊,等等。

胡佛的这个特殊爱好给他的工作带来了不利的影响,因为他不愿意让别人知道他是个同性恋者,所以许多黑社会就利用这一点要挟他。

黑社会头目兰斯基说:"我们一点都不害怕 FBI,因为我们手里抓着胡佛的'小辫子',我曾经派我手下跟踪胡佛,掌握了他同性恋的有力证据,如果他敢动我的话,那么这些证据明天就会出现在报纸上。"

1936 年元旦前夕,黑社会看见胡佛和托尔逊在一家餐厅吃饭后,竟然亲密地手牵着手进入了一间屋子,然后整晚他们都没有看见这两个人再出来过。

胡佛私下里经常参与同性恋活动,但是他是一个十足的伪君子,一方面要求联邦调查局的属下追查探员中的同性恋者,对自己队伍内部的同性恋行为管制得十分严厉。在他的手下工作,无论是谁,只要被他查出有同性恋的嫌疑,会马上遭到解雇。另一方面,他自己却是 FBI 内部最知名的同性恋者。

胡佛去世后,他在同性恋问题上暴露出来的丑闻简直可以用耸人听闻来形容。

当时,一个叫苏珊的女子,她的丈夫与黑社会有勾结,还曾经贿赂过胡佛。最后,这个女子被警方抓获,在对她进行审讯的时候,苏珊爆料说:"胡佛在罗森斯蒂尔及其朋友科恩的诱惑下不止一次地卷入集体性淫乱之中,所以胡佛才同意收受贿赂。"

苏珊所说的这次集体性淫乱发生在广场饭店，这里是最是臭名昭著的也是档次最高的同性恋场所，很多人都不叫这里原本的名字，而改称这里为“同性恋之家”。

那天，苏珊和自己的丈夫去了广场饭店。他们从侧门进去，乘电梯上到第二层，她的丈夫敲开了其中的一间房门，里面是个宽敞豪华的套间，整个房间呈蓝色。当时，胡佛已经在那里了。苏珊简直不敢相信自己的眼睛，当时胡佛穿着一件看起来不是特别合体的黑礼服，衣裙还是荷叶形的，甚至还穿着花边长袜和高跟鞋，带着卷曲的黑卷发。胡佛当时的脸明显是做了美容的，植了假睫毛，他坐在屋子里，跷着二郎腿，当时苏珊立马就呆住了。

那里的人都把胡佛称为“玛丽”，胡佛还很有礼貌地对苏珊说了声“晚安”。没过多长时间，有两个男青年走了进来，他们都是才十几岁的孩子，但长得十分标致。接下来的一幕，是极度淫秽的，让苏珊感到不寒而栗。

苏珊虽然把自己亲眼目睹的事情告诉了 FBI，却她却没有足够的证据来证明自己所说的话。

此外，同性恋胡佛还十分迷恋色情材料，这是所有 FBI 探员们都共知的事，在局里任何调查过程中所得到的涉及色情的材料如果没有给他，那他一定就会大发雷霆。

有一次，FBI 探员在搜查一个女嫌疑犯的住所时，找到了她和男友在性行为时拍摄的许多照片。后来，几乎所有 FBI 的人都知道搜到这些照片的消息，但是没有人告诉胡佛。

没多久，胡佛知道了这件事情，他生气地打电话给他的助理沙利文，且大声嚷道：“我马上就要看到那些照片，而且我要知道为什么我以前没有看到过。”

后来，那位找到这些照片的 FBI 探员赶紧把照片带到胡佛的办公室，但他无可避免地收到一封措辞严厉的申诉信，本应有的晋升也被拖了 6 个月的时间。

挪用公款的局长

胡佛曾以自己的名义出版过很多书,并在出版界还有一点名气,但是拜读过他作品的人可能不会知道,这些书根本就不是胡佛自己写的,而是他手下职员的作品,胡佛除了将下属的作品据为己有之外,还将稿费与版税却都统统地算到了自己的头上。

即使是窃取了人家的劳动成果,胡佛对待他手下的特工人员仍旧非常地刻薄。

胡佛在联邦调查局里的办公室可以用富丽堂皇来形容。他的办公室总共有两间,外面的一间摆了一张玻璃展示桌,上面摆满了 FBI 的战利品,比如间谍鲁道夫·阿贝尔传递密码情报时用的一枚中间挖空的五分镍币;从迪林杰和凯利之类著名罪犯手中缴获来的手枪,虽然胡佛从来不知道如何使用枪支……

另一间办公室是一个面积很大的房间,两边的书架上放满了书,还有一些高档的家具,在办公纸的正中央有一张大得可以坐下 10 个人的高档圆桌,不要以为这个桌子是用来开会的,这其实就是胡佛的私人办公桌。

胡佛的私人住宅也是极尽奢华。他房子的门口是一座华丽的门廊,后院还有一座精巧的凉棚和一个安装了水底灯光与马达的鱼池,修建这些设施的正是 FBI 的特工人员,他们为局长个人搭建了这些豪华的建筑。工程的材料费和特工人员的加班费等花费都是从联邦调查局的活动基金里来的。胡佛还要求联邦调查局的探员在自己住宅的门前做一个走廊,每年他都会带领调查局的成员回家,不是请他们吃饭,而是指派他们给自己粉刷这个走廊。除此之外,联邦调查局的探员还有许多事要做,如负责在局长的别墅里糊壁纸、种草坪、装栏杆、移植花树以及铺装人行道等。

胡佛喜欢乘坐火车到外游玩,他的这个私人活动,被上升了到了政府行为的高度。首先,FBI 行政处的负责人要和铁路公司的负责人联系,为的就是保证局长的车厢里永远保持华氏 68 度的恒定温度。在胡佛到达自己所要去的地方之后,宾馆的服务人员就会来迎接,还要保证他的客房里准备好足够的杰克·丹尼尔牌威士忌。除此之外,他的房间里还要放上清香的鲜花。当然,这些旅馆房间的费用都是联邦调查局支付的,胡佛回到华盛顿之后就会让局里按房间的价钱付给他补贴。

胡佛是一个非常虚伪的人,他虽然花费了政府的钱去休假,但是自己却不愿意承认这一点。

一次,胡佛刚从加利福尼亚州好好地玩了一圈回来,有位 FBI 特工人员看见他,便向他问候道:"您的假期过得如何?"

没想到,胡佛听到这句话之后突然大为生气,他对那位特工人员高声吼道:"你知道我从来是没有休息时间的!我这局长到外面从来就不是去度假的!"当天,这个拍马屁拍到马蹄子上的员工被轰出了 FBI 总部。

不单单是度假旅行,胡佛无论做什么都从来不必花费他自己的一分钱,联邦调查局和美国所有的纳税人会替他负担。不仅如此,胡佛还有自己的私人会计负责照管局长的股票投资和所得税。可惜局长终身都没有结婚,这些钱在他死后无人继承。

总而言之,胡佛在 FBI 的功绩虽然是无可比拟的,但是他的负面新闻也不少,加起来,也许就是这位 FBI 局长的真面目。

FBI——美国人心中的“守护神”

在胡佛当上联邦调查局局长之后,他时时刻刻都在想如何能够扩大 FBI 在美国的影响力。但是当时的美国宪法规定任何联邦政府的部门机构都无权干涉州政府的行政执法,而作为司法部的下属单位,联邦调查局的管辖范围更是有限,这极大地限制了 FBI 的发展。

野心勃勃的胡佛当然不愿意看到这样的局面,他需要一个机会,用以改变当前的局势。幸运的是,这个机会并没有让他等太长时间。

权力的蔓延

1927 年,西方资本主义社会爆发了严重的经济危机,治安本来就很糟糕的美国社会更是因此陷入了动荡不安。先是社会秩序失控,数不清的失业工人满腔愤怒与绝望地走上街头,举行了大规模示威游行。与此同时,经济危机所还导致了国民道德瞬间崩溃。犯罪行为更加猖獗,一批被美国视为敌人的著名的犯罪分子纷纷登上美国的国家秩序破坏者的名单。

当时,美国存在着一批视法律为粪土,经常草菅人命,甚至公开向政府的权威和民众的基本权利发出了最赤裸裸的挑战的恶徒。

打击这些人,本来是联邦调查局的职责,而此时的联邦调查局确实已经具备了这样的能力，但由于宪法的限制，FBI只能眼睁睁地看着犯罪横行，却不能干预。

最后，随着犯罪行为的加剧，地方政府已经逐渐丧失了控制局势的能力。联邦调查局看到每况愈下的社会治安时，总有些“英雄无用武之地”的感觉。

所有的FBI探员都很沮丧，唯有局长胡佛不动声色，因为对于政治十分在行的他知道：只有当局势发展到无法控制的时候，才能够打破成规让联邦调查局大展宏图。目前的局势已经糟糕透顶了，眼下需要的其实就是那骆驼背上的“最后一根稻草”。

联邦调查局第一件“大案”

1932年3月1日，发生了一件重大新闻：“美国的飞行英雄查尔斯·林德伯格的独生子小查理在家中遭到绑架。”

当地警察很快就出动了，但是很多天之后，都没有能够侦破此案。绑架分子在多日后仍旧逍遥法外。

查尔斯·林德伯格是何许人也？在很多美国人的心目中，林德伯格就是“美国梦”的化身。

1927年5月20日早晨8点，25岁的查尔斯·奥古斯都·林德伯格驾驶着一架很小的单引擎飞机“圣路易斯精神号”从纽约罗斯福机场起飞，用了33个小时在大西洋对岸的法国巴黎落地。他的这次飞行创造了两项世界纪录：第一次实现了从纽约到巴黎的直达飞行；第二，这是航空史上飞行时间最长的连续飞行。美国人民认为，他的这次飞行是航空史上的一座里程碑，由此而成为世界级英雄。

英雄的孩子遭到了绑架！这当然引起了全民的震动。所有的人都认定这是犯罪分子对美国自身的攻击。

很多人都走上街头，举着“不要让罪犯得逞，这是对美国的挑战！”这样的标语,游行的人群也来到了白宫门前,这让美国政府的高官们坐立不安。

作为当时联邦调查局的主要负责人、调查局历史上的风云人物埃德加·胡佛早就在等这一天了。因为他知道,只要能够处理好眼前的这件事儿,将来联邦调查局就可能会挣脱宪法的约束,成为美国打击犯罪的主力!

最终,在外面海啸般的呐喊声中,美国政府召开了会议,最终决定:如果地方政府提出要求协助办案,那么政府会指派几个部门参加对林德伯格孩子的绑架案的调查。当时美国政府指派的机构分别是特工局、禁酒事务组、华盛顿市警方和联邦调查局。而这个由多部门组成的“临时小组”的负责人,正是联邦调查局局长胡佛。

展开调查

对于这个案件,当地的警方其实已经第一时间做出了反应。在犯罪现场,一位警方的技术专家提取了房间里的指纹。

不过让人感到失望的是,这名绑匪明显是位作案高手,现场找不到任何证据来确定罪犯的身份。这位技术专家甚至企图从窗外的木梯和遗弃在现场的一把凿子上提取指纹,可一无所获。

警方在短暂的会议过后,决定开始让警探们对在林德伯格家工作过的29个仆人进行询问。在询问中,那位向主人报告孩子失踪的保姆引起了警方的注意,将她列为重大嫌疑人而进行了严厉的讯问。在警方眼中,这位保姆与孩子的接触时间最长,对孩子的起居与生活情况也最了解,她曾在底特律工作过,而在那里有一个在全美国都很知名的绑架集团。

但是让警方失望的是,在对这位保姆的询问中,警方没有能找到一点破绽。

两天后,林德伯格收到了绑架者的第二封信,信中威胁林德伯格说:“我认为你报警的做法非常愚蠢,所以,我决定将赎金的数目增加到了7万美元。”惊慌失措的林德伯格把这封信交给了警方,警方决定在那封信中找到点蛛丝马迹。在经过长时间的调查后,他们发现信中的许多常用词汇绑架者都拼写错了,但是许多很难的词汇却完全没有错误。警方推断说,这是因为此人在写这封信的时候,身边很可能放了一部字典。警方由此认定,此人英语水平很低,可能不是英语国家的人。

案情到了这里陷入了僵局,地方警察无奈只好向美国政府求助。

“林德伯格案”让地方警察束手无策,为了破案地方政府只好求助于联邦政府。联邦政府则派出了以联邦调查局为“主力”的调查小组去调查此案,而且还将领导权给了胡佛。胡佛需要的就是这一天!他知道,这是联邦调查局扩大自己的权力范围的一个好机会。他马上带领着自己的FBI探员出发了。

FBI来到当地之后,首先对两封“勒索信”笔迹与行文进行了对照,经过对照,他们对林德伯格说:“这两封信是出自同一人之手。”

但林德伯格却说:“敢绑架他儿子的凶手绝不可能只有一个,他们可能是这里的黑社会。”

没过几天,林德伯格发表声明说:“我愿意与绑架黑社会联系,为了救回我的孩子,我付出任何代价都可以,只要能保证孩子的生命安全。”

此时,一个叫康登的人声称自己愿意充当林德伯格与绑架犯之间的中介人,联邦调查局对他进行了调查,认为他和这件绑架案没有关系。为了对案情有所突破,胡佛同意了受害者的要求。

被害人林德伯格根据绑架者的指示,让康登去了伍德朗公墓。

康登一进入到这个公墓里,就发现一个身穿褐色上衣,头戴褐色毡帽,估计有三十五六岁的人,在公墓的栅栏里面举着一块白色的手帕。康登认为这就是他们要找的人。

果然,那人走向康登,压低声音对康登说:“你收到我的消息了吗?钱带来了没有?”

康登说:“钱我并没有带来,因为我要先看到孩子。”

那人恶狠狠地说:“既然没有带来钱,那你什么也得不到,回去告诉该死的林德伯格，让他赶紧把钱准备好，我约翰已经快没有耐心了。”

康登又问：“林德伯格只想知道，是谁绑架了他的孩子。”

那个自称叫约翰的人回答说：“我只是个跑腿的，但是我可以告诉你，真正的策划这件事情的人是政府的高官。”

最终康登无功而返了。

但是调查局的特工们却对整个事件进行了反复的思考，他们对林德伯格说：“这个叫约翰的人很可能就是绑架者，而且只有他一个。”

但林德伯格此时已经完全没有了分析事情的能力。他一心只想筹集赎金，早点把自己的孩子解救出来。先是他变卖了一些股票，又给财政部打电话，寻求帮助。

看来事情已经没有其他的解决方式了.这时候，调查局有人说：“我们可以在赎金上做些标记，以便将来破案。”这个提议正好符合当时的形势，因为当时财政部正准备让美元在一年之后脱离金本位制。这一政策一旦实施，所有的金圆券都将被政府回收，而代之以银圆券。也就是说，一年之后，绑架者就肯定要拿着大量的金圆券来兑换银圆券，FBI 只要看看哪些金圆券上有特殊的标记，就一定能捉到凶手。

林德伯格也同意了这个做法，在把所有的钱都做了一些不显眼的记号之后，林德伯格把钱装在两个袋子里，让康登拿着钱来到了与约翰约定的地点。交赎金的时候本来是捉住绑匪最有利的时机，联邦调查局的探员们认为可以通过跟踪康登来捉住匪徒。

但是，当他们把这个提议告诉林德伯格之后，林德伯格却很激动地说：“你是想害死我的孩子吗？我的孩子已经快要脱离危险了，我不想在出任何差错！”无奈之下，FBI 只好放弃了这次行动。

结果就是，康登在圣·雷蒙兹公墓见到了“约翰”，把钱交给了对方，约翰告诉他，孩子在一条船上，而这条船在霍斯内克海滩附近就能找得到。

林德伯格相信绑架者没有说谎，在第二天驾驶着飞机飞到了那里。可是他把马萨诸塞州海滩周围找了个遍，也没有发现任何小船的踪影。他不死心，第三天又沿着海岸线一直飞到弗吉尼亚，可是他的心情彻底低沉下来。因为根本就没有小船。接下来的几天内，在美国海军战机与海岸警卫队的联合搜寻下，仍旧是一无所获。林德伯格这才知道，绑架者欺骗了他。更为可悲的是，不久后警察发现了一具孩子的尸体，而这个孩子，正是林德伯格的儿子。绑匪杀害了这个可怜的孩子！

孩子尸体的被发现，标志着林德伯格所主持的那场大搜索宣告失败。联邦调查局与当地警察们再次登场。他们又把目光瞄向了林德伯格的那些仆人们。在第二轮的讯问中，一个名叫维奥利特·夏普的女佣成了新的怀疑对象。在讯问过程中，她表现出了与常人有异的行为，紧张、焦虑，甚至是语无伦次。警察立即搜查了她的房间，发现了一张纽约城市银行的存折，上面有1600美元。这个钱与她的工资显然不能成正比，但她的钱是如何来的，警察始终没有找到答案，因为就在第二天，当警察踢开她的门时，发现她已经死了。死因也是个谜，当地警察认为是他杀，而联邦调查局特工认为她是自杀。

在这一条线索彻底断掉后，调查局特工们又开始对那个在窗口外的木梯产生了兴趣，他们决定从那个绑架者滑下去的木梯着手。在寻找线索中，特工发现木梯的扶手上有四个“多余”的方钉孔，特工们断定，这块木头曾经用在别处；在绑架者准备木梯的时候，由于木料不够，他就地取材，从其他东西上拆了一块放在了上面。特工们在木材公司找到了一模一样的木板。可线索再次断掉，因为木材公司的老板没有对买木材的人做过任何记录。

林德伯格孩子的绑架案到了这个时候才算告一段落。但对于联邦调查局而言，事情决不能这样就完了，因为这仅仅是他们扩张自己权力的一个开始。

权力的扩张

1933年10月19日，美国政府认为，林德伯格孩子绑架案的侦破工作已非新泽西州所能独立完成,遂正式宣布,联邦调查局在处理该案时,拥有排他性的管辖权。

至此,联邦调查局通过这个案件已经拥有了跳过地方政府直接侦查的权力。

但是最开始,调查局的特工们对林德伯格孩子的绑架案仍旧无从下手,直到1934年9月18日这一天的到来。这一天,布朗克斯区的康恩银行在清理钞票的时候,发现了两张印有赎金号码的金圆券,其中的一张上还写有汽车牌照。经查,有一张是由沃伦·昆兰加油站交上来的。加油站的经理向警察描述说,几天前,有一个开着蓝色道奇轿车的人来加油,他加了98美分的油,却用了一张10美元的钞票付费。沃尔特当时担心钱币是假的,在对方离开时,他就在钱币上写下了车的牌照:4U-13-14-N·Y。

特工们立即行动,在找到车主后,特工们发现了可疑之处。这名叫理查德·霍普特曼出生于德国的木工的家距绑架犯第一次与康登会面的伍德朗公墓不远,离第二次交赎金的雷蒙兹公墓只有4英里。按特工们的分析,与林德伯格绑架案相关的地点,基本上都在“适应作案”的范围内。霍普特曼立即被逮捕。

进过审讯,案情很快真相大白,这个叫霍普特曼的人就是凶手。小查尔斯·奥古斯都·林德伯格谋杀案至此正式告破。

查尔斯·奥古斯都·林德伯格这个案件的重大意义在于:让联邦政府统一领导打击犯罪成为了顺理成章的事情。

更关键的是,由于在这次案件中联邦调查局的优异表现,让FBI成为了美国人心中的“守护神”,当时大部分美国人都支持由FBI执行国家范围内的打击犯罪活动。联邦调查局也顺理成章地成为了一个有“在全国范围内打击犯罪”特权的机构。

改头换面的联邦调查局

1933 年,联邦调查局通过“查尔斯·奥古斯都·林德伯格绑架案”获得了在全国范围内打击犯罪的权力。其实,在这一年联邦调查局还有一件大事发生。那就是“FBI 机构改制”。

生命换来的权力

1933 年 3 月 4 日,富兰克林·罗斯福当选美国第 32 任总统。

当时美国正处于内忧外患的危险局面,但是这位身患残疾的总统却有信心带领美国人走出困顿。他对美国人民发表讲话说:“我们唯一恐惧的就是恐惧自身。”罗斯福要求美国人立即行动起来,解决危机。在罗斯福的一手策划下,美国开始实行新政,通过国家干预经济,来使美国渡过难关。

但是,当时的美国所面临的问题非常严重。由于经济危机的影响,美国人都变成了“穷光蛋”,贫困更是进一步加剧了社会上的犯罪行为。

罗斯福上任后,首先任命自己的密友霍默·斯蒂尔·卡明斯为司法部长。这位新政下的司法部长坚定地支持他老朋友罗斯福总统的各项政策,并四处活动,他坚信自己能成为这场反犯罪运动的领导人。

在多次公开讲话中,卡明斯表示:一场反抢劫、反诈骗的全民性战斗即将打响。而为了打好这一仗，他决定组建一个超级警察组织。将包括联邦调查局、禁酒局等部门联合起来组成一个新的组织，用以在全国范围内打击犯罪。

令人意想不到的是：调查局的负责人埃德加·胡佛公然反对这一提议，他的表面理由是，禁酒局是一个管理混乱、腐败无能、缺乏训练的机构，它根本不能与调查局的公正、高效和完美相比。胡佛说，如果真要把这两个机构合并，那么，调查局势必会被毁掉，近30年来的成果也将付之东流。

但事实上，胡佛真正反对的原因不是调查局会被影响，而是会被吞掉。当时，禁酒局有1200名调查人员，而调查局只有320人。胡佛清醒地认识到，两者的力量太过悬殊，被禁酒局吞并后的他前途未卜。

胡佛的反对最终并没能影响罗斯福政府的决策。1933年6月10日，罗斯福总统签署了一项总统命令，把禁酒局、身份证局和调查局合并成一个新的联邦机构，由司法部领导，组建一支打击犯罪的联邦力量。

总统的训令在6月10日颁布，可到两个月后的8月10日，新机构的领导人选还没有确定下来。因为当时这只警察队伍并不是联邦调查局一家组成的，还包括了禁酒局等政府机构。各个部门的“一把手”们都想能成为新组织的领导，到底让谁来领导这个机构就成了联邦政府的一件头疼事儿。

最终，还是胡佛成为了最后的赢家。帮助胡佛成功上位的是一次惨烈的枪战。

这次枪战发生在密苏里州的堪萨斯城，胡佛手下的特工与一帮匪徒展开了一场枪战。当时，4名特工正押送抢劫银行的大盗弗兰克·纳什前往莱文沃思，在堪萨斯城汽车站停车处，纳什的同伙企图劫车，双方发生了一场激烈的枪战。

枪战结束之后，人们发现特工雷蒙德和其他3名警察牺牲了，有2名特工受了重伤，弗兰克·纳什被当场击毙。这个案件就是后来十分著名的“堪萨斯城大屠杀”，虽然FBI在此案中损失了三名特工，但是联邦调查局的声誉却因此大振，给胡佛的上位提供了良好的政治基础。

三个FBI探员的生命，为胡佛铺平了成功上位的道路。这个新成立的机构，也因此被继续称作“联邦调查局”。在这次改制中，联邦调查局壮大了自己，成为了最后的赢家。

改制后的联邦调查局

新的联邦调查局在胡佛的带领下迅速成为一个严密而有序的机构。训练有素的探员和功能齐全的行政配备，让联查调查局拥有了更强的侦破能力。

新的联邦调查局可以干涉美国国内一切可能影响到国家安全的领域。联邦调查局甚至要求好莱坞的电影人们也服从它的意志，摄影棚里拍摄犯罪片时都必须要经过他们的认可。有人爆料说说：“拍电影的每个细节都在FBI的监视之下。他们对每部电影，每个场景，每个脚本，每名演员都有绝对的控制权。”在电影《国民公敌》拍摄时，局长胡佛甚至对演员詹姆斯·卡格尼说：“在结尾你必须要死掉，因为我不想看到任何骗子活在这个世界上。”由此可见，联邦调查局的权力已经膨胀到了什么样的地步。

权力壮大的同时，也意味着联邦调查局要承担更多的责任。在当时来讲，联邦调查局的主要任务就是打击美国社会上猖狂的黑社会犯罪。为了完成好这个任务，胡佛决定“擒贼先擒王”，从艾尔·卡邦下手。

艾尔·卡邦，是美国历史上著名的黑社会教父。他出生在意大利的那不勒斯，最后漂洋过海来到了美国。在来到美国之后，艾尔暴露出来了他的凶残本性，他在10个月内连续干掉322个对手，自此他升级为第一个非西西里裔的黑手党教父。

艾尔在成为黑社会头目之后，他组织了一个名字叫“G2”的小组。这是一个负责搜集情报、进行间谍和反间谍的行动部门。全芝加哥的理发师、酒吧侍者、旅馆服务生、饭店守门人、出租车司机、擦皮鞋的，甚至要饭的，都知道一个特殊的电话号码。卡邦能够又快又狠又准、例无虚发地清除对手，“G2”

小组居功至伟。

靠着自己一手建立的“杀手组织”,艾尔成为了当时美国最为可怕的黑社会教父。而且,艾尔·卡邦还和当时的许多政府高官有来往,这更是让他变得肆无忌惮。

天不怕地不怕的胡佛决定拿他开刀,可以说是一个大胆的决定。因为即使是 FBI,也不能保证能一举击溃艾尔·卡邦。

艾尔·卡邦虽长期犯罪, 但美国联邦政府却因始终找不出他犯罪的证据,而无法加以顺利逮捕。直至 1931 年,FBI 才借用逃税罪嫌将卡尔逮捕。翌年,他被审判宣告有罪依逃税诈欺等罪入狱,之后辗转进入美国最有名的旧金山恶魔岛监狱。

虽然胡佛不能将艾尔·卡邦一举击溃, 但是由于管制严格的牢狱隔离,艾尔·卡邦逐渐失去黑道影响力。1939 年,服满 8 年狱刑的艾尔·卡邦刑满出狱,但是这时他已经失去了在黑道上的影响力,从此一蹶不振了。

收拾了艾尔·卡邦之后,其他的小型罪犯也都乖乖就范了。

总之,FBI 通过其铁腕手段在短时间内就将犯罪的势头遏制了下来。大概就是在这个时候, 已经人员兴旺的调查局的那些特工们得到了公众给予的“政府的人”的称号。这句话是因为当时的美国电影明星凯里所饰演的调查局特工的一句台词的简化:别开枪,政府的人,别开枪。这自然体现了联邦调查局地位的提高。

此时的联邦调查局,已经成为了美国政府手中打击犯罪的一颗重要棋子,名义上联邦调查局虽然还是司法局的下属单位, 但实际上 FBI 局长已经有了和总统直接对话的权利。从诞生到登上权力巅峰,联邦调查局一路走来。

第二次世界大战——FBI的发展契机

1939年9月1日,以德国、意大利、日本法西斯轴心国(及芬兰、匈牙利、罗马尼亚等国)为一方,以反法西斯同盟和全世界反法西斯力量为另一方,爆发了第二次世界大战。从欧洲到亚洲,从大西洋到太平洋,先后有61个国家和地区、20亿以上的人口被卷入战争,战区面积2200万平方千米。

二战!FBI的机会

第二次世界大战开始之后,罗斯福总统将西半球情报搜集这个艰巨的任务交给了联邦调查局。

为了能够完成总统交付的任务,联邦调查局成立了特别情报局,并在墨西哥、阿根廷和巴西等地招收了300余名特工来配合他们的工作。

胡佛对FBI的体制进行了调整,他建立了关于检查和培训工作人员的一整套制度,并且将一大批被他认为不称职的探员全部清除出FBI的队伍,重新挑选了一些年龄在25~41岁,并将具有法律或会计大学学历的年轻人充实到联邦调查局中。

胡佛利用自己在特别情报处的特权,不断扩大联邦调查局在情报领域里的势力,他开始将FBI的业务推展到全球。

战后,FBI发展成为一个拥有4000名特工的庞大情报机构。这一切,都离不开胡佛的操作。

胡佛的第一个重要行为是办起了调查局的技术实验室。他要求FBI特工不仅要用勇气，更重要的是会用脑子去破案，特工人员要能够发现罪犯留下的任何线索，然后通过先进的设备进行精密分析，来抓住罪犯的犯罪证据。技术实验室就是这样一个专门的机构。刚成立的调查局实验室虽然规模不大，但由于有政府的财政支持以及胡佛的行政支持，很快就成了一种拥有各式的武器、水印、打字机和汽车轮胎档案的庞大的机构。这样，当特工们与罪犯斗智斗勇的时候，这些东西都可以助他们一臂之力。

胡佛还大力开办属于FBI自己的特工训练机构——联邦调查局国家警察学院。1935年7月26日，他与时任司法部长的卡明斯共同宣布联邦调查局国家警察学院成立。第一批参加培训的学员有23名，他们大多是美国各州警察机构的管理者。

根据胡佛的预想，FBI的技术实验室和其他科学设施将供地方警察机构使用，而国家警察学院则对美国警察机构的特工进行专业培训。在胡佛的带领下，地方警察机构也开始大量组建各种各样的专业学校，胡佛则把FBI的专家派遣到这些培训学校去讲课。通过这种体制，胡佛不但在各地的警察机构中都有了自己的“门生故吏”，而且也使联邦调查局奠定了在全国警察体系中的轴心地位。

胡府的努力很快得到了回报。高素质的特工在掌握了侦破技术后如虎添翼。联邦调查局一反过去在与犯罪集团作斗争时的被动状态，连战连捷，先后侦破了几个大案件，并将罪大恶极的“机关枪”凯利、“俊小子”弗洛伊德、“娃娃脸”纳尔逊等罪犯一举剿灭。

捣毁德国情报机构

就在FBI蓬勃发展的时候，又正好赶上了第二次世界大战，这为胡佛提供进一步扩大势力的机会。

为了了解国内的法西斯势力的情况，罗斯福总统向FBI下达了一项秘密法令，授权他们调查国内的间谍破坏活动。至此，FBI拥有了其他警察组织难以比拟的权力。他们有权拆开寄给轴心国外交官的信件、窃听可疑人员电话、进入住宅搜查……FBI特工人员也利用这些特殊的权力出没于全国各地的公众场所，打进各种进步组织刺探军情，他们还通过窃听其他国家大使馆的行为获取了不少资料和密码。可以说这个时期的联邦调查局在任何层面上都比第一次世界大战之后有了更大的超越。

在珍珠港事件之后，德国正式向美国宣战，希特勒命令德国军事情报机构展开对美国的间谍战与破坏战。在这期间，德国间谍机构经过仔细筹划，运作了所谓的“帕斯特里欧斯行动”。

“帕斯特里欧斯行动”的计划是招募曾经在美国生活过很长时间的德国公民，让他们搭乘潜艇悄悄返回美国东海岸，然后用TNT炸药对一些美国重要城市发动恐怖袭击。炸弹袭击的目标有美国的火车站，当然，纽约的犹太人商店、铝工厂，尼亚加拉瀑布旁的水电厂，俄亥俄州和密西西比河沿线的运输船等都在目标范围之内。

据后来的解密档案可以得知，这些被招募的纳粹间谍们在柏林附近的一所军事学校中接受了专业的训练，在训练中，他们学会了如何驾驶火车，如何使用炸药，如何炸毁铁轨，还学习到了各种间谍技巧，包括如何隐藏身份融入美国社会，如何使用隐形墨水进行书写等。在训练结束之后，这些间谍门又被带到德国的铝工厂、火车站、水渠和其他地方进行考察，这样做的目的就是让这些间谍知道，同类工厂中哪些地方是薄弱的，以使他们在执行任务时能轻松快捷地完成。

在训练了很长时间之后，最后总共有8名纳粹间谍、分成两个小组合格地成为密谋袭击美国的“帕斯特里欧斯行动”的成员。

1942年6月14日，这一天浓雾弥漫。

第一小组的4名纳粹间谍在海上行驶了19天之后,终于秘密驶近美国东海岸。从德国U型潜艇下来之后,他们的头目乔治·达斯奇对3名同伙说:“我们要在纽约长岛的阿马甘塞特海滩悄悄登陆。然后要分头行动,你们各自小心!”

就这样,4名间谍来到了美国的土地上。

乔治·达斯奇他们随船携带了大量高能炸药、雷管、装有硫酸的水笔等,此外还带着9万美元现金,为的就是在美国本土实施破坏行动。

几天后, 第二小组的4名纳粹特工也通过潜艇悄悄来到了佛罗里达州杰克逊维尔市附近的彭特维德拉海滩。

但是这第二组成员的运气糟糕透了,他们刚来到海滩上想喘口气,就遇到了一名在附近巡逻的美国海岸警卫队成员。

这名警察掏出枪,上前去,问他们:“你们在这里干什么?”

间谍小组的组长达斯奇回答:“我们是渔民,船不巧搁浅了。”

很明显,这位间谍小组的组长撒谎的水准很有限,那位警察并不相信他们的鬼话,对他们说:“你们这伙人必须和我走一趟,到警察局里说明白。”

眼看着谎言被揭穿,这些人都动了杀心。

那位警察从他们的眼神中看出了端倪, 当时他根本就不可能把这4个人带回去,如果产生冲突的话,很可能会送了自己的命。于是他装作很贪婪的样子说:“其实我知道你们是渔民,不过,既然你们被我抓住了,要是不想和我到警局的话,最好还聪明一点,要知道,我们警察的薪水并不多。”

4个间谍一看,心想:“原来这小子是想要钱啊,这就好办了。”于是组长达斯奇就给了这个警察260美元。看着警察拿着钱欢天喜地地走了,4个人都松了一口气。

但是那位“贪婪”的警察却迅速赶回到海岸警卫队办公室,向上司报告情况。虽然这4个间谍没有被迅速赶来的美国警察所捉住,但他们的到来立即让美国人提高了警惕。

这个消息很快传到了联邦调查局那里，FBI迅速介入，全美国都警惕起来。这4名间谍在在美国徘徊了多日之后，发现自己根本就没有什么可以下手的地方。组长达斯奇这时已经失去了信心。

当间谍的日子不好过啊，每天东躲西藏，朝不保夕，于是，达拉斯做出了一个惊人的举动，他来到一个FBI的分部，向联邦警察自首。

分部的一位FBI探员看了看这个衣冠不整、一脸憔悴，并自称是间谍的人，笑着对他说："哥们儿，你想出名想疯了吧，我们很忙，而且也没有听说过间谍会自首。我看你还是回家好好练习几首曲子，也许当个歌手什么的，倒是能出名呢！"

自首居然被无视了！达斯奇抓狂了，但是这时他体现出了自己作为一个间谍所该拥有的百折不挠的信心，跑到了联邦调查局的总部自首。

当时联邦调查局的局长胡佛正在自己的办公室里，一个下属强忍着笑容走进来对他说："局长，有一个自称是德国间谍的家伙说要见您！"

"让他进来吧。"

这个间谍见到胡佛之后，把德国的计划全盘告诉了他，胡佛被吓出了一身冷汗，他当即下令："封锁纽约和佛罗里达州的一些交通要道，并对大多数过往车辆进行严密检查。"

到6月27日，另外7名潜入美国的纳粹间谍被一一捕获。

8名纳粹间谍被捕后，美国总统罗斯福决定绕开繁琐的民事法庭程序，设立一个特别军事法庭对这几名纳粹间谍进行审判。这起审判在美国司法部的一个房间内秘密进行，事实上，还是联邦调查局在审讯。

但这个时候，问题就来了。很多人对这起"军事法庭审判案"的合法性很是质疑，被指定为8名纳粹间谍辩护的一位美国陆军上校说："我们认为，美国总统下令建立这样的军事法庭是不合宪法的。"争议闹到了美国最高法院，但最高法院也认为，这是战时，所以，总统的决定没有错。

联邦调查局开始审讯，8名德国间谍一一招供。6人被处死，2人被特赦。

但这已经是6年后的事情了。

“二战”中联邦调查局把大部分精力都放在了对付德国间谍上，这是一项艰巨的任务。间谍们为了达到自己的目的，可谓是不择手段。“二战”时期的许多间谍行为都堪称世界间谍史上的“教科书”，许多谍战故事都充满了戏剧性。

二战后，FBI发展的黄金期

纳粹间谍案的成功告破，虽然是因为间谍中出现了“内鬼”，但FBI在审讯过程中所表现出来的专业水准也起到了关键性的作用，政府更加重视这个机构了。

1943年下半年的一天，天空阴沉，还偶尔洒着几个雨点。一位头戴咖啡色绅士帽的中年男子走在纽约工业街5号区的街道上，他穿过热闹的市场，马不停蹄地向前走，在一幢十分不显眼的楼房前停了下来。

中年男人低头看一眼手中的纸条，又警觉的向四处望了一番，随后敲开了楼内的一个门。

这个中年男人叫菲克力索夫，他的公开身份是苏联驻纽约总领事馆领事。但是他此行的目的却很机密，为的是和一个叫“卢森堡”的苏联间谍取得联系。而卢森堡，正住在这栋楼里。

见面后，菲克力索夫给了卢森堡夫妇一个莱卡相机，教会他如何拍摄文件。临走的时候，他对卢森堡夫妇说：“我们以后要尽量减少见面的次数，这样可以降低风险。”

他们的这次见面，是因为卢森堡最近窃取了一个关于无线电引信的军事情报，需要及时地传递出去。无线电引信相当于导弹的“眼睛”，它可以大大提高导弹的命中率及精确度。这是美国军队的保密技术。但是，卢森堡显然是个专业的间谍，他利用自己在美国研究院工作的方便，利用废弃的零件,重新组装出一个完好的引信。

为了把这个引信从自己的手中运送出去,卢森堡将9公斤的引信放到一个箱子里,然后把它和废品一起扔到垃圾车上。

在去往垃圾场的路上,卢森堡假装去买了一箱苹果,对司机说:"你可以先把我送到家里去吗?我的妻子需要苹果来做晚餐时的苹果馅饼。"

这个司机也是个热心人,就先把卢森堡送回了家里。一到家,卢森堡便将那箱子货物连同装引信的纸箱一同搬上楼。经过严密的安排,卢森堡将引信安全地交给了菲克力索夫。苏联情报部门在得到了引信后,立即进行研究仿造,使苏联战场上的导弹命中率大大地提高。

很快,美国军方就察觉了苏联在自己的内部安插了间谍。于是,抓捕苏联间谍的任务又落到了FBI的手上。

1946年夏天,FBI开始加紧调查二战期间苏联在美国布下的间谍网络。他们同国家安全局制定了一个代号为"韦诺纳"的绝密计划。

因为有了之前的反间谍经验,FBI把工作的重心放到了苏联的密码本上。

原来,苏联在世界各地的间谍人员都使用统一的密码本,这种密码本有一个特点,那就是每一页只能用一次,用过之后,苏联间谍就会把这一页销毁掉。

一次,由于苏联驻波兰大使馆人员的疏忽,没有将使用过的密码本烧干净。FBI迅速得知了这一消息,他们马上赶赴波兰,花重金把这本残缺的密码本从波兰人手中购买了回来。有了密码本之后,FBI的专家迅速破译了苏联间谍的通讯录。

依据这个线索,FBI开始把目光投向了卢森堡夫妇。

1949年FBI逮捕了朱利叶斯·卢森堡和埃赛尔·卢森堡夫妇。由于他们泄露了美国的重要情报,所以夫妇两个人都被处以极刑。

此案过后,FBI更是成为了美国政府最为信任的组织。FBI在美国本土的发展,达到了空前的高度。

第二章
雾里看 FBI
——FBI 内部解密

世人皆知的 FBI 探员从哪里来？他们接受过什么样的训练和考验?他们在执行任务时有哪些要求和准则？他们的私生活又是如何度过的？这一切,都将在本章揭晓答案。

FBI 探员从哪来

在美国华盛顿市的宾夕法尼亚大街上，建造有一幢米色的大楼，这顿大楼在华盛顿市的所有建筑里显得一点都不起眼，但是你千万不要小看这里，这就是以 FBI 史上最有名气的局长埃德加·胡佛命名的联邦调查局总部。

FBI 总部探秘

在联邦调查局的办公楼里，每一个角落里都安装着数不清的金属探测器和 X 射线机，不管是谁想要走进这里，都必须要向守卫出示身份证明并登记在册，倘若因工作需要携带武器来到这里的人，也要在进入到大楼里之前上缴自己的武器。这一切都是为了体现 FBI 神圣、不可侵犯的尊严。

联邦调查局的安保工作如此的严格，有时候甚至会搞出一些匪夷所思的“乌龙事件”。

路易斯曾经担任过联邦调查局的局长，回忆起那段工作的经历时，他说最难忘的就是自己上任头一天发生的事情。

那天，路易斯和妻子玛丽莲还有 4 个孩子提前抵达了第九大街通往地下车场的入口，路易斯这一家子都挤在一辆沃尔沃旅行车里去 FBI 上任，但是就在地下停车场入口，身穿制服、正在执勤的 FBI 警员却把路易斯拦住了。

“你有身份证吗？”这个警员问路易斯。

路易斯试着拿出驾照给他。

“不行，”这个警员很执著地说，“你有联邦调查局徽章吗？”

“还没有，”路易斯告诉他，“但我马上有了。有没有人提到过今天要为新局长举行宣誓就职仪式？”他在暗示：我就是新局长！

很明显，这个称职的警员还没反应过来：这个人就是自己未来的上司。他对路易斯说：“我当然知道。”

自己的暗示完全没有效果，路易斯只好直接挑明说：“好吧，听着，我就是要宣誓就职的人！我就是新任的局长”。

听了这句话，警员的脸一下子就红了。路易斯拍了拍他的肩膀，说：“年轻人，你是个尽职的探员。”说着就向里走去。

让路易斯没想到的是，那个警员依旧拦住了他，结结巴巴的说：“局长，你好，但是你知道的，没有证件，谁也不能进去！”

路易斯傻眼了，最后只好给联邦调查局当时的负责人打电话，才被容许进入到大楼里。

作为联邦调查局的局长，没有证件都不能进入联邦调查局的大楼，此处安保工作的严密程度可见一斑。

联邦调查局的组织结构

很多年一来，FBI 始终是美国司法部的下属单位，名义上由美国司法部长直接领导。FBI 的一项主要任务就是培养特工人员以帮助执行联邦法律（美国法典第 28 章第 533 款和 534 款）。

但是事实上，司法部长并没有权力对联邦调查局直接行使其职权，能监督 FBI 工作的只有美国的监察长。

2002 年之前，监察长可以调查 FBI，但必须有一个前提，那就是获得司法部长的同意。2002 年以后，因为 FBI 内部爆发了一起重大的间谍案，所以，监察长对这里拥有了更大的权力。

FBI 的局长由总统亲自任命，一般来讲任期为 10 年，但是胡佛在位时间达 48 年，是 FBI 历史上的个例。在 FBI 局长下面还设有多位副局长和多达 11 位助理局长，助理局长分别负责管理 FBI 内的 11 个部门。

一般来讲，这些部门有分别负责 FBI 调查的某一种犯罪类型，比如被人们所熟悉的反恐部门、犯罪调查部门和信息技术部门等。

联邦调查局除了总部之外，还在美国许多大中城市设有分部，这些地方就是 FBI 地区办公室。到如今，FBI 已经拥有地区办公室 60 多个，每个地区办公室由一位特工负责人员领导，纽约和洛杉矶等大城市的地区办公室则由主管助理领导。

另外，FBI 在全国各地需要 FBI 力量的小型城市或其他地区长年驻扎着至少 400 多名常驻特工。当然，FBI 还在全球 62 个国家设有驻外机构。

FBI 探员从哪来

截止到 2010 年，FBI 属下共有 3 万多名员工，其中包括 1.2 万名特工以及将近 1.8 万人的支持人员、实验室技术人员和管理人员。以前，FBI 一般来讲是不欢迎女性和少数民族工作人员的一个特殊组织。即使在 1972 年的时候，FBI 中还没有一名女性特工，少数民族的工作人员也是少之又少。但现在，FBI 雇员中至少拥有 1.3 万名女性，7000 多位少数民族人士，甚至还有 1000 多名残障人士也是 FBI 的工作人员。

那么，这些 FBI 员工是通过什么渠道招收进来的呢?事实上，自从胡佛真正把联邦调查局变成权力巅峰之时，FBI 每年就要招收数量非常大的新人。报名者先是在网上申请。在申请之前，申请人要确认自己是否满足以下条件。

1.年龄

年满 21 岁。

2.教育

毕业于美国高中，GED.或同等学历，从美国的机构，或加州高中水平考试（CHSPE）证书是必需的。拥有全日制四年制大学学历。

3.公民

必须是美国公民。

4.居留

你不必成为洛杉矶居民或申请作为洛杉矶警察局的工作人员。

5.背景

洛杉矶警察局人员负有的责任，保持我们的城市的安全打击犯罪和腐败。因此，伦理和道德行为的历史是至关重要的，每一个申请者的背景资料将被联邦调查局调查得一清二楚。考生谁有不道德或不道德行为的历史是不会被录用的。你将受到密集地背景评估，这将包括但不限于以下内容：

如果一个人满足了这些要求，就可以报名了。不过这些要求只不过是入门级的，如果想成为一个联邦调查局探员，还有很长的路要走。

申请之后，FBI 会初步审查，那些有违法犯罪记录的人将被剔除，剩下的大部分人都是基本符合 FBI 所提出的条件："美国公民、年龄在 23 岁到 36 岁之间、拥有 3 年以上全职工作经验，本科以上学历，物理学、计算机科学、信息技术、工程、会计、财经、执法或其他和调查有关的学科，以及军队、情报、语言等领域。而倘若是语言学的学生，必须要熟练掌握多种语言。"所以，FBI 的工作人员其实来自各行各业，他们中有普通职员、医生、教师、公务员等。但是，这些 FBI 成员都必须有一个共同的信念，那就是热爱自己的祖国。

被首批筛选出来的人，大部分会接到 FBI 的面试通知。这些人来到联邦调查局的总部参加笔试和面试。但其实在他们接到通知书之前，FBI 已经进行了一次"秘密考试"。那就是深度调查申请者的社会背景，在面试中，申请者必须要接受测谎、非法药物、信用记录等各种检验，包括前任和现任同事、邻居、朋友和老师都会成为 FBI 询问的对象，在排除一切可疑之处后，这些应聘者才有资格进入笔试和面试的阶段。

而这一阶段也是非常难以通过的，据统计，在笔试和面试这两项考试中，通过的比例仅为15%。而这些通过的人还不能算作是FBI的人，他们需要经过刻苦而有步骤的训练才能正式被FBI所接纳。

一般情况下，学员在进入FBI之前要接受3个月的训练，每周上5天课，每天的上课时间是早上9点到晚上9点，若学习任务没有完成的话周六、日还要补课。受训地点在华盛顿市司法部或附近弗吉尼亚州关蒂科海军基地，这里也是当年胡佛建立的一所专门培训FBI探员的学校。学员们在进入特工人员训练中心后，就开始了细琐的程序：填表格、在文件上签字、到各个办公地点参观……

在这些训练结束并且都合格之后，这些人基本上就能算是FBI的人了。但是他们不是真正的FBI探员，要想成为FBI特别探员，他们还有很多事情要做。

FBI练成法则

成为FBI特别探员是很多美国年轻人梦寐以求的。但是这个工作并不是只有风光无限，背后还要付出许多的辛苦。

我们已经在好莱坞电影里看到太多的FBI特工，FBI将普普通通的律师、执法人员、代理人或者兽医，熔炼为FBI特工。2003年，大约900名新学员从FBI学院毕业，2004年，大约1200人毕业。宣誓入学后，特工主任会忠告新学员，如果他们不打算另谋职业，就必须遵守FBI标准。学院有严格的规章制度，比如周末午夜开始宵禁，不准整夜留访客，不许在宿舍喝酒。

FBI特工有责任挽救生命，但在某些情况下，特工也有自保的权力。比如，一名男子刚刚射杀一位店员，正逃离现场，这时特工将其击毙是合情合法的，前提是罪犯仍持有武器。击毙罪犯之前应先做口头警告。

学员们还要接受一项 16 小时的道德训练。部分道德训练将特工作为联邦执法官员的角色和平民的角色区分开来。比如，当特工看见某人极其挑衅地在超市里加塞儿付款，不能亮出证件，否则便是滥用权力。普通公民有权抗议，联邦特工必须选择走开。

上枪械训练这门课时，教练会告诉学员，有些人会毫不犹豫地伤害或杀掉他人。紧接着，教练就会问学员："有些人仅仅因为你是 FBI 特工就想伤害你。这不是针对某个人的，但你可能会碰到这种情况。你能处理好吗?"新学员必须下定决心采取一切必要措施阻止这个人，必须清楚地知道自己能否瞄准他，扣动扳机，干掉他。周末会安排学员去参观烈士墙和忠烈堂，让他们记住一些已故特工的名字。这时，射杀另一个生命的心理冲击会深深嵌入学员脑中。平均 7%到 10%的学员会选择退学，主要是因为他们意识到自己无法杀人。

一个特别探员经常会处于极度需要体力的情况。在这种环境下，身体的锻炼情况，将直接导致任务的成功或者失败——如果是在极端的条件下，还可能决定 FBI 探员的生存或者死亡。

所以，FBI 要求所有申请这个职位的人必须有卓越的体力，肢体健全，能够熟练使用枪支、进行搜捕、或者自卫。所有的特别探员候选人必须能够通过几个测试，才能够获得 FBI 总部的许可。

1.体力测试(PFT)

为了保证每一个 FBI 特别探员完全具备能力面对他们在法制社会里作为领导者的责任，申请人首先要通过一个标准体力测试。这个测试其实有 4 个必考内容，按以下顺序进行测试：

1 分钟内仰卧起坐最大数

300 米短跑计时

不计时俯卧撑最大数

15 英里长跑计时(15 英里等于 24 公里)

在进行第一阶段测试以前，申请人被要求使用适当的方案，进行体力测试的自我评估。这个自我评估的结果，也是 FBI 评判申请人的一个标准。每一个申请人都必须在第一个阶段的测试期间完成这份表格。上交到程序处理办公室(processing field office)。即使第一阶段测试并不要求你通过 PFT 自我评估，可是在达到要求分数的 PFT 自我评估上交之前，任何申请人都不能参加第二阶段测试。在第二阶段测试完成之后，一位 FBI 代表将会进行官方 PFT。

体力测试，在特别探员申请人申请 FBI 的过程中进行。特别探员必须通过体力测试，在第二阶段测试后，才能够成功得到进入新探员训练教程的许可。一个特别探员申请人会有 3 次机会成功通过体力测试。第一次是刚刚完成第二阶段测试的时候，第二次是最初测试的至少 60 天后，最后是在第二次体力测试后的一年。如果这三次测试里一次通过也没有的话，特别探员申请人将不能继续特别探员的职位。

每次测试都有一个严格定义的分数线和方案。为了通过测试，申请人最低要求必须达到总数 12 分，4 个测试每种至少要取得 1 分。能够通过体力测试的申请人，会被认为非常适合在 FBI 新探员训练中，安全成功地完成体力训练和自卫术的要求。

被同意进入 FBI 的新探员必须在进入 FBI“后的一周再次通过体力测试。测试内容、分数线和方案全部一样，但加入了第五个测试，标准引体向上。引体向上的分数不会影响你的通过/不通过的状况，但是会被 FBI 训练分部用来做训练奖赏，包括 50 分的奖分。请注意有些部门可能会在部门体力测试中进行引体向上测试。

2.视力要求

特别探员申请人必须拥有不低于 20/200 的修正双眼视力。修正视力必须达到一只眼 20/20，另一只眼至少 20/40。不能到达 20/200 未修正视力最低要求的个人，如果他们提供医院证明，可以没有任何病症的情况下使用隐形眼镜一年以上，则会被考虑录取。如果申请人有过眼睛修正手术，在开始 FBI

新探员训练之前必须等待 6 个月。

3.听力测试

特别探员申请人必须参加听力测试,并通过特别听力标准。不要小看这个听力测试,如果不能通过的话,申请者将会被联邦调查局拒之门外。

申请人的医疗纪录会被完全检查，将会根据任何可能影响申请人执行特别探员的基本任务的能力的医疗情况,做出相应的决定。医疗检查保证根据每个候选人的情况进行了解。如果你曾进行特别的外科手术,比如激光角膜切除术,或者有事前存在的医疗情况,比如高血压,在体力测试的时候将会仔细检查。医疗检查中浮现的病况,将会延迟申请工作的最后过程。

虽然申请人的医生提供了申请人的医疗状况的信息，但是将会由 FBI 的专业医行部门决定申请人是否体力上胜任这个工作。这个决定,是根据申请人医生的信息以及 FBI 对工作所需的了解。FBI 将会在筛选过程的每个方面,都充分保证对申请人的公平公正。

程序之外的“要求”

选拔程序是公正的,但是想要进入到 FBI,还有最重要的一关要过,那就是局长。如果过不了局长这一关,你的条件即使符合要求也没有用。

有一次,一批新人刚离开局长的办公室,胡佛便把教官叫回来说:“其中一人的头太小了,不要他!”教官不敢问究是指的哪一个人,他偷偷地测量了所有学员的帽子,发现有三个人的头太小,于是,把他们全都解雇了。

在某次的培训班上,有一个来自堪萨斯的小伙子,名叫勒鲁瓦。他以前当过教师,声音尖细,不符合调查局的标准,因为调查局要求的是:个子高高的,雄壮魁梧,白皮肤,蓝眼睛,声音浑厚。教官们帮助他降低嗓音,恢复男子气概。他在其他各方面都是没挑儿的。但是进行最后测验时,助理局长看着他问:“你一向是扇风耳吗?”勒鲁瓦的耳朵有点大,下垂着。勒鲁瓦只好说:

"是的。"于是局长助理对他说:"你的耳朵不合标准。"当天勒鲁瓦就离开了培训班。

总而言之,想当一个 FBI 探员,不仅要各项硬性指标过关,最关键还要能通过局长的"法眼",总而言之想当 FBI 探员相当不易。

不过凡事总有例外,最近就传出一个消息,美国 NBA 球员杰拉德·华莱士,已经受邀加入了 FBI。这位 6 尺 7 寸的大个子除了开拓者首发小前锋之外,又多了一个头衔:FBI 初级特工。

美国联邦调查局波特兰分局的工作人员来到了开拓者驻地, 在训练场上找到了华莱士。别担心,华莱士并不是做了有损国家安全的事情,FBI 工作人员此行是特意来邀请他加盟的。一直以来,华莱士的梦想都是在退役之后成为 FBI 特工, 而他的梦想提前得到了实现。FBI 派来的工作人员赠给华莱士一顶 FBI 工作帽,还为他提供了一件 FBI 特制运动衫、一个荣誉徽章和特工专用装置等。就这样他成为了 FBI 初级特工。

由此看来,联邦调查局对于特工的甄选还真是"不拘一格降人才"呢。

局长,决定你的去与留

但是不要以为进入到联邦调查局你就高枕无忧了, 因为在日后的工作中你还要随时接受来自组织上的考察。最严酷的莫过于联邦调查局局长对下属的苛刻要求。

胡佛对下属的相貌要求达到了近乎变态的程度。

秃顶在 FBI 是没有什么好下场的。内森·费里斯就是个秃顶,他的遭遇至今被人说起来还有点哭笑不得。

联邦调查局本来是绝对不会雇佣秃顶之人的, 但是对进入 FBI 以后头发才开始脱落的成员,胡佛也倒不会立刻就开除,但却又会严厉禁止这些人与公众接触。内森·费里斯本来不是一个天生的秃顶,刚来到联邦调查局的时候他还是一个拥有浓密头发的帅小伙儿。但是好景不长,他的头发随着年纪的增长逐渐地脱落,到最后居然是“寸草不生”。

60 年代初,内森在胡佛助理副局长威廉·沙利文的属下工作,主要负责所有驻外办事处的工作。

一天,内森找到沙利文,对自己的上司说:“我想到墨西哥办事处去度过余生,因为我曾去过那里,我非常喜欢那儿的景色和社会环境,而且我妻子的原籍也在拉丁美洲,她也酷爱墨西哥,只要能让我回去,就算我在那里的待遇不如现在也行。”

内森在沙利文的部下工作多年了，沙利文当然不想拒绝这个老部下的简单要求。但是他却不敢立刻批准,原因是,驻外办事处的人员总会经常的抛头露面,还要在公共场合发表演讲、会见客人、处理各种公共关系,可是内森却是秃顶,而胡佛从来都不允许秃顶出任这个职务的。所以沙利文不敢答应内森的这个要求。

无奈内森苦苦央求,沙利文最后无奈地批准了他的请求,并把申请书放在备忘录里交给当时联邦调查局的第三号人物艾尔·贝尔蒙特。

贝尔蒙特一看到这个文件，马上就着急了，沙利文打电话说:“你疯了吗?沙利文,怎么能把关于内森调动的事让我处理啊?所有人都知道内森是个秃顶,胡佛是绝对不会容许的!”

沙利文只好向他解释了费里斯的苦衷和心愿，贝尔蒙特也没有什么办法了,他决定“以身试险”去和胡佛说这件事情,但他自己也知道,这件事想要成功是几乎没有可能的。

两天后,贝尔蒙特给沙尔文打电话,他在哈哈大笑的说:“好消息,沙利文,我已经把托尔逊那个浑蛋给骗过去了。”

托尔逊是胡佛最信任的助手,也是胡佛一生中少有的亲密朋友之一,凡是递交给胡佛的文件,都得由他先看过才行。内森的调动请求在交给托尔逊之后,托尔逊突然想起内森是秃顶,于是就找贝尔蒙特责问:“贝尔蒙特,我记得内森这家伙好像是个秃脑壳。”

“哦，尊敬的托尔逊先生，我想您一定是想到另外一个家伙了吧，有个叫托玛的探员是个秃子。”贝尔蒙特利用转移话题的方式避开了对方的责任。而且这个托玛是局里最有名的秃顶，众人皆知。

托尔逊看了贝尔蒙特一会，然后恍然大悟般地点点了头说：“你说得对，托玛才是个秃子。”他马上就批准了调动，并转交给了胡佛。

这是最后一个考验了，当然，也是最艰难的一关。因为胡佛规定，所有派到国外办事处的特工，他都自己去见一面才行，这样内森的秃顶就根本没有办法躲过去了。

这个内森也是个走运的人，这时正是胡佛忙得要死的时候，他要向众议院拨款委员会进行有关年度作证的准备。这次作证将决定 FBI 能获得多少的财政预算，胡佛当然不敢掉以轻心，其他的事情在这个时候当然是次要的。内森和沙利文瞅准这个机会，决定设法绕过个别谈话这一关，以给胡佛写信取而代之。他们用一页半的篇幅吹捧胡佛，并说内森知道他公务缠身，深感不可占用其宝贵时间，故宁愿放弃聆听局长训话之良机。信发出去之后就只能听天由命了。

胡佛竟然毫不犹豫地同意了不再面见内森，并批准将他调到墨西哥去担任职务，这真是前所未有的好消息！于是，内森顶着自己的秃头高高兴兴地带着一家老小到了他期望已久的墨西哥。

但内森还有一个危机，那就是按照 FBI 的规定，他必须每隔两年回到美国总部向胡佛汇报一次工作。在这两年里，内森可以说是前思后想，终于想出了一个绝招。

两年后，内森依旧秃着头返回华盛顿，但是在从墨西哥出发前，他花费了一百多美元为胡佛与托尔逊买了一大堆墨西哥银器作礼物，为的就是分散他们的注意力。这些小巧玲珑的银器闪着夺目的光辉，让胡佛与托尔逊目不转睛，哪还有闲心去注意他的秃头！于是内森又平安返回墨西哥了。

FBI 探员的“成功术”

之前我们介绍了联邦调查局筛选探员时的“硬性要求”，这些要求可以用“苛刻”二字来形容。其实，除了硬性的要求之外，一个普通人想成为 FBI 探员还有很复杂的程序要走。下面，我们以联邦调查局“第三把手”沙利文的入职经历为范本，解密 FBI 探员的入职程序。

收到任命信

1941 年的夏天，对威廉·沙利文来说，也许是他一生中最为重要的一个阶段。

7 月 3 日大清早，天才蒙蒙亮，邮差就敲响了威廉·沙利文家的大门。

睡意蒙眬的沙利文接到了信件，猛然看见上面赫然写着“美国联邦调查局”的字样，他的两只眼睛立刻就熠熠发亮！然后激动不已地打开来信，里面是一张非常薄的便笺纸，而沙利文却非常看重这张薄薄的便笺纸，因为这正是沙利文几个月以来苦苦等待的联邦调查局的任命信：

你被录用为美国司法部联 FBI 特工人员，CAFO 级，年薪 3200 美元。

信的最下面，是联邦调查局局长埃德加·胡佛的亲笔签名。

读着这封信，沙利文一时间激动万分。当初他决定参加 FBI 的考试时正任职于波士顿的国内收入署，他的上司当初其实不肯批准他调换工作岗位，但是到了最后之所以对他亮起绿灯，是因为他要去的地方是——联邦调查局。

临走时，沙利文的上司以不容置疑的口气对沙利文说："如果你沙利文去的是任何一家别的政府部门，我决不会答应。"在沙利文要离开的时候，上司还向沙利文讲述了有关联邦调查局的传奇故事，故事的内容也显得比较老套，无非是特工人员如何英勇神武，犯罪分子如何狡诈凶险，联邦调查局是怎样智斗罪犯，并将犯罪分子成功的抓获，还有那令人振奋的值得投身其中的生活。这位上司就和沙利文所接触到的任何一个行业中的那些男男女女一样，只要一谈到 FBI，就忍不住双眼发光，神采奕奕，流露出向往之情。

沙利文随后便向 FBI 提交了申请书，并很快参加了全国范围内的统一考试。在 FBI 任职的一些特工朋友在开始之前就告诉沙利文："即使你的考试成绩很棒，也不能保证一定会被录用，因为 FBI 会对每一个提交了申请书的人进行极为严格的背景审查。包括这个人的家庭背景、生活习惯、社交圈子等，甚至会到他的出生地去调查他小时候的经历。在这样严格的层层筛选之下，最终能被录用的人简直就是稀有动物。"

而此时，任命信已经拿到了手里，沙利文非常的高兴。但他也知道，这并不等于他能立即到联邦调查局报到。

一个月后，当时是 8 月 3 日，焦急等待 FBI 进一步通知的沙利文正在家里看报纸，突然传来一阵非常急促的声响。他跑去开门一看，一个撑着黑色雨伞的黑衣人正在敲他家的大门，满脸严肃的样子。

让沙利文感到奇怪的是，雨其实早就停了，但这人的雨伞依旧像模像样地撑着，好像当时还下着滂沱大雨一样。那人举起一个身份识别证说："FBI 探员沙利文，欢迎你明天去联邦调查局报到，接受做特工人员的训练。恭喜你！"说完那人伸出手，抓住沙利文的手用力握了一下，就转头离开了。

FBI 探员的到来让沙利文感到十分奇怪，他早上刚刚收到联邦调查局接受特工训练的书面通知，这个时候联邦调查局又专门派人来口头通知一下，这是什么个情况?沙利文不得而知。直到最后,沙利文才获知,这是联邦调查局局长胡佛对自己青眼有加的结果。

进入特工人员训练中心

沙利文在进入特工人员训练中心后,一开始是照例会有的细琐程序:填表格、在文件上签字、到各个办公地点参观。

当沙利文观察了一下那些与自己一起受训的人之后发现,他们 50 个人里面既没有黑人,也没有犹太人,尽管这些人是来自全美国各地的,但是确实清一色的白人。后来,有人告诉沙利文,这是胡佛的规定。

在训练时,教官曾再三对他们说,几百个人中间也许最后只有一个是能经得起严格的审查和考验的,这个是就是最终的 FBI 特工人员。他们是“尖子”,是“精华”,可以说是这个世界上最为出色的特工之一。FBI 特工人员一定比政府其他所有公职人员都更加受人尊重,更加高人一等,正如联邦调查局本身显然要比联邦政府所有其他机构要高出一头一样。

教官在讲课时喜欢向学员们着力灌输个人英雄主义，尤其在提到联邦调查局英雄及其传奇故事的时候,更是津津乐道,百讲不厌。在讲枪械射击时,他们最爱提及的是 FBI 探员当初与某某集团进行枪战的故事，尤其是联邦调查局内的枪战英雄沃尔特·瓦尔什更是被经常性的提起,因为瓦尔什在心脏中弹后还能把袭击他的对手打死。

恐怖的学员班

每一个学员都必须要宣誓效忠宪法、捍卫宪法、打击任何一个美国的敌人。每一个学员都必须得忠于 FBI 局长胡佛先生。教官们常常在上第一节课时就会告诉自己的学生们，联邦调查局是“人脑所能想象出来的最伟大的组织”，并要求学员们牢记美国知名作家爱默生说过的一句话：“一个机构是一个人延伸了的影子。”很显然，机构指的是FBI；而这个“延伸了的影子”自然是指在FBI拥有无上权力的局长大人埃德加·胡佛。

有位当特工人员的朋友曾警告过沙利文，他们班上有几个人是FBI上司指使下的密探，这些人都野心勃勃，而且对联邦调查局极其忠诚，千万不要让他们抓住什么把柄，因为只要他们在上司面前打一个报告，一个人的政治面貌就会发生改变。联邦调查局中有很多人在正式当上特工人员之前都曾担任过负责工作，在工作中积累出了许多应对这些人的经验。一般人不太容易被那些权欲熏心的密探唬住，比较有主见，能自主。

很多人在刚刚进入FBI的时候，会对联邦调查局的政策提出自己的建议。但很快他们就知道，采取这样一种态度对他们没有好处，一个不小心就会被扫地出门。

受训者要不断经受各种压力，这让他们变得更规矩，那些上司的密探是个每时每分都存在的威胁，让所有的学员都不敢敞开心扉说话，相互猜疑。关于某些特工人员的可怕故事在学员中流传，那些特工人员违反了FBI的某一项规定，便会被找个类似于“印象不佳”这样的借口被解雇，从此他们就永远不可能再在政府部门找到工作了。学员班的气氛让人恐怖和忧虑。

3个月的训练是极度紧张而繁忙的，每个学员都会感受到一种难以名状的压力。这种压力主要来自于FBI挑选探员时的极高的淘汰率。学员们一个不小心，如学习不及格、说话不小心（暴露自己的不满）等，都有可能被FBI淘汰。

3个月的受训结束之后，还要举行一次毕业考试，只有通过这次毕业考试，才能成为联邦调查局的正式特工人员。考试科目有6门主科和9门副科。主科有联邦刑事法和调查方法等，副科有出庭技巧、火器使用甚至犯罪现场搜查以及发表演说等。考试合格成绩为85分。试卷交上后学员们就只有听天由命了，最终考多少分自己也会不知道，一切取决于联邦调查局的正式录用通知。一般而言，凡是 FBI 高官们不喜欢的人考得再好也没有用，最后都会被淘汰。

局长视察

胡佛很少给学员们训话，通常每期他只视察一次，而他的每一次视察对学校来说都是一项隆重的活动。

有一天，教官宣布，胡佛要来向学员们训话，接着便很快地训练学员们在他面前应当如何表现。教官告诫学员："每一个人必须将头发剪整齐，皮鞋擦雪亮，一律要穿上白衬衣。在与尊敬的局长讲话的时候，眼睛一定要看着局长本人。"

教官们教导学员应该如何站立、如何说话、如何做事，甚至如何握手都有三项要素必须得掌握：第一，握手时手不能僵直，不能颤抖，否则说明你的心理素质不好；第二，用力不能太大，如果把局长大人的手握疼了，你绝对会被踢出门外，但又不能用力太小，这样会显得你没精神，可能胜任不了联邦调查局紧张的工作；第三，手不能出汗，因为用潮湿的手与局长相握，是对局长大人的极不尊重。

沙利文对当时这段回忆是这样描述的：和我同在一个训练班受训的共有 50 个人，其余 49 个人都穿了白色的衬衣，只有我一个人穿了一件黄色的衬衣。当时，训导主任对我们说，各位在局长到来时千万要注意，你们的外形是相当重要的，尤其是你们的衣着，要让人一眼看出与其他办案人员的不同。当时我穿的是一套三件式的西服，训导主任斩钉截铁地命令我换下，并意味深长地看了我一眼。从那天开始，我才深深地体会到胡佛对他手下的联邦调查局探员的衣着极其挑剔。

在胡佛即将要到来视察的时候，50 名接受训练的特工人员分站在大厅两侧。胡佛从他们中间走过时，所有的准探员一声不响地以立正姿势站在那里。这使学员们自然而然对他产生了一种敬畏、惊异和充满希望的感觉。他们都小心翼翼，不敢有一点的漫不经心。胡佛讲话的时候语速很快，很自信，也很简短。胡佛讲些什么其实并不重要，单是他的来亲自视察就足以使这些刚刚来到 FBI 的探员相信胡佛是一位无与伦比的伟人了。

然而，胡佛并没有使所有的新人都折服，特别是与沙利文同班的一名学员。这个人在进入 FBI 之前曾是一位出色的律师，他对联邦调查局以及训练计划越来越不满。沙利文心里记着他的朋友告诉过的有关内部密探的事请，所以他总是很小心，也悄悄地对这个律师学员说："你最好不要在公开场合提出自己的反对意见，也决不能表示自己的疑虑。"

一天吃午饭时，这个同学表情严峻地对沙利文说："真该死，沙利文，我知道你也对训练有一定的看法。好吧，你什么都不想说，我可要说，我要离开这里到军队上去。"沙利文劝他考虑一下再做决定，最少也要等到被分配到第一个岗位工作上一两个月再说。后来，这个人还没等训练结束就被 FBI 踢出门外。

学员们过关斩将，终于在通过种种关卡而被正式录用为联邦调查局特工后，被分配到各个分局及办事处工作。正如联邦调查局本身显然要比联邦政府其他所有机构要高出一头一样，特工人员的待遇是高于联邦政府其他所有雇员的：年薪 2500—4000 美元之间。而沙利文也没有让胡佛失望，到后来一直升任联邦调查局第三把手。

FBI 探员们的工作内容

一个联邦调查局特工的职业生涯是独一无二的，它涉及为国家安全做出贡献和执行 300 多个联邦法规。联邦调查局特工进行外国反间谍调查，打击网络犯罪、有组织犯罪、白领犯罪、公共腐败、公民权利的侵犯、绑架、贩毒等。但联邦调查局的头号任务是保护美国免受恐怖袭击，这是在当今世界非常现实的威胁。

无所不能的 FBI

作为 FBI 的特工人员，不仅需要掌握很强的专业知识和格斗技能，还要在一个人走上街头后，能够从一个原本不肯泄露半点消息的人嘴里打探到有价值的情报，并有本事混进犯罪帮派的内部，进行机密的探查活动。

FBI 特工曾经通过虚设一家银行代理公司，一举破获了一起敲诈、贿赂、抢劫的案件，逮捕犯罪分子共 40 名，其中还包括几个黑社会头目。另外在引起美国社会上下关注的“阿伯斯坎案件”中，特工人员还化妆成阿拉伯酋长，“勾引”了 6 名众议员和参议员接受贿赂。

FBI 探员的工作内容涉及的范围非常广，对于很多人探员来说，几乎每一次任务都非常刺激，而与刺激工作相伴的是不可低估的危险性。在逮捕行动中,谁也说不准犯罪分子在某个你不注意的时刻会当场掏出手枪,所以无论是处理一个银行抢劫犯还是处理一个白领阶层罪犯,FBI 都会保持相当高的警惕性,以免自己受到伤害。

FBI 探员的工作精神是以严谨和认真著称的,但是在个别的时候,也经常会闹出一些笑话。有一次调查局特工在乔装打扮后,把两个大盗骗到了他们的住所里,这两个偷盗犯准备把偷来的 100 万美金政府债券卖掉,但是要求对方必须先要 75000 美元作为第一批款项。于是乔装的 FBI 探员请这两个偷盗犯到他们所居住的旅馆,其实在这之前,他们就在旅馆的房间里预先埋伏了 4 个 FBI 探员,准备当场逮捕人犯。

这 4 个 FBI 探员都躲在旅馆房间的衣柜里,这些衣柜都是用木头做的,做工相当考究,而且关得又牢又密,里面几乎是密不透风。当这两个大盗进入旅馆的房间之后,他们用了很长的时间来观察这两个 FBI 装扮成的“买家”是否可疑,而且要先看到现款,他们才会把自己偷来的政府债券拿出来。

于是大盗们和 FBI 扮成的卖家一边吃东西,一边谈判,这个讨价还价的过程几乎持续了四个小时。这对于躲在衣柜里的 4 个 FBI 探员实在是一种苦刑,因为衣柜里太热了。

当初他们约定只要大盗把政府的债券一拿出来,躲在衣橱里的 FBI 特工就可以冲出来当场把大盗捕获。但是大盗迟迟不肯定拿出政府债券,等到最后大盗终于上当,4 人从衣柜里冲出来的时候,有一个人已经热得快晕倒了,连手里的枪都拿不住而掉到了地上,其余 3 个人则脱得几乎一丝不挂,手里拿着枪,将这两个大盗抓获了。

虽然场面十分可笑,但 FBI 探员们还是成功地完成了任务,把这两个大盗当场捕获,并且还搜到了他们以前偷盗的债券,数目总共达 600 万美元之多。

时时紧张的 FBI

联邦调查局探员对执行任务的危险性从来不敢掉以轻心,FBI 有一个非常严厉的规矩,探员在办公室外执行任务时一定要带上手枪才可以出去。由于长期如此,FBI 探员们几乎都养成了枪不离身的习惯，如果身上没有带着一把手枪的话,就会感到非常不自在。

长期的高度紧张,让 FBI 探员们对每一个场所都存有戒备之心,即使到商场里去买东西，或是下了班到餐馆去吃饭，他们也担心会有意外发生。所以 FBI 允许他们在上班以外的任何时间佩带手枪，以缓解他们因为没有武器而产生严重的心理负担。

其实,在联邦调查局几乎没有一个人能够放松下来去面对生活,包括局长也不例外。

在你当上联邦调查局局长的那一刻，就注定了要成为各种犯罪势力攻击的对象,因为 FBI 在执法的过程中“得罪”了太多的犯罪团伙。因此,局长的安全工作时时不能放松。

特工们会尽最大的努力保护自己上司以及他们家人的人生安全，就连局长的孩子们去参加周末的足球赛,去超市,去所有的地方都时刻有 FBI 的探员跟在他们身边。可对于小孩子们来讲,像名人那样出行,周围拥簇着许多保镖,这一件非常好玩的事情。

曾经有某位局长的孩子对他说:“爸爸,我们今天去游乐园了,有很多人跟着我们,太有意思了。”这位局长对孩子说:“你不觉得这些警察到处跟着咱们很烦人吗?”其实局长的话也有些道理,你一旦当上局长,那么自己的孩子们去哪里都有 6 名特工看着他们。包括孩子在学校的时候,都有特工时刻跟在旁边,这位局长认为这根本不是孩子们自然成长的方式。因此,他选择了简单实用的应急措施。他要求特工人员在上学和放学的路上严密地保护自己的孩子，到了学校之后，所有的安全保护都交给校方来做了。为了保护好联邦调查局局长的孩子，学校也是费了九牛二虎之力，他们采取并保持了对进入大楼的每个人进行安检的措施。

在弗吉尼亚州的费尔法克斯县，警察会一天数次在局长家周围进行巡逻。总而言之，一旦当上了联邦调查局的局长，就完全没有属于自己的生活空间，一举一动都似乎在被监视着，可是为了自己的安全，必须这么做。

当然，也有局长不吃这一套的，当年就有某位局长拒绝了护卫车、后院的安全活动房屋，也不让那些长相笨拙的防弹汽车拉着自己满街跑，因为他不想让自己生活在一个保护罩里。

这位局长住的地方是华盛顿特区树木葱茏的郊区，这里离市中心还有一段距离。他也不想让一群FBI的特工人员像保护其他局长那样围着自己。

但是接下来发生的一系列事情却让这位局长改变了主意。

在他上任后不到一年里，他的一位朋友，也是自己的同事在西西里被炸死，还有另一名下属也因为遭到报复而受了重伤，自己的秘书也被一枚邮件炸弹残忍地杀害了。直到这个时候，这位局长才明白过来：其实自己这一行是每天都在危险中生活的。所以，安保措施是必不可少的。

一般来讲，联邦调查局的身份还是比较隐秘的，他们也非常注意保护自己，以免暴露。家庭旅行的时候，联邦调查局局长一家都会像做贼一样尽可能“悄悄”离开，到哪里都显得格外低调，即使在玩得高兴时也要时刻注意着，但这未必总能奏效。

有一次，一个局长到在南卡罗来纳州的希尔顿黑德度假，他的一个小儿子把自己弄伤了，一家人就带他去医院并坐在他身边等着大夫来缝针。当时恰巧有几名当地的副警长带着四名上了手铐的犯人来医院看病。

“等会儿，”其中一名犯人边说边盯着局长看，“我在哪儿见过你？”

“也许你认错人了，”局长告诉他：“我们从外地来的。”

“不，不，”那犯人坚持道，“我肯定是见过你！”

“你当然见过他,”一名副警长很不识相地说,“他是 FBI 的局长。”

就这样,局长再次被暴露了。

当天,为了保障局长开车进出城的安全,警卫们将一挺机枪放在了局长汽车的仪表盘下。

其实,联邦调查局的局长离开家或办公室的时候,随身都会携带一把 9 毫米的手枪。包括他们走到宾夕法尼亚大道去喝咖啡时,去见司法部长时,在白宫或中央情报局时,在飞机和火车上时,在教堂时,观看校园演出时,开着家里的车去度假时,晚上在自己家工作时,都是枪不离身。大概唯一不带枪的时候就是睡觉的时候(而这时候枪在床头柜上,一伸手就能拿到)。

这就是联邦调查局的探员和局长，他们最大的职责是保护全体公民的安全。他们最大的问题是自己的安全问题得不到保证。

神秘的 FBI 女探员

为了提高 FBI 内部的工作效率和调整探员心理，韦伯斯特在担任局长后规定,FBI 在录用新探员的时候,要对女性以及少数民族特别通融。这使得女性以及少数民族在 FBI 里的比例逐渐增加。在韦伯斯特任职期间，整个 FBI 大约有 7800 多名探员,其中将近 200 人是女性。

FBI 女探员柯比对自己加入 FBI 那天的情景记忆犹新,当时口试是申请成为 FBI 探员的步骤之一。柯比口试的时候,有 3 个 FBI 人员与她面谈。柯比是这样回忆那段经历的：我听到他们其中一个人说如果我们一定要录取一名女性的话,她这种个性便非常适合。

柯比被 FBI 录取后,便开始到受训班学习。当时,在全班 33 个人之中,有 5 个是女性,比例已经提高不少了。

FBI 的训练除了课业之外,对体能的要求特别严格。由于女性上半身的体力比男性差得多,FBI 便把她们规定伏地挺身的数目加以适当的调整。当时还有不少女性体能方面不及格，也许是由于她们的手掌不够大，或是手掌的握力不够大，使得在要连续射击10发子弹的时候，没有办法在指定的时间之内完成。为了适应女性探员，FBI对这项方法进行了改良，在对女探员还没有录取之前面谈的时候，就要对每一个申请人进行这项手臂以及手掌的力气测验。因此当申请人在这项测验没有通过的时候，他们应该心里就有数，一般是不会被录取的。这也使得很多申请人在没有正式申请之前，就先要锻炼手臂与手掌的力气，避免在考试时或是面谈时就被刷下来。

由于柯比以前担任过警察，因此她在射击方面占了很大的优势。柯比曾经这样说："当我一开始担任警察工作的时候，我根本就不喜欢用手枪。我那个时候还以为自己恐怕永远不会用到手枪。可是现在如果我身上没有挂枪的话，我就会觉得浑身不自在，有一种手足无措的感觉。特别是晚上开车的时候，如果车子抛锚了或是轮胎爆了，我便会变得十分紧张。后来，我担任了谋杀组的侦探，接触了许多恐怖的谋杀事件，更是让我觉得如果身上不带枪的话，好像连一点自卫的力量都没有，而且危险随时都会发生在自己的身上。"

在那个时期，FBI的女探员经常需要掩饰自己的身份才能从事侦查。柯比在一个调查案中，便伪装成了一个妓女，骗取一个外州州政府行政官的情报。有一次为了逮捕一个专门给卡车集团偷东西的盗贼，柯比还乘坐了大型的工程车越过州界去办案。而有的时候为了要逮捕国际情报人员，她们也要与其他的间谍打交道。所以说女探员的身份很是复杂。当然，不同性格的女探员担任着不同类型的角色。

在当年弄得沸沸扬扬的抢救古巴儿童埃连一案中，FBI也是利用女探员的特殊性来安排布置的。贝蒂是FBI的一名特工，已有8年的工作经验，在解救埃连的行动中，除了因为她是女性便于安慰埃连之外，还因为她能讲一口流利的古巴语。

众所周知，贝蒂在行动中表现得十分出色，但当她亲手抱走埃连的照片被美国各大媒体和网站转载后，很快她就接到了一些极端分子的死亡威胁。

虽然最后美国政府官员表示他们已采取了特别措施来保护贝蒂，贝蒂却因此丧失了一个普通女人的正常生活。

还有一名叫芭芭拉·马库斯女特工的遭遇更为悲惨。1971 年 6 月，当时只有 18 岁的芭芭拉被 FBI 招揽为间谍，她受命打进了怀疑受外国资助的美国组织，后来得到苏联秘密警察的赏识，成为双重间谍。这是一份极度危险的工作，她经常穿梭于纽约州水牛城与苏联莫斯科之间。当时，一名 FBI 官员向她提出警告，如果她的身份一旦被苏联识破，肯定是会被杀掉。芭芭拉说："我能活到今天，是感谢上天的恩宠和我自己的胆识。"芭芭拉凭着超人的胆识和机智，取得了很多重要的情报资料。而这些资料最终促使了苏联总统戈尔巴乔夫和美国前总统里根举行历史性峰会。

与此同时，紧张的间谍生涯导致芭芭拉的第一次婚姻破裂，而她遇到的第二个男人和自己一样是间谍。芭芭拉说，由于她的父亲是纳粹集中营的幸存者，所以她当年一心一意希望防止第二个大独裁者的出现。她说自己常回想起家人所经历的事情，回想起第二次世界大战。苏联解体后，她丈夫不幸身患重病，而她本人也无所作为了，FBI 便对他们置之不理，没有给予他们任何合理的补偿。

这就是 FBI 的工作内容，他们得到了很多，也失去了很多。

工作之外，他们也是普通人

很多人往往把 FBI 探员和 FBI 连成一体。但 FBI 的工作并不是他们生活的全部，探员们过的也是一种正常生活，和美国所有的普通人一样，他们做自己喜爱做的事，开心、大笑或者愤怒、哭泣。身为 FBI 探员只是一个职务，并不表示他们一天 24 小时都在从事这项工作。

FBI 探员在社会的每一个层面都有广泛的接触，他们会看到美好的一面，但更多的时候所看到的都是社会中极其丑恶的方面。

因为工作性质，FBI 的探员经常接触到人性最恶劣的部分，时间久了，自然而然地会对所接触的人都产生恶劣的印象，丧失对美好生活的信心。所以除了危险性之外，这也是他们一般不会长时间从事特工工作的原因。

FBI 特工人员的流动性很大，在一个地区通常都不会停留很久。而 FBI 办事处其他的办事人员往往不是这样，他们一工作就是很多年。

在这些人员退休后，FBI 还会从他们中间返聘一些人来从事社会职位招聘的工作。这样做的好处很多，一方面 FBI 可以在薪水方面减少开支，因为对这些工作人员可以不必付全额的薪水，同时令 FBI 放心的是这些退休探员的身份背景十分安全，而且他们都具有丰富的工作经验，办事效率也很高。

FBI 探员的“秘密武器”

说起美国 FBI,很多人会想到诡异的特殊行动、无孔不入的秘密行踪和惊险刺激的破案故事。事实上,FBI 并没有那么神秘,他们追捕罪犯也有几种约定俗成的方法。

利用线人、高科技、全球合作,以及身手不凡的特工,FBI 一次次地彰显了他们的“追捕神功”。

利用线人追踪嫌犯来路

2007 年 3 月 31 日,美国 FBI 在堪萨斯将全美十大通缉犯中的唯一女疑犯,24 岁的亨德森抓捕归案。这位“全美最危险的女人”身负 6 起命案,自 2006 年 9 月起就遭到 FBI 通缉,她的落网过程反映了 FBI 的常用手段:使用线人。

2007 年 3 月底,一个线人告诉 FBI,堪萨斯警察局 2 月逮捕了亨德森的一个男性朋友。当时亨德森也在被捕之列,但她用假名蒙混过关,获得释放。得到该线索后,FBI 调查员和当地警方马上包围了亨德森朋友的公寓。亨德森在应声开门时被警察拘捕。

线人是 FBI 最惯用的招数,几乎每一次破案背后,都有线人的暗助。

2005年3月,FBI破获一起重大的武器走私犯罪案,制胜武器就是秘密“线人”。那名“线人”是一名爆破专家,曾有人找到这位专家,称自己有门路获取前苏联军火,并希望通过他找到合适的买家。爆破专家与此人接触后,马上联系FBI。之后,按照FBI的安排,专家假扮成一名与“基地”组织有联系并宣称要将武器卖给恐怖分子的军火商。为了让这些武器走私者现出原形,FBI调查人员先后跟着“线人”来到南非、亚美尼亚及格鲁吉亚,并在7部电话上安装窃听装置,监听了双方1.5万次电话交谈。在调查过程中为博得对方信任,这名“线人”还从对方手中购买了8件攻击性武器。历时一年多的接触后,FBI终于等到机会,在纽约、洛杉矶和迈阿密分三路逮捕了18名涉嫌走私重型武器入境的嫌疑犯。

不过FBI用“线人”破案也有出格的时候。为破获有组织的团伙犯罪,FBI从20世纪60年代起就利用罪犯甚至杀人犯当线人。为了保护这些污点线人,FBI有时容忍,甚至鼓励相关部门做出错误的判决,导致真正的罪犯逍遥法外。为此,美国国会政府改革委员会曾在2003年发表调查报告,称FBI的这种做法是美国执法部门历史上最大的失误。

高科技监听恐怖分子通话

FBI的另一个重要武器是高科技。这里的员工大多学历很高,技术水平也很高超。

与此同时,FBI还有非常高端的监控设备。《华盛顿邮报》曾经这样描述FBI的监控技术:他们只要按一下键盘或者用一套特殊的软件,就能远程获取任何电脑使用者打出的每一个符号;他们只要用一个黑盒子,就能从几公里外截获犯罪嫌疑人的电子邮件;他们只要把车停在犯罪嫌疑人门外,就能根据电磁场绘制出犯罪嫌疑人居所的内部图。

FBI的监听技术更是一绝。美国在欧洲、中东、东南亚、非洲和美国本土设立了多套手机监听系统，监视及抓捕恐怖分子。

在某政府大楼内有一个指挥控制中心，大厅内的一面墙上挂着一幅市区网格地图。当某名恐怖分子拨打或接听手机通话时，地图上就会亮起红灯，标出该恐怖分子的位置。同时，聚集在大厅内的，来自所在国、美国 FBI、美国中央情报局和美国财政部等的官员就可以当场决定是继续监听还是立刻派警察实施抓捕。

尽管恐怖分子为了避免这种监听采用了不断更换手机卡的方法，但是美国 FBI 在多年的监视工作中已经建立起一个储存着有关恐怖分子固话及手机号码的数据库。只要恐怖分子用那个手机向数据库中的电话拨打一次电话，那么这个手机号码就会被记录下来，从此被追踪监听。

分支机构遍布全球

FBI 除了华盛顿总部，还下设 10 个由助理局长领衔的职能部门，分管鉴定、训练、刑事调查、技术服务等工作，并在全国 59 个城市设立外勤办事处及从属于它们的 400 多个“地方分局”。同时，FBI 还有分布在世界 22 个国家的驻外机构，执行总部分配的任务。每当遇到跨国犯罪，世界各地的 FBI 就会联合起来，共同破案。

FBI 2006 年抓捕一名英国超级诈骗嫌犯就是一例。罗伯特·弗里格德作案多起，他谎称自己是英国特工，设计圈套将一些富家子弟完全掌控在自己手里，然后让他们的家人掏钱赎人。

一次，他把一群大学生骗来，控制数月，让他们误以为自己是爱尔兰共和军的攻击目标。然后他往大学生的家里打电话，让家长们掏 100 万美元雇用自己保护这些学生。

英国当局最终发现了这个骗子的行径。但是弗里格德很狡猾，他居无定所，既没有电子邮件，也没有信用卡，更没有可供追踪的电话，因此很难掌握他的行踪。

2001年，英国调查员了解到弗里格德正与一名美国儿童心理学家约会。他企图诱骗对方成为一名像他一样的诈骗犯，当女心理学家表示要和他分手时，弗里格德以杀死她为要挟，向其父母要钱赎人。此事立刻引起FBI伦敦分部的重视。伦敦分部和美国总部特工精心设计、联手设局，诱捕弗里格德。

美国FBI特工反复对这名女子的父母进行训练，教他们编造故事，诱使他们的女儿和弗里格德说出他们藏身的地点。起初，狡猾的弗里格德不肯就范，而女子的母亲则告知对方同意给钱，但必须要他亲自到伦敦当面给钱。弗里格德上当了，他和女子的母亲约在了希思罗机场。两人见面时，伦敦警方和FBI特工马上出现，把弗里格德现场抓获。

特工个个身手不凡

当然，FBI最大的资源还是身手不凡的特工。为了培养出合格的特工，FBI招募时非常严格：应聘FBI的人必须是本科以上学历、年龄在23岁到36岁之间、拥有3年以上全职工作经验，来自物理学、计算机科学、信息技术、工程、会计、财经、执法或其他和调查有关的学科，以及军队、情报、语言等领域。其中语言领域的人才，必须掌握多种语言。这些还只是初步要求，应聘者还要通过笔试、口试、体检、心理评估和背景调查等，一切合格后，才能拿到入门证。进入FBI后，新人要先到美国海军陆战队在弗吉尼亚州匡堤科的基地训练17个星期，训练课程包括理论学习、武器使用、执行任务技巧和现场侦查等。

但是FBI特工并不能像电影里一样，随便使用武器。他们使用武器有严格的规定，不到危及自己或是他人生命的紧急时刻不能随便开枪。对于追击疑犯也是一样，对于一般的疑犯基本采用常规方法，而对于重大的疑犯，警方会动用较强的力量，例如出动特警以及直升机前往围捕，借此减少警员的伤亡。

最科学的调查方法

FBI 使用的一些调查方法和工具是很多国家警察机构模仿的对象。

多年以来,使命范围非常广的 FBI 一直不断在创新。为了分别处理信息和应对各种事件,FBI 发展了多个部门，其中包括罪犯司法信息服务部(CJIS)、实验室部门(犯罪实验室)、行为分析部以及人质拯救小组等。

在 FBI,最大的一个部门就要属罪犯司法信息服务部(CJIS)了。当然,CJIS 还包括国家刑事犯罪信息中心(NCIC)。NCIC 中存储着美国各地案件的详细信息,这些信息原本是被处理过的,但到了 FBI,工作人员还是将它重新处理一遍,然后存档。这个部门对于美国是开放的,中央、州和地方级别的执法机构可以随时访问司法信息服务部所储存的信息，以便通过观察犯罪模式以及不同案件间的相似性,来确认一些被认为流窜作案的危险人物。

FBI 还有全世界最大规模的法医实验室,这个实验室迄今已经进行了 100 多万次法医检验,为探员破案提供了宝贵的证据,在检验过程中,他们不断推出法医分析的新方法。该实验室可以对各种类型的物证（其中包括 DNA、血液、毛发、纤维、模糊不清的指纹、文件、笔迹以及武器)进行法医测查。

即使是在将来,FBI 也将会是罪案分析技术的创新者，完成这些工作的人是行为分析部的人员。该部门的网站解释说,犯罪调查分析“是一个从行为和调查角度回顾犯罪案件的过程”。这些工作人员都训练有素,他们会查看证据以及一起或一系列罪案的环境,建立一个概图,来说明疑犯性格的不同方面。诸如性别、年龄、教育程度、工作类型和其他元素都是他们的调查目标,一旦这些目标被他们实现,他们就可以让探员们缩小调查范围,从而区分各种线索的重要程度。地区罪案分析也很有帮助,在使用这种方法时,罪案分析人员在计算机中输入有关案发地区的信息，计算机会为调查人员创建一个“感兴趣地区”作为探员们的模拟参考区域。

FBI 探员们的“读心术”

FBI 探员的一项重要任务就是和形形色色的罪犯打交道,有些罪犯是罪大恶极的惯犯,指望让他们说真话简直比登天还难。但是没关系,FBI 探员精通于“读心术”。

识别犯人是否说谎的秘密武器

除了调查工具外, 美国 FBI 探员们在审问犯罪嫌疑人时还有另外一种很高深的方法,那就是通过一些简单的信号可以判断对方是否在撒谎。

这些信号主要有以下几种。

第一个信号:被讯问的人往往不提及自身及姓名。按 FBI 探员们多年来的办案经验,人在说谎时会自然地感到不舒服,他会本能地把自己从他所说的谎言中剔除出去。所以如果你向某人提问时,他们总是反复地省略“我”,那么这个人就有被怀疑的理由了。反过来说,撒谎者也很少使用他们在谎言中牵扯到的人的姓名。调查局探案史上一个著名的例子是几年前美国总统比尔·克林顿在向全国讲话时,拒绝使用“莫妮卡”,而是“我跟那个女人没有发生性关系”。

第二个信号:反复问说谎者同一个问题,等他露出破绽。探员们在问一个人问题得到的回答后，会隔一段时间再问，回答可能会保持不变。而在第二次和第三次之间留一段空隙。在这期间，他们的身体会平静下来，犯罪嫌疑人会想："我已经蒙混过关了。"而当他在所有的生理反应消退后，身体放松成为正常状态后。调查员会突然问他这个问题，对方已经不在说谎的状态中了，他不是恼羞成怒，就会倾向于坦白。如果一个人说："我不是已经和你说过这件事了吗？"然后才勃然大怒，这多半是在欺骗。也可能对你说："事情是这样的，我还是对你直说了吧。"

第三个信号：说谎者从不忘记。一般人记住一个时间段的所有细节是很困难的。但是说谎者例外，他们在陈述时几乎是一气呵成的，这是因为他们已经在头脑的假定情景中把一切都想好了。他们绝不会说"等一下，我说错了"。不过恰恰是在陈述时一气呵成的样子才暴露了他们是说谎者。

第四个信号：声量和声调突变。许多说谎者为了掩饰自己虚弱的内心，会不自觉地把自己的声音拔高。

第五个信号：真实表情闪现时间极短。人类所能维持的一个正常的表情会有几秒钟，但是在说谎者"伪装的脸"上，真实的情感会在脸上停留极短的时间。美国保密局曾提供一份胶片，胶片中，比尔·克林顿说到莫尼卡·莱温斯基时，他的前额微微皱了一下，然后迅即恢复了平静。

最后一个信号：说谎时鼻子会变大。很多人大概不会对着镜子说谎，所以，他们不可能知道在说谎的时候鼻子会变大。因为人的身体在说谎时的反应使多余的血液流到脸上。有些人甚至连整个面部都变红了。这还会使你的鼻子膨胀几毫米。当然，这通过肉眼是观察不到的，但是说谎者会觉得鼻子不舒服，不经意地触摸它，由此就可以断定，他是个说谎者。

然而这种如何揪出说谎者的工作方法事实已经是"亡羊补牢"了，FBI 们最拿手的就是可以未雨绸缪。那就是和生疏的人第一次会晤时，他们可以在一开始谈话的几分钟内就能看透这个人。并且，他们能和对方拉近距离，并且能找到对方爱好的话题，更能让对方愿意启齿谈一些私事。

阅人术

一位担任美国FBI探员长达25年的乔·纳瓦罗在2008年出版了一本畅销书,叫《牌桌上的阅人术》,他借助了自己在担任探员期间所练就的察看力,教导玩家如何透过眼神、肢体动作的察看,看透对方的心思,在牌桌上给予对方致命一击。虽然是牌桌上的技巧,但事实上也是FBI的阅人术。

乔·纳瓦罗认为,FBI探员的察看力完全是靠后天练习而成的,但他们的方法不可能拿到民间来说。乔·纳瓦罗自然也不会把FBI的这项秘密说给别人听。所以,他把FBI的这种方法世俗化了。虽然被世俗化,但仍旧可以见到FBI的影子。

据乔·纳瓦罗说,练习察看力,最有效的方式之一是“回忆游戏”。可以在任何时候、任何处所练习。例如,当你走进一个房间之后,闭上眼睛,尽可能回忆走进房间之前你看到了什么,越具体越好。时间一久,你就可以像FBI探员一样走到朋友家的前门,就已经把周遭环境看明确了:门前街道上停了哪些厂牌的车、隔壁房屋外有位男性在做什么,另一间屋子的门前放着的是报纸还是图书?

当你察看完周遭环境之后,需要问一下自己,这些代表什么意义?例如,隔壁房屋的那位男性在除草,那么,他是不是肯定就住在那里呢,还仅仅是个除草工?然后你会想,由于门前的街道上没有停放任何除草公司的车辆,所以,那个男人应该就是住在那里的。

乔·纳瓦罗现在是一个扑克牌俱乐部的教官,他平常也会跟一些陌生人玩上几把。据他说,每次坐上牌桌,他的第一件事就是察看同桌的对手,包括他们的脸部表情、双手放的地位、坐姿、穿着装扮。但更主要的是竞胜进程中,他会特别重视对手的行动是否呈现异常。例如原本放在牌桌上的双手忽然围绕在胸前或放在大腿上,这样的动作可能代表他没有拿到好牌。但假如对方将身材往后移,然后跷脚而坐,这显然他已经胜券在握,或者是他的牌已经足够大。

乔·纳瓦罗以 FBI 探员的敏锐和职业特性教给了我们一些察看不平凡动作,这些动作往往能体现出当事人的情绪。

当人在紧张或是有压力时,首先常会不自觉做出某些动作,例如触摸颈部;另外,在额头或是耳垂上做小动作,也都是一般人紧张时会呈现的动作。而假如男性拉着领带,或是女性玩弄颈上的项链,也代表同样的意思。其次,深呼吸或是话突然变多。当你看到对方深呼吸,就知道他可能在压制情感。或是在进程中对方不太爱说话,却忽然话多起来,也代表他本有的情感开始变得不稳固。最后,把手放在大腿上。紧张时我们会不自觉地双手放在大腿上往返摩擦,试图平缓自己的情感。

所以,乔·纳瓦罗认为 FBI 探员大都是从肢体语言上看出对方个性来的。FBI 探员都熟知某些习惯动作会映射出对方特定的个性与行动模式。这也是他们的一种秘密武器。

FBI 的窃听术

1928 年发布的调查局的第一部守则规定:窃听电话是“不适当的、非法的、不道德的”,FBI 探员绝对不能采取这种手段侦破案件。这条规定看起来言之凿凿,但事实上联邦调查局从来没有遵守过。

1936 年在两个月的时间内,有 5 名调查局特工人员在法庭透露,他们调查一个州际盗窃案时,FBI 进行了昼夜 24 小时的电话窃听。而且这也不是他们第一次采取窃听的手段,类似的情况在刑侦过程中其实时有发生。

联邦调查局对于“窃听”这种不太光彩的手段“情有独钟”。他们不仅在需要侦破某件大案时会窃听嫌疑人的电话, 甚至连政府的高层也难逃他们的“顺风耳”。胡佛就曾经下令窃听罗斯福的邮政部长詹姆斯·法利的电话,因为这位邮政部长当时想要撤掉埃德加的局长职务。还有些特工人员透露说:他们的部分任务是搞那些同埃德加不和的警官的材料。

1940 年,胡佛悄悄地进行活动,要求制定一项关于窃听电话的法律,以便自己“合法”地窃听别人的电话。但是当时由于弗莱在国会会议上极力反对,所以这项法律未能制定。从此,埃德加对弗莱怀恨在心。甚至 20 年以后,弗莱已经退休了,仍不敢在自己家里会见记者,因为他担心调查局在他家安装了窃听器。

1940 年春季,鉴于窃听电话这一手段对国家安全至关重要,罗斯福总统授权司法部长可以对“那些被怀疑进行颠覆美国活动的人，包括间谍嫌疑犯”进行窃听。这一命令为窃听电话打开了大门。

有组织地窃听

美国根据《信息自由法》解密的上千页 FBI 内部文件显示，FBI 早已秘密创建一个极易操作的监听系统，可对几乎所有通讯设备进行即时窃听。

情报机构的窃听系统与电信基础设施连接广泛而密切，远远超出我们的想象。

近期，美国根据《信息自由法》解密的上千页 FBI 内部文件显示，FBI 早已秘密创建一个极易操作的监听系统，可对几乎所有通讯设备进行即时窃听。

该监听系统名为“数字信息收集系统网络”，简称 DCS 系统。它将 FBI 的窃听网点与座机、手机和网络电话的交换机连接起来，专门收集、筛查和储存电话号码、通话记录和短信息。

“这是一个复杂的窃听系统，它与美国电信基础设施相互连接的密切和广泛程度远远超出人们的想象。”哥伦比亚大学计算机科学教授、资深监视专家史蒂芬·贝劳芬说。

DCS 系统至少包括三大信息收集组件，均在 Windows 电脑上运行。其中，价值 1000 万美元的 DCS-3000 系统又名“红钩”，可操作“记录笔”和“陷阱追踪”两种程序，主要用来收集通讯信号——主要是从某部电话拨出的信号——而非窃听通讯内容。

别名“数码风暴”的 DCS-6000 系统能全面执行窃听指令，捕获并收集电话和短信息的具体内容。

间谍恐怖分子无处藏身

另外一种名为DCS-5000的秘密系统则专门用于窃听特定的间谍或恐怖分子目标。

整体上看，利用DCS系统，FBI特工可以在窃听的同时回放已经录制的内容(这一功能类似电视录像机)、创建控制窃听的主文件、将录制的信息发送给翻译人员、利用手机信号塔实时追踪目标的大概位置，甚至将截取的信号不断传送给流动式监听车。

FBI在各分部和不少秘密场所都设有窃听室，它们之间使用一个专门的加密中枢网络相连，独立于互联网之外。

使用这一网络，身在纽约的FBI特工可以对位于加州的手机进行远距离窃听，可立即确定该手机的具体位置，然后在纽约开始接收该手机的谈话、短信内容以及语音邮件密码等。再敲几个键，这位特工就可以把这些记录发送给语言专家，由他们进行翻译。

电话拨出的号码会被自动发送到FBI的分析人员那里，并通过外部储存设备，连夜送至FBI电话应用数据库，在那里将有专人对它们进行分析。

解密文件显示，近几年来，DCS系统的终端数量不断增长，“中央监控点”最初只有20个，到2005年增加到57个。到2002年，与这些终端相连的电话交换机就已经超过350个。

FBI表示，如今大部分电信运营商都拥有自己“总机”，或称“中继交换机”，它与该运营商旗下所有单个交换机相连。而DCS系统则通过加密的虚拟专用网与这些“总机”连接在一起。一些电信运营商自己管理“总机”，但也有人付钱请Veri Sign这样的公司为他们打理相关事务。

DCS系统每年进行多少宗窃听现在仍然保密，不过，据我们所知，仅罪案窃听一项，就由1996年的1150例上升到2006年的1839例，增幅达

60%。去年公布的一份报告显示，在 2005 年进行的罪案窃听中，92%是针对手机用户的。

这些数据不包括反恐窃听。“9·11”之后，反恐窃听急剧上升。DCS-3000 所搜集的打入、打出电话号码也未计算在内，进行这类窃听非常普遍和简便，调查人员只要证明某电话号码与调查有关，就可对它进行窃听。

美国司法部每年都要向国会报告被窃听的电话数量，但这些数据不会公开。根据电子隐私信息中心掌握的情况，1998 年法官们签署了 4886 例监听许可，此外还有 4621 例延期进行。

保障 FBI 监听网络顺利运行的法律是克林顿执政期间制定的。20 世纪 90 年代，司法部向国会抱怨说，数码技术、手机和呼叫转移等特色服务使调查人员继续开展窃听变得十分困难，于是国会 1994 年通过了《通讯部门协助执法法令》(CALEA，俗称《窃听法》)，为 FBI 打开了美国电话交换机的后门。

《窃听法》要求电信公司安装的交换设备必须符合详尽的窃听标准。该法令出台前，FBI 要想窃听，必须先从法院申请到一份许可令，并交给电信公司，后者才会同意在电话系统上加装一个“窃听接口”。

而现在不但有《窃听法》，还有了令窃听更加易行的“数字交换机”，FBI 于是直接插足电信网络。法院许可令一到，电信运营商就开启窃听功能，关于监听目标的所有通讯数据资料立即源源不断地实时传向 FBI 的电脑。

一些组织对此深感忧虑。2006 年，电子边界基金会(EFF)援引《信息自由法》，要求获得有关 FBI 窃听系统的文件，并将司法部告上法庭。今年 5 月份，联邦法官判令 FBI 每月向 EFF 提供相关文件，直至达到《信息自由法》的要求为止。

特工安东尼·克莱门特是 FBI 运营技术部数据收集截取分部的负责人。他介绍说，DCS 系统 1997 年投入运行，当时只是一种暂时性解决方案，但后来发展壮大，最终变得十分完备。

一些隐私机构和安全专家说，《窃听法》从一开始就打算控制人们的生活。这种抗议效果不大，联邦政府最近扩大了这部法规的实施范围，迫使宽带服务提供商和部分网络电话服务商（如 Vonage 等公司）更新他们的网络，以便政府窃听。

FBI 紧跟窃听潮流

克莱门特介绍说，FBI 一直在努力跟上技术创新的步伐。

解密文件显示，呼叫者身份伪装（caller-ID spoofing）、手机带号转移（phone-number portability）等新兴技术都很让 FBI 的窃听工程师们头痛。还有 Skype 公司使用的 P2P 技术，也很令他们不满，因为 P2P 使得用户可以直接与别人的计算机相连，彼此交换文件，不用像过去那样通过服务器浏览或下载。这样一来，就不能为 FBI 提供一个可供窃听的"总机"。

不过，对大多数网络电话技术，还有"一键通"（push-to-talk，可以把手机当成对讲机使用，进行群组通话）等无线通讯技术，DCS 系统应付自如。"'一键通'对我们来说不是问题，"克莱门特说，"所有电信公司都按照《窃听法》要求，尽到了他们的责任。"

宾夕法尼亚大学安全研究专家马特·布莱兹 2000 年曾帮助 FBI 评估"食肉动物"网络监听系统（现在已经退役），他对 DCS 系统的先进性感到惊奇。因为多年来 FBI 一直在抱怨技术发展太快，令他们眼花缭乱。

但布莱兹还是有很多疑问，比如在打开交换机"后门"允许窃听的过程中，电信公司到底扮演了什么样的角色，在这一过程中如何保证其他用户的信息安全。

美国第四大电信服务商 Cox Communications 公司的隐私法律顾问兰迪·凯登海德就此表示，FBI 无法独立进入其公司的交换机。"没什么连通窃听系统之说，一切都在我们的掌握之中，我们依照法律办事，"凯登海德说，"他们进来的时候，我们查得到。我们也会通知相关部门，指示他们与 FBI 配合。此外，我们还会跟 FBI 的技术代表通电话交换意见。”

但美国几大主要电信服务提供商——多数窃听对象都是他们的客户——却表现得不那么肯定。AT&T 态度礼貌，但“不予置评”；Sprint、T-Mobile 和 Verizon 根本没有回复这一质疑。

特工克莱门特则认同凯登海德的说法。“电信商具有完全控制权，整个过程完全符合《窃听法》的要求，”他说，“他们有自己的法律顾问，会对窃听许可令进行详细研究。他们也会按程序对许可令进行复核。他们还会确认用户信息，以确保被监听者确实在使用他们的服务。”

尽管使用方便，但新技术还是比传统窃听手段贵得多。美国司法部总监察长办公室透露，每窃听 30 天，电信商向政府平均收费 2200 美元，而利用传统窃听方式只需 250 美元，根据美国法庭窃听报告的最新数据，去年平均每次窃听要花去纳税人 6700 美元。

另外，根据《窃听法》要求，政府还得出钱，以保证 1995 年前的电话交换机仍然能适应 DCS 系统的窃听要求。FBI 为此花费了差不多 5 亿美元，但一些老式交换机还是没法改造好。

对窃听来的信息进行处理的成本也很高昂。监控得来的通话内容和电话号码通常被输入 FBI 的电子监控管理系统，一个 Oracle SQL 数据库。过去三年来，这一数据量增长了 62%，而电子邮件内容则增长了 30 倍。2007 年，FBI 投入 3900 万美元改进该系统，以帮助特工、翻译人员和情报分析人员分拣和编辑信息。

而对于安全专家们来说，DCS 最令人担忧的不是成本问题，而是它可能为电信网络带来新的安全漏洞。

2005 年，一名黑客在 Vodafone 电信公司的交换机系统中装了一个与 DCS 类似的窃听软件，结果希腊 100 多名政府官员的手机被窃听。作案者把这些官员的通话号码和短信内容复制并发送到其他电话上，与此同时还成功隐藏了窃听软件的接口。

克莱门特表示，至今为止，DCS 系统还没有发生过这样的“事故”，“我没听说过任何内部或外部‘泄露’事件。”他说。他还强调，DCS 系统的安全性远远“超过规定要求”，一是因为窃听仍然需要“服务商的协助”，另外，FBI 也会使用物理措施，对进入 DCS 终端的权限进行控制。他们还使用防火墙等措施，以保证该系统“足够孤立”。

但是，解密文件显示，2003 年 FBI 一份内部审计报告揭示了 DCS 系统的许多安全隐患，部分问题早在初期使用“食肉动物”系统时，就已经被发现。

其中值得一提的是，DCS-3000 缺乏足够的进程监控记录，密码管理功能也不强大，没有装反病毒软件。你可以无数次地尝试密码，却不会导致账号被锁住，它还允许多人共用账号。

在 Windows 环境下，该系统设定 DCS-3000 用户具有管理优先权。因此一旦黑客入侵，便可轻松掌控一切。

贝劳芬说，这些隐患“十分可怕”，它表明 FBI 对“内鬼”可能造成的损失不够重视。“这些隐患不是根本，”他说，“关键是 FBI 总是认为威胁来自外部，而非内部。”

贝劳芬说，任何窃听系统都可能面临“后挫力危机”，比如窃听对象发现被窃听，或者有外部危险人物和“内鬼”私下进行未经授权的窃听。此外，为方便窃听对电话交换机或网络进行结构调整也会导致新的安全和隐私漏洞。

“任何时候，只要进行窃听，就会有风险，”贝劳芬说，“我的意思不是说绝对不能进行窃听，但在设计窃听系统的同时，你就是在创造新的被攻击对象。从根本上说，窃听本身就是利用第三方的弱点进行攻击。问题在于，你能否控制住一切？

FBI 的机构解密

在联邦调查局发展的历史上,随着他们的权势越来越大,需要去处理的事情也相应地增多。很多事情都必须在专门开辟新的部门去掌管。在这种背景下,FBI 执掌下的许多传奇机构相继出现。这些机构的出现更是进一步增加了 FBI 的权威性和垄断性。

科学检测罪行实验室

众所周知的 FBI Crime Lab(科学检测罪行实验室),正式成立于 1932 年 11 月 24 日。20 世纪 30 年代,联邦调查局逮捕了一批臭名昭著的绑架,抢劫和杀人犯。在打击三 K 党的行动中联邦调查局也扮演了重要角色。

从 20 世纪 40 年代到 70 年代，联邦调查局调查了针对美国的间谍案。二战期间联邦调查局曾抓获 8 名到美国执行破坏任务的纳粹间谍。联邦调查局还针对美国的有组织犯罪进行了很多工作，打击了很多犯罪组织和集团,例如 Sam Giancana 家族和 John Gotti 家族。

对在犯罪现场缴获的枪支进行发射子弹的比对只是警察实验室的许多工作之一,另外还要分析毒品和追查证据。

这个警方实验室位于纽约皇后区一幢不起眼的大楼里。这里的大部分工作也同样平淡无奇,毒品案远远多于杀人案。据实验室受管制物品分析处

Paul Scardino 副队长介绍，每年约有从 20 万件毒品案中缴获的毒品送到这里。这些违禁品中既有装满大麻植株的垃圾袋，也有内藏海洛因的玻璃纸信封。工作重点放在对海洛因、可卡因及其他一些严重违法毒品的分析上。按照纽约州的法律，要起诉这样的犯罪行为，实验室只有 5 个工作日用于对可疑样品进行检测并测量其纯度，这样来确定毒品的重量，而罪行的严重程度取决于毒品的重量。

这个实验室还用颜色与结晶试验的方法来确定样品中是否含有海洛因或可卡因。检测人员将几小撮粉末放到滴定板上的 5 个孔中，然后在每个孔中放入不同的化学试剂。一系列不同的反应能够确定出样品中含有海洛因或可卡因：一些孔中的化学试剂改变颜色，而另一些则出现结晶。虽然几十年来这个方法一直很可靠，但法医科学家们还是认为，在少数情况下，某种未知或者罕见的化合物也有可能发生和那些非法毒品同样的化学反应。于是这个实验室的检测手段逐渐转向通常只在大学研究机构中才能见到的高技术仪器：气相色谱—质谱仪（GCMS），这些先进的仪器帮助他们能够更准确地对犯罪进行定义。而联邦调查局在买这些仪器时也可以说是不惜血本，每台气相色谱—质谱仪价值大约 8 万美元，警方实验室一下子就用了 24 台。

除了毒品之外，警方实验室中最常见的就是枪支了。每年约有 1 万支缴获的枪械被送到实验室地下室的枪械处。那里的调查人员首先判定这些枪支是否还能使用，犯罪分子们使用的枪械大部分状态都不是最佳。随后他们试射这些枪支，看弹壳或子弹上留下的印记是否和以前在犯罪现场发现的证据相吻合。

这里进行的刑侦工作是在电视上出现最多的，如检查纤维、油漆、纸张以及其他犯罪现场证据。这里拥有的高技术仪器数量之多，足以招来各大学化学系的羡慕。在一个房间里，调查人员正在用 X 射线衍射仪来寻找爆炸性物质中的晶体；大厅对面，人们正用电子扫描显微镜来探寻枪击残留物中的球状粒子。其他房间里还有数台红外显微镜、一台 X 射线荧光光谱仪以及一台拉曼光谱仪……

整个犯罪实验室,都是由这些昂贵而精密的仪器组成的。

侦查实验室

和犯罪实验室相比，美国联邦调查局司法侦查实验室就显得比较默默无闻,但这里却是全美的侦查中心,它曾一度位于华盛顿市中心联邦调查局办公大楼内,是个绝密的场所。这个全美犯罪侦查学科研中心已迁址至华盛顿以南 30 公里处的关蒂科。与之毗邻的是美国特工的摇篮——鼎鼎有名的联邦调查局学院。这里的环境幽静,四周全是茂密的森林,不远处波托马克河潺潺流过。

与华盛顿相比,关蒂科要空旷得多,也相对安全得多——配备最现代化装备的外国间谍很难潜入这里、窥探联邦调查局的秘密。媒体也被严禁进入该地区进行采访。

该实验室被认为是全世界上最先进的司法侦查科研中心之一。下设 24 个科室,共拥有 700 名工作人员,而且无一例外是美国籍公民。其业务范围也是包罗万象,从分析检测犯罪分子及受害者的 DNA、血样、毛发和骨骼,到鉴别各类射击武器、炸药及身份证件;从使用测谎仪对嫌犯进行测试、笔迹鉴定,到研究各种鞋印和车胎压痕。

人质救援队——特工中的特工

美国联邦调查局负责调查针对美国的恐怖威胁。这责任包括机动应变阻截恐怖分子并逮捕,他们能够采取行动,以及进行其他高风险的战术行动。

为了完成这个任务,美国联邦调查局成立了一只专职反恐的战术小组,就是“联邦调查局人质营救队”。只有那些最顶级联邦调查局特工才可能成为联邦调查局人质营救小组的成员。在这里,高素质,联邦调查局特工积极应对挑战,他们面对的挑战是最复杂的,关键的,而且迫在眉睫。他们是一支训练有素、装备精良的突击小队。

美国联邦调查局人质救援队对队员的要求是：必须具备四年制大学学位和三年的专业工作经验的候选人；介于23岁至36岁，有出色的身体条件，能通过严格的体能测试，并同意进行完整的背景调查、药物测试、测谎。

FBI的人质解救队(HRT)的成立于1983年，成为国家一级的反恐单位。它是在美国联邦调查局的紧急事件反应小组战术支援科(CIRG)的一部分，总部在弗吉尼亚州的联邦调查局学院。

联邦调查局也有“不行”的时候

联邦调查局虽然有众多功能齐备的分支机构，但是他们也有力所不能及的时候。

1999年6月30日，一名农夫在美国密苏里州西奥尔顿田野发现麦考密克腐尸，虽然调查人员认定麦考密克被谋杀，但尸身没伤口，执法人员也找不到任何凶器及目击证人，验尸及毒理学检测又无法确定死因，凶案关键只有麦考密克裤袋内两张字条。

这两张纸条上的“死亡密码”由31行数字及大写英文字母组成，其中一张的密码被五个画圈“分段”，能认得出字母，但排序没有逻辑。

FBI负责密码分析及勒索案件的专家认为，若能破解两张字条内容，就能揭露死者遇害前曾到过什么地方，并解开触发凶案的原因。但是由于这种密码过于生僻，所以联邦调查局在很长的时间里都没能够解开。

由于被列为头号悬案的调查进度多年停滞不前，最终，FBI只好在官方网站张贴“请求译码”公告，并公开两张“死亡密码”，欢迎全球任何人就“死亡密码”表达见解，提供解码理论；FBI并在公告中附录破解密码的四个基本步骤和例子，公众除可在网站留言外，亦可直接去信FBI协助破案。由此看来，即使是像FBI这样拥有先进设备和众多专家的调查机构，也有其不足之处。

第三章
“白宫之鹰”的是非纠结
——FBI政坛传奇故事

FBI与白宫的故事，可以说一桩桩、一件件都是近代史上重要的谜团。自从FBI诞生的那一天，它就和美国的权力巅峰——白宫产生了密不可分的关系。有的时候，是唇寒齿亡的合作关系；又有些时候，成了你死我活的斗争关系。在一百余年的时间里，白宫和FBI发生过哪些故事呢?让我们来一起细细品读。

杜鲁门:让 FBI 老实一点

1884 年 5 月 8 日,杜鲁门出生于密苏里州拉马尔,是约翰·安德森·杜鲁门和马莎·埃伦·扬·杜鲁门的长子。

杜鲁门的父亲约翰·杜鲁门是一位农夫和家畜商贩,在杜鲁门只有 11 个月大的时候,他们一家便搬迁到密苏里州格兰德维尤的一个农场。这是一块占地达 240 公顷的大农场。

为了方便上学,杜鲁门一家在他 6 岁的时候又迁移到密苏里州独立城。1901 年,杜鲁门从高中毕业后,从事了一系列的神职人员工作。1906 年,杜鲁门回到了格兰德维尤的农场并在那里度过了约 10 年的时光。

在美国参与第一次世界大战后不久,杜鲁门加入了密苏里州国民警卫队担任军官,并在法国带领一支炮兵部队,名为炮兵连 D 组,隶属于第 35 师 60 旅的 129 野战炮队。在体能方面,杜鲁门右眼视力为 20/50,而左眼是 20/40,但由于他在体能测试前秘密地记诵了视力检查表,所以他仍可以通过测试从征。

在前往法国之前,杜鲁门先在俄克拉荷马州劳顿附近的锡尔堡接受训练。在受训期间,他被指派去打理军营的贩卖部(提供糖果、香烟、鞋带、梳打水、烟草和撰写发给士兵的文件),因此营中几乎每位士兵都认识杜鲁门。为了方便打理贩卖部,他征募了曾在堪萨斯城的一家服装店当过职员的犹太裔朋友爱德华·雅各布森中士前来帮忙。此外,杜鲁门还在军营中认识了堪萨斯城政客汤姆·彭德格斯特的侄儿詹姆士·M·彭德格斯特(James M.

Pendergast),而这位政客在战后对杜鲁门有一定的帮助。

在法国,杜鲁门上尉的炮兵连表现十分卓越,他们虽然在孚日山受到攻击,但他仍能够作出十分有效的抵抗。杜鲁门日后获擢升为国民警卫队的陆军中校,而他一直也为自己在军队服役的背景感到相当自豪,因为在他的带领下,炮兵团的炮兵连 D 组在大战中没有损失过任何人。

一夜之间登上权力巅峰

大战结束以后,杜鲁门回到了独立城。

1921 年加入民主党。作为民主党派的积极分子,1922 年杜鲁门被选举为杰克逊县法院的法官。1923 年至 1925 年在堪萨斯市法学院学习,1926 年任首席法官。

1934 年他成为一名参议员。第二次世界大战期间,他领导了参议院战争调查委员会,调查浪费和腐败从而节省了多达 150 亿美元。

杜鲁门是在罗斯福的身体健康每下愈况时被任命为副总统的。此时他已经 60 岁了,杜是一位精力旺盛、体力充沛、又不拘礼数的长者。他原本没有想到自己有一天会成为美国的总统,当罗斯福第四次获得总统职位时,杜鲁门当时还是副总统。在这段时间里,他很少见到杜鲁门,也从来没有进过白宫的作战室,要知道,当时第二次世界大战还没有结束。

在罗斯福的领导班子里, 杜鲁门只不过是一件可有可无的“政治装饰品”。远远看去,他像是在十分严肃地主持参议院会议,其实,他更多的时候是在打盹或者遐想,而且有些时候还会给当年已是 91 岁的老妈妈写信。

1945 年 4 月 12 日,罗斯福突然逝世。当时杜鲁门不知道这个消息,正坐在参议院议长席上给他的母亲写信。会议结束之后,这位当时已经 60 岁的副总统漫无目的走到众议院议长萨姆·雷伯恩那儿去喝杯酒。刚拿起自己的酒杯,白宫新闻秘书史蒂夫·厄尔利就打来了电话找他,请他马上到白宫去。

他还以为罗斯福从温泉休养地度假归来,有什么事要和他当面谈,这也实在是很少见的情况。

到了白宫,罗斯福夫人告诉他:“总统已经去世了。”杜鲁门完全没有反应过来,还只是茫然地问道:“可以帮你什么忙?”埃莉诺·罗斯福说:“不,您应该问我们可以帮你什么忙? 因为所有的困难都已经摆在了你的面前。”这时,他才明白过来:自己已担起了总统的责任。

当晚就举行就职典礼,首席法官前来监督。杜鲁门回忆说:“我宣誓就职的庆典当时只进行了一分多钟,可是跟着拍摄那些必要的正式照片时,却花了我不少时间。”在场的人回忆说,当杜鲁门的嘴吻《圣经》时,才显现出非常激动的感情。

杜鲁门与联邦调查局的冲突

杜鲁门成为总统后,第一件事就是想要对权势日益膨胀的 FBI 进行整肃。

1945 年 5 月 12 日,欧洲战事才结束了 4 天,杜鲁门总统就在一份备忘录中写道:“我们不需要盖世太保或者秘密警察。FBI 现在有可能成为这样的角色。他们的全部工作应该是对付犯罪分子,但现在他们最喜欢做的事情却是搜集名人丑闻并以此为把柄进行讹诈。他们对地方执法官员的无礼和藐视已达到难以忍受的程度,我们需要的是合作。”联邦调查局特工们从来都是以供职于一个清廉公正的机构自居,联邦调查局的传奇局长胡佛在司法界还博得了果敢坚毅的“罗伯斯庇尔”的称号。

但是杜鲁门上台后,却总想着试图打破“联邦调查局”一贯的光辉形象。极力将联邦调查局局长塑造成了“盖世太保”的形象。(注:盖世太保是德语“国家秘密警察”(Geheime Staats Polizei)的缩写 Gestapo 的音译。盖世太保由党卫队控制,它在成立之初是一个秘密警察组织,后加入大量党卫队人员,一起实施“最终解决方案”,屠杀无辜。随着纳粹政权的需要盖世太保发展成为无所不在、无所不为的恐怖统治机构,纳粹通过盖世太保来实现对德国及被占领国家的控制。)

虽然此时的联邦调查局势力非常大，但是他们也还不敢和白宫有正面的冲突。面对总统下的“挑战书”,联邦调查局的高层们知道“只有先求得生存才有继续掌握权力的可能”,所以当时的局长胡佛决定不顾一切地巴结新任总统。胡佛在 FBI 里寻找了一位与杜鲁门关系还算不错的人作为联邦调查局与白宫联系的联络官,这个人是杜鲁门的密苏里州同乡、幼时玩伴的儿子马里恩·齐恩斯,齐恩斯很小的时候就认识了杜鲁门。

这一次,尽管齐恩斯本人不是非常愿意担当这个职务,但他想要在 FBI 好好地工作,就不能不听局长大人的命令。于是,他到白宫拜访父亲的好友时,代表胡佛局长向杜鲁门表示了忠心:“胡佛先生想让您知道,他和 FBI 完全听从您的意愿,我们愿意随时听从您的指挥。”面对联邦调查局局长抛出的橄榄枝,杜鲁门冷冷地回应道:“如果我真的需要 FBI 做什么的话,我自会通过司法部长提出要求的。”

这时候的杜鲁门,还不知道“联邦调查局”有多大能量,如果能够把它招致麾下,会给自己带来什么样的好处。

对联邦调查局的认识发生了改变

杜鲁门在逐渐熟悉了当总统的各种不足为外人道的秘诀后，对 FBI 的能力和影响有了新的理解。

在担任总统之后没有多久,他就了解到罗斯福在世时通过胡佛手下的 FBI对政敌进行电话窃听,从而掌握他们活动情报的内幕。这时,他看到了从罗斯福阵营中背叛出来的投机政客汤姆·科科伦的电话窃听材料,当时他简直不敢相信,说道:“这是在干什么?不要再这样做了。告诉胡佛,我可没有时间管这些事情。”

不过,当他真的看完这份秘密材料后,这个外表老实、内心敏感的杜鲁门,对 FBI 的认识彻底改变了。

由于是从副总统的职位行填补空缺而担任的总统，杜鲁门在白宫的地位其实非常不稳定，所以他通过 FBI 对政敌和反对者进行秘密调查的愿望更加迫切。于是,FBI 不仅安全度过了来自总统的信任危机,而且比之前还要更加受到重视。

除了电话窃听之外,FBI 还向杜鲁门送去非常多的政治情报，比如说哪家报纸准备对有关政策发表批评论文,哪些官员涉嫌政治和生活丑闻等。

但是,令胡佛感到不大痛快的是,杜鲁门一直避免与他这位 FBI 局长直接发生联系,而总是通过司法部长来与他获得联系,这与罗斯福时代胡佛甚至可以左右他名义上的上司司法部长的人选形成了极大的反差。

中央情报局横空出世

虽然杜鲁门学会了利用联邦调查局的“好处“,但是事实上,他对这个权力过于膨胀的情报机构始终心怀戒心。

为了能够制衡联邦调查局，杜鲁门决定创建一个新的情报机构来制约联邦调查局的发展。在这种情况下,中央情报局(CIA)横空出世。中央情报局是美国政府的情报、间谍和反间谍机构,主要职责是收集和分析全球政治、经济、文化、军事、科技等方面的情报,协调美国国内情报机构的活动,并把情报上报美国政府各部门。它也负责维持在美国境外的军事设备,在冷战期间用于推翻外国政府。中央情报局也支持和资助一些对美国有利的活动,例如曾在 1949 年至 1970 年代初期支持第三势力。根据很多报道和一些中央情报局重要人物的回忆录,中央情报局也组织和策划暗杀活动,主要针对与美国为敌的国家的领导人。中情局的根本目的,是透过情报工作维护美国的国家利益和国家安全。由中央情报局的工作性质我们可以看出,这个机构完全就是和联邦调查局“抢饭碗”的。

果然中央情报局建成后,FBI 的权力被瓜分了，仅负责反情报和国内安全工作,而国外情报则全部归中央情报局所管理。

虽然中央情报局不像 FBI 那样拥有发出传票和实施逮捕的权力，但它作为一支由总统直接负责的“秘密部队”,拥有一些更为特殊的权力。FBI 把美国对外活动的领导大权长期掌握在自己手中的愿望破灭了，甚至大战期间在拉丁美洲划分出来的势力区域,也只好轻易地送给了中央情报局。

尽管 FBI 在伦敦、巴黎、罗马、墨西哥、渥太华等地的联络站仍然还在工作,但也只有简单的联络作用了。局长胡佛对中央情报局的横空出世非常恼火,但是他却没有什么好办法,所以在向中央情报局移交海外情报活动档案时,他将一些重要材料都烧毁了,而且拒绝向中央情报局透露过去几年发展起来的一些最先进的情报手段。

杜鲁门与 FBI 的合谋

杜鲁门从外表上来看就给人一种十分“靠不住”的印象。在二次世界大战结束后的动荡时期,尽管他能够领导和控制美国的最高权力机构,但从本性上来说,他依然是一个小城镇的人,用我们现在的话讲叫“小市民”。一个政敌就曾经说:“他当总统,却把宾夕法尼亚大街变成了《大街》(指美国作家辛克莱·刘易斯 1920 年所写小说《大街》,讽刺了一些出身于小城镇的实利主义者)。”就连杜鲁门的一个朋友也说:“对杜鲁门而言,当总统只不过是一个开始。他真正的愿望和能力,都应该是去做密苏里州州长。”

为了打破别人对他负面看法,杜鲁门急于证明自己的判断能力,证明自己即使不是自命不凡,但也绝不是个懦弱无能的人。

起初,他留任了罗斯福手下的一些顾问,但不久就把其中让他实施老一套政策的人全部辞退了,其中包括贝尔纳斯、华莱士,还有骄横自负的麦克阿瑟五星上将。在对外政策方面,杜鲁门在远东、欧洲,都走向了与以苏联为首的社会主义阵营全面对抗的路线。

美国与苏联在反法西斯战争中结成的盟友关系，在二战刚刚结束的时候就彻底破裂了。美国的一些政党及所属的工会成为了资本主义政治家们攻击的对象，一种猜疑、恐惧、紧张的气氛弥漫在政治舞台上。FBI 绝对不会放过任何一个能够建功立业的机会，局长胡佛于 1946 年 10 月在“美国军团”代表大会上就明确地说：“外国有些不同政见的人已渗透到美国的各个角落，国家面临着实现一次来自不同政见者的威胁，他们在竭力破坏美国的生活方式。”

当时美国的著名报纸《工人日报》针对胡佛的讲话作出了回击：“胡佛在反对不同政见者时，所采用的手段居然和德国纳粹如出一辙。他企图把一切支持进步思想的人、一切和平与民主人士都扣上不同政见者的帽子。”

与社会上的声讨声一片不同，国会却对胡佛的行为提出了表扬。众议院非美活动调查委员会主席托马斯在《纽约时报》1946 年 11 月 27 日发表文章说：“我们应该考虑这个事实，在最近十年中，许多威胁到我们安全的不同政见者在有利的条件下在美国发展起来了。我们最近两年的任务，就是要彻底根除美国内部的不同声音。要做到这一点，只有采取揭发、监视、追查的手段。第一种和第二种手段包括在我们这个委员会的职能内，而追查手段是 FBI 的职能。”

越来越多的社会活动家被 FBI 逮捕询问，他们还针对这些人都设立了特殊的个人档案，其中不乏用恐吓和欺骗手段杜撰出来的所谓“黑材料”。根据《美国新闻和世界报道》1951 年 3 月 30 日的报道，FBI 透露，每 29000 个美国人中便有一个人是 FBI 经常性的告密者，这还不包括 FBI 编制内的大批特工。被控以“非美主义”罪名的组织和个人，就是被一个如此庞大的机构所陷害的。

由于被中央情报局把 FBI 在海外扩张的权力给抢了去，所以胡佛开始投入更多的精力对付国内的人。在杜鲁门执政的期间，FBI 虽然处于一个短暂的低谷中，但是他们对当时美国社会所造成的影响反而更大了。因为当时在 FBI 的宣传下，所有的美国人都认为自己的身边充满了危险分子。这种气氛，正是 FBI 和杜鲁门一手策划的。

艾森豪威尔:FBI 的亲密伙伴

早在 1945 年召开波茨坦会议的时候,当时的美国总统杜鲁门就已经答应让艾森豪威尔当选下一届总统了,但是艾森豪威尔却一笑置之:“我是一名军人。我不希望自己成为一名政治家。”

之后的几年时间里,民主党多次想把这位打赢世界战争的优秀军人招致麾下。当他们向艾森豪威尔送去橄榄枝时,这位军人却说:“我的信念是:如果是一个职业的军人,那么在没有某种明显的、压倒性理由时,最好不要追求高级政治职位,只有这样,‘军事服从于政治’这条准则才能更好地维持下去。”

军人到总统

事实上,艾森豪威尔并不是没有动过大选的脑筋,他是在等待共和党的邀请。

1950 年 7 月 3 日,艾森豪威尔从欧洲返回美国。第二天,他就放弃了每年超过 2 万美元的五星上将退役津贴,因为他决定要投身政治界。

在共和党全国代表大会上,艾森豪威尔挑选了来自加利福尼亚的参议员理查德·尼克松作为自己的竞选伙伴。尼克松的资历威信其实都不是特别突出,只是在调查“希斯案件”中露过几次脸,属于一个默默无闻的人物。民主党选出了伊利诺伊州州长艾德莱·史蒂文森去竞选总统,事实上,这个人很不愿意参加这次竞选,因为所有人都知道:面对艾森豪威尔,任何人都没有什么机会。

结果这位被赶鸭子上架的候选人完全悲剧了,艾森豪威尔获得了442张选票,可怜的史蒂文森只获得89张。这是美国总统竞选历史最大的票数差距,之所以会产生如此反常的结果,不仅仅是因为艾森豪威尔的威望过高,更是因为联邦调查局背后的暗箱操作。在总统竞选三年以前,史蒂文森对调查局的效率提出了温和的批评,指责FBI效率低下。

虽然这种有限的批评不能对联邦调查局造成任何实质性的伤害,但是胡佛还是对这个批评者怀恨在心。FBI特工从那以后开始多方搜集贬低他的材料。在竞选的过程中,胡佛向艾森豪威尔提供了史蒂文森1949年离婚的情况。

1952年春天,在史蒂文森就要被民主党提名为总统候选人之前,胡佛收到一份报告,说史蒂文森和布雷德利大学校长戴维·欧文是“伊利诺伊州最有名的两位同性恋者”。据说,史蒂文森在同性恋者中间以“艾德琳”这样的名字闻名。

7月份,在史蒂文森宣布参加竞选的同一天,联邦调查局的高级官员草拟了一份17页的备忘录,其中包括所谓同性恋的丑闻以及他曾经同情共产党。

10月份,在竞选运动的关键时刻,联邦调查局的盟友——麦卡锡参议员发表了全国电视演说,提出了关于史蒂文森的“确凿有据的背景材料”。他挥动着手中的文件,说民主党的这位候选人在战时曾经是共产党的合作者,是左翼组织的秘密成员。这些文件是调查局以前的特工人员唐纳德·苏赖因提供的。他现在是麦卡锡和调查局之间的主要联络人。

这是美国最肮脏的竞选运动中的最卑鄙打击,最终也导致了史蒂文森在总统竞选中的惨败。

想当总统?请先别得罪FBI!

艾森豪威尔无疑是一位杰出的军人,但作为一位政治家,他其实也是有城府的。在外表上,他是一副落落大方的政治家风度和谦谦君子形象,但是他却喜欢用FBI来打击自己的对手。

所以,在他候选时期,经常可以看见他和胡佛接触。而胡佛的介入,让艾森豪威尔竞选成功更是为了顺理成章的事情。

艾森豪威尔对来自FBI的各种情报表现出了高度的信任。他当总统不久,胡佛就发现他手下有一名工作人员是同性恋者,而这个同性恋者的父亲是一名参议员,也是艾森豪威尔的朋友。胡佛把这个事情告诉了艾森豪威尔本人,以免总统将来为难。艾森豪威尔马上找了个借口,悄悄地把这位老友之子打发出了白宫。

20世纪50年代初期,FBI内部成立了一个“国会关系室”,专门负责整理国会议员们的私人档案。每位新当选的国会议员,在胡佛那里都能找到一份相应的秘密档案。而且在这个时候,胡佛手下许多FBI特工也纷纷到政府部门担任职务,这更是让胡佛在刺探情报时如虎添翼。

日积月累掌握的这些绝密的内幕消息,既可以在危急关头用作讨价还价的撒手锏,也可以成为改善和政府高官之间关系的撒手锏。在一些议员闯荡“红灯区”的时候,FBI特工人员也许会故意把他们抓住(卖淫嫖娼在美国虽然是违法的,但警方往往不太愿意管这些事情,听任近百万妓女每天创造4000万美元之巨的性交易额)。

在抓住这些议员之后,FBI探员会把相关报告交给胡佛处理。胡佛这个时候往往会表现出惊人的“演员”功底,他对那些已经吓破了胆的议员“真诚”地说:“你不要担心,这些材料只会永远放在我自己的保险柜里,任何人都别想看得到。”

一而再再而三，国会上的要员们无奈之下只好对这个掌握了自己犯罪证据的胡佛大开方便之门,任由联邦调查局四处伸爪。通过这种下三滥的手段,联邦调查局掌握了不少重要人物的黑档案。这些黑档案的数量超过常人的想象,有关个人的黑档案多达3200份,有关团体的黑档案足足有208份。最为惊人的是,有大量过时的黑档案(大约是90%)由于“失去了作用”,已经被联邦调查局全部销毁，所以这些数量巨大的黑档案是其全部数量的冰山一角。丹佛市长惠灵顿·韦布就曾经对媒体说:他本人和落基山其他16名社会名流都被丹佛的FBI机构整过黑档案!

FBI特工搜集个人和某些团体的“情报”并非一天两天的事,而是有很长的历史。一些“情报”对解决某些犯罪提供了“帮助”,但一些“情报”的搜集过程却成了地地道道的犯罪行为。1977年,一名FBI特工在一次秘密行动中马失前蹄:他在撬开丹佛社会工人党办公室,准备偷窃秘密资料的时候被逮了个正着!急于为自己开脱的特工赶紧向警方亮出自己FBI探员的真实身份。

让他万万没有想到的是,联邦调查局立马翻脸不认人,声称联邦调查局从来没有批准他对任何人进行过任何的监视行动，溜门撬锁全是他自己干的。欲哭无泪的倒霉探员被丹佛地方法庭判处十年监禁。由于一直没有人能够有效地阻止联邦调查局的这种非法行径,他们的兴趣最后更加“广泛”了,当所有人都成为他们的调查对象后,他们又进一步将目光对准总统,艾森豪威尔无法安宁了。

艾森豪威尔在第二次世界大战期间指挥盟军作战时,曾和他的女司机、爱尔兰姑娘凯·萨默斯比有多一段“超越了年龄”的亲密的接触。这位姑娘还很有才,1948年出版了一本书,名字就是《我的上司艾森豪威尔》,尽管书中没有直接说“我的情人艾森豪威尔”,但是这也肯定会给艾森豪威尔当年参加总统大选造成不利的影响。

于是,在胡佛的领导下,这本书神秘地从书店里、图书馆里消失了。联邦调查局帮了艾森豪威尔一个大忙,但这并不是出于他们对于自己总统的“敬爱”，而是另有阴谋。

1955 年 9 月，唐纳德·苏赖茵向 FBI 送了一份情报：当年和艾森豪威尔有暧昧关系的那位姑娘已经以化名入住于华盛顿肖哈姆饭店。联邦调查局立即对这件事开始了调查，并找到了那位姑娘本人，直接询问她与总统是否仍藕断丝连。

巧合的是，就在联邦调查局收到这份情报的前一天，正在丹佛度假的艾森豪威尔总统第一次发生心肌梗死，最终不救身亡。

联邦调查局的调查与艾森豪威尔患病之间有没有联系，后人无从得知。总之，死亡终结了艾森豪威尔的生命，也终结了联邦调查局对他的调查，这或许也是终结调查的唯一方法。

肯尼迪，让 FBI 头疼的总统

并不是每一个总统与 FBI 的关系都很好，比如说最后被谋杀的肯尼迪总统，他与 FBI 的关系就几乎可以用势如水火来形容。

第一次交手

FBI 与肯尼迪总统的第一次交手是因为 FBI 对“间谍嫌疑分子”的调查。也正是这次调查出人意料地给了肯尼迪总统一次成为“大人物”的机会，也使得肯尼迪踏上了政治坦途。

1941 年底，一位名叫英加·阿瓦德的漂亮姑娘受到了 FBI 特工的严密监视。

这名女子的祖先来自丹麦，当时只有 28 岁，是一位新闻记者。她曾采访过一些非常重要的人物，比如希特勒和戈林元帅。在许多公共场合，这位姑娘都会毫不隐晦的发表自己的真实意见，当然，这些意见有的比较极端，例如她对别人说：“我认为希特勒充满了魅力，是一个有理想主义的人物。”

一开始，FBI 并没有特别注意到她，后来她以记者身份采访了 FBI 的一些关键人物，其中就包括 FBI 局长胡佛的秘书托尔森，并在一次晚宴上通过托尔森引见，对胡佛本人进行了采访。

生性多疑的胡佛当时就怀疑这个女人可能在华盛顿替德国人搜集情

报，所以就派联邦调查局的探员对她进行调查，FBI 特工人员在接到命令之后马上在这女人的房间里安装了窃听器。

意外的收获

1942 年，一位名叫约翰·肯尼迪的海军中尉，出现在了英加·阿瓦德的电话里，FBI 的窃听器监控到了他们两个人的谈话。在电话中，这两个人情意绵绵，甚至话题都涉及了谈婚论嫁，只是由于无法获得家族的同意，所以肯尼迪说目前还不能结婚。

这个约翰·肯尼迪是什么人呢？

他来自美国著名的肯尼迪家族，到最后更是成为了美国第 35 任总统。而且他还是美国历史上最年轻的当选总统，也是美国历史上唯一信奉罗马天主教的总统和唯一获得普利策奖的总统。

就是这样一个身份显赫的人，胡佛也毫不在意。他在获得了这次窃听的内容之后，就立刻向白宫汇报了相关情况，并“从安全因素考虑”建议美国政府把肯尼迪中尉派往国外战场。

当时美日正在太平洋战场上血战，这场战争参战国家多达 37 个，涉及人口超过 15 亿，交战双方动员兵力在 6000 万以上，历时 3 年多，伤亡和损失难以统计。由于被胡佛背后“阴”了一道，约翰·肯尼迪就被派到了这个十分危险的地方。而且由于这次调动，肯尼迪与那位记者姑娘的缘分也走到了尽头，虽然他们还保持了 3 年的通信，但是暧昧关系已经结束了。

虽然情场和职场双双失意，但正所谓塞翁失马焉知非福，约翰·肯尼迪虽然被派到了一个九死一生的危险之地，但是也正是因为这次调动，给了他一个成为英雄的机会。

1943 年，他所在的 PT-109 号鱼雷快艇被日军的鱼雷击毁，船上 2 人丧生，11 人落水，包括肯尼迪在内的 6 人抓住了漂在水面上的船壳，并将另外

5名幸存者领回到漂浮的鱼雷艇残骸处。船上的工程师严重烧伤，因此肯尼迪不得不拽着他以抵御强劲的水流。当日14:00，在漂浮了9个小时之后，鱼雷艇残骸开始下沉，肯尼迪用牙咬着受伤艇员的救生衣带子，在经过5个小时之后终于游到了一块60多米宽的小岛上。由于该岛位于弗格森水道南部，是鱼雷艇的常用通道，因此，肯尼迪决定立即出发，以便打信号拦截船只等待救援。

当时他已经36个小时没有休息，由于没有与任何船只相遇，他只能游回小岛。8月4日，肯尼迪与其他艇员一起游到附近的欧拉萨纳岛。8月5日，他与另外一名军官游到克罗斯岛。8月6日，艇员们被2名当地岛民发现，肯尼迪在椰壳上刻了一段话："当地人知道位置，可以引路，11人活着，需要小船。肯尼迪。"托岛民带到鱼雷艇基地所在地伦多瓦岛。8月7日，岛民带回一封新西兰步兵中尉的回信，信中说："我强烈建议你们跟这些当地人到我们这里来，同时，我将用电台联系你们在伦多瓦岛的上级，然后落实如何去接你们剩下的艇员。"8月8日，肯尼迪到达新西兰人的驻地。在经历了7天艰苦逃生后，所有艇员在不到24小时里都被送到了伦多瓦岛接受治疗。

事实上，鱼雷艇被击沉，当时作为艇长的约翰·肯尼迪是逃脱不了要担负责任的，但任何事情都不是绝对的，经过肯尼迪家族在华盛顿的着力渲染，约翰·肯尼迪却因此成为闻名全国的战斗英雄，还获得了代表美军最高荣誉的"紫心"勋章和海军奖章。

曾经有一位威斯康星州的中学生大胆地问起了以后的肯尼迪总统："您是如何成为一个英雄的?"一向绝少谈起这段往事的肯尼迪笑了笑说："很简单，日本人把我的船打沉了呗。"当时的约翰·肯尼迪或许还不知道，是联邦调查局对"间谍嫌疑分子"的调查才使得他险些葬身鱼腹。

别让他们意识到已经卡住了你的脖子

1945年，约翰·肯尼迪从海军退役后，开始投身到政治界。

肯尼迪这时候也知道了联邦调查局那里有自己的黑档案，而且担心FBI掌握的他和英加·阿瓦德小姐的那段感情史可能会对他的仕途不利，所以他十分想销毁那些FBI掌握着的资料。

1946年，他在马萨诸塞州第11选区当选为美国众议员时，就曾经想过从FBI手里拿回当年电话窃听的录音资料。当然他的一位朋友劝告约翰·肯尼迪说："不要那样做，他们越是知道你拼命想拿回那些资料，他们就约会意识到已经卡住了你的脖子。"这句话让肯尼迪放弃了这个想法。

肯尼迪进入国会山（国会山也就是通常说的国会大厦，指作为美国国会办公机构的国会建筑，美国国会是美国联邦政府的立法机构。它坐落在华盛顿特区国会山的顶部，国家街的东端。尽管地理上并不在华盛顿特区的中心，但是还是由于它的特殊地位而成为大家关注的焦点）时，才29岁，当时人们都说他是"刚刚走出父亲的家门"。

而且由于身体原因和对开会的厌倦，他把自己的很多时间都用在了外出旅游上，所以在众议院的会议中经常缺席。但即便是这样，到最后他还是成功地当上了参议员。

当时还很年轻的肯尼迪私生活也非常不检点，经常和一些当时的"交际名媛"们有非常暧昧的关系。就算他与比自己小13岁的杰奎琳结婚后，仍然经常到处拈花惹草，生活非常放荡。他曾经对一位好友说起自己与不同女性交往的问题："当我还活着的时候，没有一个人敢找我的麻烦，等我死了，我才不管后世怎么说呢！"他这句话至少有一个错误，因为当时已经有人在找他麻烦了。而这个人就是联邦调查局的局长，当时的FBI特工们在暗地里大肆搜集这位国会议员的档案材料。

当然，对于自己和联邦调查局的紧张关系，肯尼迪自己也知道会给自己带来不小的麻烦。所以出任为参议员后，为了少给自己惹麻烦，决定与FBI改善一下关系，换言之，就是要和胡佛局长化干戈为玉帛，甚至在与杰奎琳举行婚礼时，约翰·肯尼迪也没有忘记对在场的联邦调查局特工人员说："我愿意随时支持你们的工作。"

胡佛虽然难缠，但倒也不是完全的"油盐不进"，既然肯尼迪参议员已多次赞颂FBI是一个严格遵守宪法和法律的强有力的侦查机构，胡佛先生当然也十分高兴。所以他一边搜集肯尼迪秘密档案，一边给约翰·肯尼迪发去了数封表示友谊的个人信件。

1956年，年轻的参议员约翰·肯尼迪获得了美国著名的哈佛大学的名誉学位，以及几行简短的评语："勇敢的军人，精明的参议员，哈佛的好学生。他对党忠诚，坚持原则。"

而且就在这一年，约翰·肯尼迪在芝加哥的民主党全国代表大会上差点就成为了副总统的候选人。虽然最后失败了，但是也证明肯尼迪在政界已经有了相当的影响力。当然，这也让胡佛对肯尼迪的兴趣更加浓厚了，他开始严密监控其私生活和个人交往。

来自FBI的威胁

1960年3月，FBI侦查到一件足以在政坛掀起轩然大波的秘密案件——肯尼迪家族从禁酒令发布的时候就开始一些黑社会势力有过密切的接触。

肯尼迪的父亲靠着与芝加哥市长的姻亲开始做生意发财，发了财以后开始投身政界。但是，老肯尼迪帮了罗斯福赢得竞选，只得到了一个大使的职位，油水不算太大。老肯尼迪自己在政治上没有更大的发展，便寄希望于自己的儿子。然而，肯尼迪要当美国总统，有一个天生的不利因素：他是天主教徒。在肯尼迪之前,美国没有任何一个总统是天主教徒。

要改变美国传统重视清教徒、歧视天主教徒的局面,并非那么简单。于是,肯尼迪家族想到了天然的宗教盟友——美国黑手党。以意大利人为主体的美国黑手党,都是天主教徒,他们在美国社会的底层,因受到歧视而铤而走险。如今,有一个天主教徒有希望成为美国总统,美国黑手党毫不犹豫地大力支持。

通过进一步的查证,联邦调查局特工人员还获知:一些黑社会的“教父”甚至曾经给过肯尼迪家族资金上的援助,包括约翰·肯尼迪成为民主党的总统候选人,也离不开黑社会的暗中支持。

这是个非常重要的情报,因为关键时刻可以当做撒手锏亮出来威胁肯尼迪,所以胡佛对此异常重视。

虽然到最后,联邦调查局掌握了大量关于肯尼迪家族的黑档案。但是在政治上,他们还是无法与这个在美国政坛活跃了几十年的大家族相抗衡。

事实上,他们对肯尼迪是又恨又怕。肯尼迪当上总统之前,一份报纸上就说:“如果约翰·肯尼迪获得大选胜利,上台后一定会把已当联邦调查局局长36年之久的埃德加·胡佛从自己的政府里赶走。”虽然这可能是那些报社无中生有的新闻噱头,但胡佛还是宁可信其有不可信其无。

于是,他委托一位与合众国际社副社长很熟的FBI特工,请他去问问肯尼迪这是否属实。面对提问,肯尼迪毫不犹豫地回答:“胡佛先生将是我们新政府的中流砥柱。”

总统和局长的博弈

在获得肯尼迪的答复之后,胡佛才总算松了一口气。

但是他还是不放心,在肯尼迪当选那一天,胡佛为了让肯尼迪更信任自己,对约翰·肯尼迪说:“亲爱的约翰·肯尼迪先生,请允许我与其他支持者一起，对您当选为美国总统表示由衷的祝贺。在这动荡不安的年头，美国得到了您这样以为富有才略的领导人，真是一件值得万众欢呼的幸事……您可以对联邦调查局寄予厚望，因为它愿意为您提供一切所需帮助。”

胡佛的这段演讲堪称是“阿谀奉承，无所不用”，但是为了保住自己的地位，胡佛还有什么话不能说的呢？估计连胡佛自己也万万没有想到，肯尼迪虽然履行了让“胡佛继续担任联邦调查局局长”的诺言，但是还同时任命了他的弟弟“罗伯特·肯尼迪”担任司法部长！

肯尼迪在当上总统之后，决定任命一个“精英内阁”，按照“能办事，有才能，有敏锐的判断力”等条件，仔细地审查了数以千计的为获得各种职位而提出的申请或受到推荐的名单。在这次“招聘计划”中，罗伯特·肯尼迪是一个非常重要的人物。

当肯尼迪最后问自己的弟弟准备在内阁中担任什么职位时，罗伯特回答说：“司法部长。”众所周知，司法部是联邦调查局的顶头上司，但是由于联邦调查局的权力日益扩大，司法部已经失去了对 FBI 的有效控制。

肯尼迪任命自己的弟弟担任司法部部长，在很大程度上就是想要通过司法部来限制一下胡佛的权力。在此之前的数十年里，FBI 局长一直有权越过顶头上司司法部长，与总统直接对话，但是如今的司法部长是罗伯特，更是总统的亲弟弟，FBI 局长不再享有特权，这让胡佛感到十分愤怒！

虽然肯尼迪兄弟初战告捷，但他们能斗得过胡佛吗？要知道罗伯特当上司法部长时只有 35 岁，而他的下属埃德加·胡佛当上 FBI 局长就已经 37 个年头！从工作经验和人脉关系上讲，胡佛有着绝对的优势。

司法部长的权威

罗伯特·肯尼迪知道，要想和让联邦调查局乖乖地听自己的话，必须先立威才行。所以来到司法部之后，罗伯特·肯尼迪下达了一项让所有人感到奇怪的命令：把斯坦利·芬奇的雕塑从仓库里拿出来，除去上面的厚厚的灰尘之后，重新摆在司法部办公大楼的显眼处。

斯坦利·芬奇是何许人也？

这个人在1908年就担任了西奥多·罗斯福总统组建的特工队队长，即联邦调查局前身的第一位领导者。

当年下令把斯坦利·芬奇塑像搬走的就是FBI局长埃德加·胡佛。胡佛搬走这位联邦调查局元老的雕像，就是为了让所有人知道，自己才是这里真正的主人。很长一段时间里，胡佛在联邦调查局这个“国中之国”都是绝对的“国王”，使FBI上下都觉得他是唯一一个担任过局长的人。

而如今，罗伯特下令把芬奇的塑像重新摆到自己的办公室里，为的就是提醒包括胡佛在内的人们：胡佛之前FBI的局长就已经存在了，在他之后也还会有，甚至在肯尼迪总统任期内也可能更换联邦调查局领导人。为了体现自己在司法部大楼里的绝对权威，罗伯特借口需要同胡佛先生随时联系，派人在FBI局长办公室里安装了直线电话，而且这个电话只能是胡佛本人接听，不能有秘书代接。

一次，电话铃声响起来，胡佛非常气愤地拿起电话，里面却传来了正在司法部长办公室玩耍的孩子们的笑声。

还有一次，罗伯特在电话里很随意地对胡佛说：“我要你立即来一趟。”说完还没等胡佛在说什么，就挂断了电话。而罗伯特之所以要胡佛立即来一趟，也只是为了证明自己对这位老人拥有绝对的权威。胡佛虽然当时非常气愤，但还是不得不马上乖乖来到了罗伯特的办公室。

罗伯特与胡佛之间的冲突，不仅因为他们生于不同的时代，价值和人生观也不一样，更关键的因素是因为两个人在政治倾向、司法工作方针以及对待黑人民权运动上的不同政治观点。罗伯特把司法部的主要工作放在了对付有组织犯罪，重点打击日益膨胀的黑社会之上。但是胡佛却认为，打击政治犯罪才是司法部和联邦调查局当前的首要任务。

在罗伯特正式上任前，胡佛给他发了一份备忘录，称美国国内现在最大的威胁便是那些“持不同政见者”，并且说如何限制他们的活动才是自己最需要做的事情。

当然罗伯特对胡佛的这个说法非常有意见：“费时费力地再去揭发什么不同政见者的威胁，我们还是什么民主国家吗？再说他们的势力也日渐式微，还能构成什么严重威胁？也许，活动最频繁的不同政见者，就剩下联邦调查局的卧底特工了吧！”

在对待黑人民权运动的问题上，肯尼迪总统认为，“旧的时代已经过去，旧的行为和思维方式跟不上时代了”。在推进黑人选举权、黑人教育、黑人就业的政策上，肯尼迪总统及他的弟弟罗伯特都是付出了很多心血的，但胡佛统治下的 FBI 在对付白人种族主义者的血腥暴行方面，却采取了睁一只眼闭一只眼的策略。恰恰相反，胡佛更感兴趣的是跟踪、侦查马丁·路德·金等黑人民权领袖的私生活，以期从中找到在政治上加以诋毁的证据。

尽管肯尼迪兄弟在幕后策划着撵胡佛下台，想任用国务院的威廉·博斯韦尔接任 FBI 局长一职，但总统却也不敢太轻举妄动了，因为胡佛手里最少有肯尼迪两个不敢告人的秘密：一是从各种秘密渠道查获的肯尼迪私生活不检点的证据；另一条是“黑人之音”马丁·路德·金或真或假的秘密材料，以及金与肯尼迪总统密切的私人关系。一旦肯尼迪逼他退位，胡佛决定马上把这一切都暴露给和他有“合作关系”的一些报纸去发表。胡佛把收集到的有关肯尼迪和马丁·路德·金的全部材料都放在他的私人档案中，塞满了司法部大楼 5 层的 4 个房间。

总统之死

胡佛已经准备好了一切手段来对付这个难缠的总统，但是事实上，这些都用不上了，因为肯尼迪总统在 1963 年 11 月 22 日在得克萨斯州遇刺身亡。

1963年11月22日,发自埃尔姆大街的一声枪响,震惊了全世界。几分钟后,一个爆炸性的消息传遍了世界——肯尼迪总统被暗杀了!

这个消息也第一时间传到了联邦调查局,FBI的调查也迅速展开了。

肯尼迪遭暗杀的现场极度血腥。

当时,肯尼迪与夫人杰奎琳以及德州州长康奈利夫妇同乘一辆敞篷车,缓缓行驶在达拉斯的艾尔姆大街上。当时天气晴朗,艾尔姆大街的两旁站满了欢迎总统的市民,康奈利夫人对肯尼迪说:“总统先生,你可不能说达拉斯不爱你。”肯尼迪满脸微笑地点头。

就在此时,一声枪响打破了这欢乐的气氛。一颗神奇的、异乎寻常的子弹射中肯尼迪总统背部脖根部位,穿透了身体,又击中前面康纳利州长的背部,从他右乳头下钻出,穿过州长的右手腕,打伤了他的大腿。康纳利只觉得背上像被锤子重击了一下,看到膝盖上溅着自己的鲜血,便向天空歪着脑袋绝望地惨叫起来:“啊,不!不!我的天哪!他们要杀死我们大家!”

总统夫人杰奎琳并没有完全意识到究竟发生了什么事,心想:“天啊,他干嘛这么叫喊?”她不安地向右转过身去,立即看见了可怕的一幕:一颗子弹准确地击中了她丈夫的后脑勺!此时的肯尼迪,一脸迷茫和沉思,他突然举起右手颤抖着似乎想抓住后脑勺,但很快就无力地落了下来。瞬间,鲜血伴随着白色的脑浆喷洒而出,溅到杰奎琳的脸上、身上,溅到康纳利夫妇和前面开车的特工格里尔和保镖凯勒曼身上。肯尼迪上身的西服上浸满了鲜红的血。杰奎琳手足无措,她本能地俯到肯尼迪身上,随即跪到座椅上,转身朝着仍在欢呼的人群失态地喊叫:“我的天哪,这是怎么回事!我的天哪,他们杀死了杰克,他们杀死了我的丈夫。杰克!杰克!”她拼命摇晃着。

肯尼迪总统用双手捂住了脖子,倒在了夫人的膝上,鲜血和脑浆从他头部右边太阳穴和后部喷溅而出。同车里的康纳利州长也被突袭的子弹击中,倒在了汽车地板上。

尽管在短短4分钟之后,肯尼迪总共就被送往了帕尔克林德医院,但是，由于伤势过重，他最终还是没能保住性命。下午 1 点 30 分，肯尼迪总统因抢救无效去世了。

调 查

总统被暗杀的消息震惊了全世界，但是 FBI 没有时间震惊，因为他们需要给全国民众一个说法，调查在第一时间展开了。

联邦调查局根据肯尼迪总统被袭的部位分析出，子弹是从埃尔姆大街上得克萨斯州教科书仓库大楼的一个窗口射出的。搜查这座大楼时，探员们在 6 层的一个窗台边找到了一支 M·C·6.5 毫米步枪。

仅仅 1 个小时后，他们又捕获了一名枪杀警察的嫌疑犯，当时他准备向另一名警察开枪。根据技术部门检验，这个人的指纹与所查获的步枪上发现的指纹一模一样。他就是仓库大楼里的一个工作人员，名叫李·奥斯瓦尔德。

FBI 的弹道学家证明，杀害总统的子弹就是从查获的步枪中射出的，在这支步枪上，留有李·奥斯瓦尔德的指纹！

种种迹象表明，李·奥斯瓦尔德就是杀害肯尼迪的凶手。

但是面对 FBI 探员们的审讯，斯瓦尔德却对所有的行为都矢口否认。他大叫："我没有枪杀任何人!""这些证据都是伪造的!"

一方面证据似乎很确凿，而另一方却又死不承认。那么事情的真相到底是什么？这些证据到底能不能证明李·奥斯瓦尔德就是凶手？如果是，那又是谁指使他的？……这些问题本来都不难解释，因为只要抓住了李·奥斯瓦尔德，就总能解开一切谜团。但是，事情却发生了令人意想不到的变化。

11 月 24 日早晨，达拉斯市警察局准备把奥斯瓦尔德从警察总部转移到县监狱去，在众多警察的防范和报社记者的围观下，奥斯瓦尔德被押解出来。突然，从人群中挤出一个人，掏出枪来向奥斯瓦尔德的腹部开了一枪。奥斯瓦尔德当场毙命。全国观众都在电视直播中目睹了这一枪杀事件的经过。

自此为止，能在奥斯瓦尔德身上找到的一切线索都断了。

在总统死后的第 8 天，继任总统林登·约翰逊亲自任命了一个由 7 人组成的总统特别委员会，负责调查肯尼迪遇刺案的种种谜团。

这次调查总共持续了 10 个月，FBI 已经其他调查机构寻访了 552 位证人和 2.5 万名有关人员。截止到 1965 年 9 月 25 日，委员会做出了一份 912 页，包括照片、图表、证据、证言和其他文件共 25 册，总字数达百万字的调查报告——《总统特别委员会关于肯尼迪总统被暗杀的调查报告》，向全国人民提供总统暗杀事件的真相。报告中称，奥斯瓦尔德行刺肯尼迪是一个“孤立的事件”，他开枪没有纯粹的政治动机，因为奥斯瓦尔德是一名精神病患者，而且“没有任何证据证明有人帮助过他”。奥斯瓦尔德当时藏身于达拉斯学校书库，他是在总统车队驶过后，从后面开了 3 枪。

疑 团

自此为止，肯尼迪暗杀案似乎落下了帷幕——杀人凶手被抓获，虽然最后死于非命，但总算是告慰了总统的在天之灵。联邦调查局的调查也非常详细，最后也给出了看似合理的解释。但是，这个案子注定要被人们所铭记，不仅仅因为被谋杀的是总统，更因为在这个案子背后种种难以解释的疑团。

第一个谜团就是凶手到底射出了几颗子弹。

联邦调查局的报告中对于这个问题其实说得清清楚楚——“凶手共发射了 3 颗子弹”。但是很多人却不认同这个说法，因为为了保护总统出行的安全，达拉斯警方曾在总统车队的汽车上安装了麦克风，以便对现场进行录音。

但由于当时枪响后大家乱作一团，所以录音十分模糊，很难分清哪是枪声，哪是噪音。在录音带中有 3 声枪响听起来比较清楚。一位数学家经过详细测算，判断出这 3 声枪响的时间都与肯尼迪中弹的时间有着非常明显的间隔。

数学家还认为,录音带中出现的一些“听起来像枪声的噪音”,事实上也是枪声,它的出现与肯尼迪被击中的时间恰好吻合。这发置肯尼迪于死地的子弹,正是在奥斯瓦尔德开枪前0.7秒射出的。也就是说,当时射向总统车队的并非委员会报告中称的3发子弹,而是4发。

然而一些武器专家指出,凶手所使用的是一支1940年意大利制造的旧式步枪,没有自动装置,瞄准十分不便,它在袭击总统的五六秒内,最多只能射出3发子弹。

如果这些说法都是真的的话,那么可以证明,当时刺杀总统的绝对不仅仅是奥斯瓦尔德一人,他还有一个同伙。而且,真正杀死肯尼迪的,很有可能不是奥斯瓦尔德,而是这个“同伙”。

这个同伙是谁?为什么FBI的调查报告里始终没有出现过这么一个人?是FBI没有察觉到这个人的存在,还是另有原因?这些疑问虽然都是建立在假设上,但是对于这样一件大案,任何基于事实的假设都不应该被无视。可令人不解的是,FBI却无视了这些假设。他们坚称:凶手只有奥斯瓦尔德一人,再无他人。

有很多人对FBI的这个调查结果并不认同,于是他们展开了自发的调查,走访了很多案发当时的目击者,希望找出事情的真相,这种非官方的私人调查持续了很长时间。而令人感到不寒而栗的是:在这段时间里,许多与肯尼迪总统被杀案有关的重要证人先后丧命。

有一位位曾经证明现场有神秘人物出现的铁路工人,在正常工作中被街头一辆疾驰而来的汽车撞死。

罗杰·克雷格也是一名现场目击者,他曾亲眼看见奥斯瓦尔德是团伙作案,并清楚地看到了另外一名男子。不久,克雷格遭到枪击,但侥幸躲过。然而12年后,他还是被闯进家中的几个陌生人给枪杀了。

奥斯瓦尔德的好朋友石油地质专家乔治·德希尔德刚接到总统委员会的临讯通知便无疾而终了。

报社女记者多茜西曾到达拉斯监狱对枪杀奥斯瓦尔德的凶手杰克·鲁比进行采访,不久有消息传出,她在家中暴死。

《达拉斯时代先驱报》的记者吉姆·莱德与杰克·亨特曾在鲁比枪杀奥斯瓦尔德之后,到鲁比家进行过调查采访。但不久,吉姆在自己的家中被枪杀;杰克则因警察手枪“走火”而死于非命。

……

根据统计,在肯尼迪被刺身亡后的10年时间里,有180人因与此案有关而死于非命。为什么会有这么多人因此案而丧生?有人就指出,所谓的李·奥斯瓦尔德刺杀肯尼迪是“个人行为”的说法根本站不住脚,在凶手的背后,一定有一个强大的组织在幕后运作。

这样的猜测到底有没有根据?我们很难说清楚,但是从石油大王拜厄斯之子的一段话中,我们可以做出自己的推测。

拜厄斯生前与联邦调查局局长胡佛的关系颇为密切,胡佛在肯尼迪遇刺后,曾给拜厄斯打过电话。1964年夏,拜厄斯的儿子曾在德尔查罗见过胡佛。他在1988年回忆说:“我父亲和胡佛等人一起吃饭,胡佛的情绪似乎很不好。有一次,我向他问了句肯尼迪遇刺的事,‘那真的是奥斯瓦尔德干的吗?’他先是盯着我看了一阵子,然后对我说,‘如果我把我所知道的真实情况都告诉你,那对于美国将产生灾难性的影响,我们的政治制度都会因此而垮台。’他也只能说到这一步了。”

自此,关于肯尼迪遇刺的谜团,虽然那样不可思议,但是人们也只能知道这么多了。

后 续

虽然肯尼迪被谋杀一案留给了普通人太多的秘密,但是我们应该相信,FBI所掌握的事实真相远远比我们想想中的要多。

我们虽然也许也不可能知道肯尼迪一案的真相，但是随着 FBI 一些秘密档案的解密，越来越多关于此案的一些线索被人们所知晓。其中最具爆炸性的莫过于美国著名影星梦露与肯尼迪之死的一些联系。

根据美国讯息自由法案，FBI 解密了一批关于爱德华·肯尼迪及其家族的 2352 页绝密档案文件，记录日期从 1961 年一直到 1985 年。除了揭示黑手党利用梦露的阴谋外，不久前病逝的资深联邦参议员爱德华·肯尼迪，当年在两名兄长先后遇刺后，曾多次接到死亡恐吓。

FBI 声明称，这些文件中包括一名线人的报告，称黑手党试图在纽约一个社交舞会上，伙同梦露和男歌星法兰仙纳·杜拉，企图抹黑爱德华、罗伯特·肯尼迪以及妹夫劳福德。但 FBI 当时分析认为线索不确凿，而且没收到其他类似报告。FBI 在 1965 年 7 月一份备忘录中，提及黑帮线人的举报，称肯尼迪三兄弟均曾与梦露在纽约同一间酒店中鬼混。

关于和梦露的情缘，约翰·肯尼迪据称于 1961 年在他妹夫劳福德家的一次晚会上与梦露熟识。私家侦探奥塔什声称，他的窃听器捕捉到一切，两人火暴调情，甚至讨论了国家机密。随后两人感情深入，梦露变得更痴缠，经常致电约翰的办公室，还多次扮成他的私人秘书混入白宫。她这种热情最终让约翰吃不消，他开始冷落她。

FBI 的解密文件显示，1962 年 7 月 13 日，FBI 局长胡佛接报称梦露曾透露她与约翰的谈话。梦露问过约翰许多重要问题，约翰也向“枕边情人”一一作答，而这些“密语”被怀疑因梦露口没遮拦而外传到克里姆林宫。

同年 8 月，肯尼迪兄弟不约而同地断绝与梦露来往。她随后意识到自己面临的危险，遂绝望地致电好友西德尼·吉拉罗夫，称知道一些“危险的秘密”。数天后，梦露就被人发现死于洛杉矶的家中。巧合的是，“自杀”当晚，她的秘密日记也一起神秘消失。

虽然这只是肯尼迪案中的一个小小的插曲，但是也为此案留下了更多的传奇色彩。至于真相？在这个案例里，也许根本就没有什么真相。

尼克松：我该怎么办

1913 年 1 月 9 日，尼克松生于美国加利福尼亚州洛杉矶附近的约巴林达镇，爱尔兰人后裔，他的父亲是汽车加油站和百货店老板。尼克松毕业于惠特尔学院和杜克大学，1934 年获惠特尔学院学士学位，后进杜克大学专修法学，1937 年获法学士学位。1937 年至 1942 年在加利福尼亚州惠特尔当律师，1938 年 6 月加入共和党，1940 年，尼克松与特尔玛·凯瑟琳·罗恩结婚，有两个女儿。1942 年至 1946 年在海军服役，升为海军少校，复员后曾两次入选参议院。最后，尼克松成为了美国总统。

从尼克松的履历上来看，他最后能当上总统实在是一个奇迹。很多人都想搞明白：促成这种奇迹的因素是什么呢？很有可能就是尼克松和联邦调查局局长胡佛之间非同一般的关系。

仿佛有某种历史的磁石把尼克松和胡佛俩人吸引到一起似的。自从胡佛第一次对尼克松投以赞许的目光以来，已经过去了 21 年。他和他的富有的石油大王们培养尼克松从政，使他在 1952 年当上副总统。在 1960 年的大选把尼克松推下政治舞台以前，人们多次看见他同胡佛肩并肩地坐着，一起观看赛马和棒球赛。

甚至在尼克松下野以后，胡佛仍然是他家的座上客。当水门事件把他拉下马后，尼克松说：“胡佛是我的好朋友。”

1968年,当尼克松竞选总统进入高潮时,他保证在他当政时留用胡佛。胡佛向他透露有关情报,以打击民主党反对派。他不想作为尼克松的竞选伙伴,争夺副总统宝座,而只希望乘坐共和党这只经得起风浪的大船过几天安全的日子。

他知道民主党现在的主要角逐者休伯特·汉弗莱仍然很有可能获胜。所以,当汉弗莱的人要求胡佛像几年以前为约翰逊效劳那样提供"同样的服务"时,他并没有反对。不过,这回没有电子监听,因为当胡佛要求司法部长拉姆齐·克拉克批准时,他被断然拒绝。

胡佛担心,如果汉弗莱当选为总统,他的官位难保。在白宫,心情郁闷的约翰逊又为他个人的安全担心。他对一位助理说,"自从我当权执政后,我一直照顾他。现在我要离职了,我希望他关照我……"11月份,当尼克松得胜时,胡佛给约翰逊写了最后一封讨好他的信。在他写出此信两天后,他就在纽约的皮埃尔饭店会见了尼克松,对尼克松说,约翰逊在竞选运动期间非法利用了联邦调查局。尼克松回忆说:"胡佛对我说,我的飞机的座舱在过去两周中被安装了窃听器。他分别告诉了米切尔(内定为司法部长)和我……是约翰逊下令这么做的。"

但调查局的档案中并没有证据表明尼克松被窃听了,只是对他的竞选伙伴斯皮罗·阿格纽的电话记录进行了检查,因为约翰逊认为共和党在破坏越南和谈。尼克松的助理霍尔德曼证实,胡佛不仅说进行了窃听,而且他还在其他方面利用了尼克松的恐惧心理。

这位局长警告尼克松说:"当你进入白宫的时候,不要通过总机打电话。有些你不知道的小人会偷听你的电话。"胡佛说,美国陆军通讯队负责的总统电话线是不安全的,"总统应该知道,如果他在这条线路上通话,他很可能被监听。"

尼克松当总统时,面临着很多严重的问题:正在爆发的大规模战争遭到国内民众和许多政府官员的抗议和反对,就连国会中也有许多官员反对他的战争政策。内外忧患的情况下，他把求助的目光投向了FBI。

尼克松总统和FBI可以说是老搭档了。使尼克松得以出名的“阿尔杰·希斯事件”，正是FBI一手导演的。此次他又成为了白宫的主人，要想再次解决眼前的难题，来自FBI的帮助将是不可或缺的。尼克松手下的内务顾问埃利西曼说：“对于尼克松而言，胡佛不但是情报源泉，他也是尼克松非常信任的政治顾问。”

尼克松自己也认为，他可以从与胡佛的密切关系中获得许多利益，因为这样可以保护他免受保守势力的攻击。

总统与局长的午餐

1969年9月，尼克松出人意料地主动去拜访了胡佛，并与胡佛一起吃了中午饭。

席间，胡佛对尼克松说：“总统先生，这个周六我们联邦调查局将会举行一个宴会，我希望您也能出席。”

尼克松微笑着点点头说：“好的，到时候我会去的。”尼克松的这个决定，让司法部长约翰·米切尔感到非常吃惊，要知道，总统在之前很少接受社交性的邀请，即便是内阁成员的邀请他都经常会拒绝，这次这么轻易地就答应了胡佛的邀请，实属罕见。

在午餐期间，胡佛还和尼克松说了一些工作上的事情。胡佛抱怨说：“我正想派人渗透到修建苏联大使馆的建筑工中间去，但是有些人却反对这么做。”

尼克松说他将会认真考虑这件事情，会把那些国会里的“小人”都揪出来。

胡佛还对尼克松说：“FBI正在使用计侦手段，这也许非常冒险，但是获得的收益却是很客观的。”

在场的埃利西曼当时就意识到：“胡佛的目的在于看看他们对那些非法活动的反应如何。胡佛是在试探他的两位上司——尼克松和米切尔，是否赞成 FBI 使用窃听器、电话窃听和其他计侦手段。"

最终胡佛得到了他想要的答案，因为尼克松作出的反应是热情而明朗的，这无疑等于给了他一颗定心丸。

尼克松和米切尔拜访胡佛其实有着非同寻常的政治意图，这种姿态承认了胡佛的德高望重，即使是总统也要有用得着他的地方。

用非常手段对付泄密

防止泄密是 FBI 和白宫都需要迫切解决的重要问题。事实上，任何一位总统都决不会在最后决定之前，把他的计划泄露给他的对手或者是全国大众。在这个舆论决定政治前途的时代，没有任何一位总统愿意和那难以驾驭、疯狂粗暴而又充满对手的舆论打交道。

1969 年 3 月 17 日，尼克松决定在柬埔寨轰炸北越军队。这次行动的核心任务是保守机密以防止柬埔寨的民众抗议。其实，柬埔寨的西哈努克亲王在私下已经同意了美国轰炸北越军队，但是，由于柬埔寨在战争中是中立国家，一旦消息走漏，西哈努克亲王就必须公开指责轰炸。

1969 年 5 月 9 日，《纽约时报》刊载了记者威廉·比彻关于这次轰炸和西哈努克没有抗议的报道。尼克松和基辛格意识到，他们的战略计划被政府中的不同政见者泄露了，泄密者可能是国家安全委员会基辛格那里的工作人员。尼克松认为，柬埔寨大轰炸可以让美国人减少在战争中的伤亡，同时，也可逼迫北越停止战争，进行谈判。但《纽约时报》的行为把所有的计划都破坏了。

为了解决这个难题，尼克松把希望都寄托到了 FBI 身上。他从胡佛那里获知有三种方法可以查出泄密者：调查背景、跟踪盯梢、电话窃听。胡佛认为，窃听是追查泄密者的最快最有效的方法。于是，尼克松确定了一套程序，由亨利·基辛格将可能泄密的人做出了一个送给胡佛，再由胡佛去调查此事。

基辛格给胡佛打了一个电话，要求胡佛："用自己最大的能力来查出消息来源,并谨慎处理,不可二次泄露消息。”尼克松希望调查计划应该也是在秘密的条件下进行的,因为,一旦政府官员发现总统指派 FBI 对他们使用窃听器,立刻就会有人站出来反对,并利用这个事件攻击总统的执政方式。同时,尼克松也害怕电话窃听一旦被揭露出去,会马上被反战派利用。

要说窃听这种事情,世上还有谁能比 FBI 更擅长呢?

在接到任务之后，胡佛立刻命令 FBI 对 17 人进行了窃听，其中包括 4 名新闻记者,还有白宫、国务院、国防部的 13 名官员。

总统明确授权联邦调查局调查柬埔寨轰炸的泄密情况。而且,按照司法部长约翰·米切尔对法律的解释,对涉及国家安全的案件,总统有宪法权力命令进行窃听,无需有授权令状。但胡佛不愿像以前那样,一贯充当总统的代言人。尽管他命令对最大的嫌疑对象——国家安全委员会的莫顿·霍尔柏林进行窃听,三天后,他还是要求并取得了米切尔的书面授权令状。

除了确保基辛格要求的窃听都是根据书面授权外，胡佛还把这项任务与联邦调查局的其他行动区别开来。他把这项任务私下交给局长助理威廉·沙利文,指示他不得保存任何复制记录,并把记录与联邦调查局的一般性档案分别保管(开始放在他本人的办公室里,后来放在沙利文办公室里)。窃听报告不得编入该处索引存档。这个程序对白宫和胡佛都有好处。如果窃听的事实没有记入联邦调查局的卷宗,万一进行调查,他们将会受到总统特权的庇护。

胡佛并不把基辛格布置的窃听任务当做 FBI 的行动,而把这种任务看做是白宫的一项计划， 在这项计划中,FBI 不过是提供了技术服务罢了。虽然是这样,胡佛还是不能安心。窃听器安装后不久,他就满心疑虑地去找司法部长,请求他与白宫去说一下,最好是把那 17 个窃听器拆除了。基辛格随后和白宫的一些重要人物进行了讨论,他们都认为安装窃听器的做法非常的危险,可是,那些窃听器并未因此就被拆除。

到最后,胡佛越来越不想让 FBI 卷入白宫的一些很出格的事情中,胡佛是个精明的人，他明白，在1969年当时那样动乱的条件下，如果他们在新闻记者或者政敌的办公室安装窃听器的事情被暴露出来，那将会给FBI带来毁灭性的灾难。难道说尼克松认识不到这一危险性，或者他对与FBI的声誉其实并不在乎?这使胡佛也不明白尼克松葫芦里卖的是什么药。所以胡佛开始小心谨慎地处理白宫交给他的一些事情，这激怒了白宫的助手们，他们开始在尼克松的指挥下自己调查泄密问题，而且对自己调查行为的合法性无所顾忌，甚至不惜冒着败露的危险。

这种不计后果的鲁莽行为，让胡佛更加坚定了阻止FBI正式卷入他们行动的信念。

“水门事件”中的FBI

常在河边走，哪有不湿鞋?尼克松的窃听行为，终于引起了严重的后果。

1972年6月18日，《迈阿密先驱报》的一条新闻让整个美国都为之震动。报道说，6月17日晚上，有5个人在美国首都华盛顿的水门大厦被警察拘捕，而民主党全国委员会总部就设在水门大厦。这5个人中，有4个人是从迈阿密来到的华盛顿，其中一个自称是中央情报局的探员，还有三个是古巴人。他们随身携带照相机和电子侦查设备，当时他们正戴着橡胶手套安装窃听装置，被警察发现，当场被捕的。

看到这条新闻时，尼克松正端坐在位于佛罗里达比斯凯恩湾的寓所内的沙发上。当时尼克松在看到这条新闻的时候，觉得这荒谬得很，“古巴人到美国民主党总部来装窃听器，他们难道是疯了?”

当时，尼克松把手上的报纸放到了一边，便无忧无虑地跳进大海畅游了很久。后来，尼克松甚至觉得这条消息有利于他竞选连任，因为他可以说：“由于我的竞争对手、民主党总统候选人麦戈文是一个左派，他一向对古巴卡斯特罗政权态度十分暧昧，在美国国内的古巴侨民都知道这一点，所以他们在民主党总部实施盗窃。”如果这样的消息让大众所知晓，对于民主党是不小的打击。

但是，事情可不像尼克松心里想的那么简单、如意。在这次被捕的 5 个人里，那个自称是中央情报局职员的麦科德，真正的身份是尼克松的“争取总统连任委员会”的安全人员，其余 4 人也绝非是“古巴人”，也很可能是受命于“争取总统连任委员会”的 FBI 特工。有这样背景的麦科德一帮人被捕，使水门事件马上就变成了一个重磅新闻，被全国人民所关注。

两天以后，即 6 月 20 日上午，《华盛顿邮报》的一条消息开始让尼克松感觉到不安。新闻说，从被捕的人员所携带的通讯录中，发现了当初在白宫任职的前 FBI 特工人员的联系方式，这个人叫霍华德·亨特，是尼克松的高级顾问科尔森的下属。

得到这个消息的白宫，马上就炸开了锅。刚从度假胜地返回白宫的尼克松马上召见了白宫办公厅主任霍尔德曼调查此事。他们通过在研究：目前所有的调查和口供，如果进行深查细究，会不会让自己的竞争对手抓住小辫子，对他们竞选产生不利影响。

霍尔德曼告诉尼克松，警方在追查水门行动“幕后大佬”的调查中已经有了一些收获，竞选连任委员会财政组的法律顾问戈登·利迪被警方列为怀疑对象，FBI 正在追查麦科德的资金来源，而给他们提供资金的很可能就是竞选连任委员会。“必须阻止 FBI 追查那笔钱的来源！”尼克松当时就有些慌了。

后来，中央情报局的一位高级官员向 FBI 代理局长打电话，对他说：“你们不要管这件事。”

尽管有水门事件的严重影响，尼克松争取连任的竞选还是搞得十分隆重。在读书时代就以擅长演讲和辩论著称的尼克松，没用多长时间就打败了对手——民主党候选人麦戈文。

尽管水门事件的许多真相已经被众人所熟知，但选民们好像对此不太在意，选民们似乎更看重尼克松政府的良好政绩，所以，1 月 17 日公布的大选结果是，尼克松以61%的选民票支持率击败了麦戈文。这是美国总统选举史上少有悬殊差距。

然而，水门事件的阴影并没有因为尼克松的竞选成功而消失。当尼克松在白宫发表连任就职演说时，对水门事件被告的审讯也在如火如荼地进行。

在水门事件中当场被捕的麦科德等5人被检察院起诉，同时被起诉的还有FBI特工人员霍华德·亨特以及争取总统连任委员会的法律顾问戈登·利迪。这场审讯是从1月8日开始的，被告在警方巨大的压力下开始交代他们的犯罪事实，有的罪犯开始公开承认自己的罪行。他们究竟会不会将白宫里的政府高官甚至是总统牵扯进去？为掩饰真相而采取各种手段的尼克松，会不会弄巧成拙，欲盖弥彰，反而让自己陷入万劫不复的地步？这一切，都使白宫弥漫着一种紧张的气氛，尼克松及其手下的工作人员更是坐立不安，夜不能寐。

调查发现，被捕的中情局特工人员亨特，不仅与潜入水门大厦民主党总部的5名案犯有关系，而且他还是总统竞选连任委员会的法律顾问迪安的手下，在白宫的指示下，在心理治疗专家埃尔斯伯格的办公室，企图投去加害埃尔斯伯格的材料。这个埃尔斯伯格是一个政府的工作人员，他曾经把五角大楼关于越南战争的秘密材料悄悄地透露给记者，对尼克松政府造成了负面影响。虽然他已经因盗用文件罪被起诉，但是白宫显然不满意，他们更想让埃尔斯伯格从世界上消失，所以对他采取了暗杀。一旦这一事件抖搂出来，岂不是又一次"地震"？

尼克松曾两次向公众拍着胸脯保证，他和他领导的政府与水门事件毫无关联，他是经得起考验的。因为尼克松知道，一旦他认罪，他和他的政府在美国人眼里将成为不折不扣的说谎者和骗子。但是，随着更多有利证据的出现，尼克松再也不能自圆其说了。最终，尼克松和FBI在这次事件中，成为了所有人讨伐的对象。由于FBI是受总统指派的，所以最终要承担责任的只能是尼克松本人。

1974年8月8日,对尼克松来说,这是一个非常不好的日子。

晚上9时12分,镜头对着美国白宫的总统宝座,架摄像机上的红灯闪烁着,坐在这个宝座上的尼克松总统通过电视向全国发表辞职演说。

“没有打完仗就不得不离开战场,对我来说是一件非常痛苦的事情。”尼克松缓缓地说,话音里带着几分凄凉,几分惭愧。

尼克松在告别演说中,自始至终也没有承认国会对他的指控,仅仅承认自己在用人上存在失误。他之所以决定辞职,是因为“在我们的全部中心应该放在国外的和平和国内没有通货膨胀的繁荣这两个至关重要问题上的时候,如果继续为我个人的辩白而斗争,那将几乎完全耗尽无论是总统还是国会的时间和精力。”

讲到这里,尼克松已经十分沮丧了,在停顿了很长时间之后,他才说出了自己称之为“有生以来最难出口的一句话”:

“所以,我将辞去总统职务,明天中午生效。”

FBI和尼克松的故事,就此结束。

里根:战争来了,快去叫 FBI

1986 年 11 月,巴黎贝鲁特西区一家亲叙利亚的杂志,爆出了一条让整个世界都轰动了的内幕新闻:美国前国家安全事务助理麦克法兰带领他的 4 名助手,曾于 1986 年 5 月秘密访问德黑兰,并在居住的“独立饭店”与伊朗外交部、议会的重要官员们开了一次秘密会议,会议上,伊朗要求美国给自己提供更多更好的武器。

这个消息一披露,引起伊朗政界人士的强力反应。议长拉夫桑贾尼当天晚上发表讲话,讲话中详细介绍了麦克法兰的伊朗之行。他确认麦克法兰真的曾经到过伊朗,他是带着 4 名助手,而且是拿着爱尔兰假护照,装扮成机组人员乘飞机到达的伊朗。

一下飞机,他就去找机场的官员,说自己是美国人,带来了里根总统给伊朗领导人的消息和一些小礼物。所谓的消息,传言说只不过里根总统签名的一本《圣经》,而签名的那一夜,正是教导各种不同宗教的信徒要友善的相处。至于礼物则更具象征意味:一支手枪和做成钥匙形状的蛋糕。手枪意味着美国或许能够答应提供给伊朗武器,钥匙形蛋糕则代表的是打开美伊大门的钥匙。

里根总统当真要借秘密“送礼”作出某种暗示吗?几乎所有的西方传媒都纷纷报道了这条消息。

总统曾是 FBI 的告密者

50 年代初期，在打击不同政见者威胁的浪潮中，娱乐圈的一个并不是特别出名的演员引起了 FBI 的注意。

FBI 第 100-382196 号档案记录着此人的资料：罗纳德·里根，身高 6.1 英尺，体重 175 磅，蓝眼睛，棕色头发，主业是一个演员，但是客串过工会工作。FBI 认为，他所参加的工会其实是一个不同政见者的群体。FBI 调查里根不是想要拘捕他，而是希望可以让里根成为自己的“眼线”。

很快，FBI 的愿望就实现了。里根辞去了在“艺术、科学和专业工作者委员会理事”的职务，摇身一变成为 FBI 的告密者，代号为 T-10，他主要向 FBI 报告了演艺界工会中“追随不同政见者路线小集团”的相关情况，后来又在 FBI 的安排下，到非美活动委员会秘密作证。

1981 年，里根当选美国总统。

两伊战争中，伊朗经过与伊拉克 6 年的苦战，面临着军备不足的窘境，尤其是先进的武器装备更是成为了军队战斗力的短板。伊朗军火商虽在中东和欧洲等处源源不断地购买武器，但是美国对伊朗实施了禁运政策，伊朗无法卖到诸如 F-4 鬼怪式战斗机和 F-14 战斗机的零部件还有一些急需要用的军备物资。当时伊朗在“巴列维时代”购买的先进战斗机仅存数十架，而且这些飞机由于没有相关的零部件用来维护保养，所以能上天参加战斗的寥寥无几。制控权掌握在伊拉克军队手里。据统计，伊朗与伊拉克相比，直升机数量为 1:4，战斗机为 1:7。其他导航设备、坦克和直升机的零配装备也严重不足。所以，伊朗为补充武器，急不可待地想同美国人做交易。

FBI 探员向美国驻贝鲁特外交官报告：“伊朗政府内部有很多派别的人希望恢复同美国的联系。”同月，正在海牙国际法庭同美国打官司的伊朗官员也对美国代表说,德黑兰某些领导人希望同美国谈判。

里根总统在知道这件事情之后，马上与当时的国家安全事务助理麦克法兰、中央情报局局长凯西、国防部长温博格以及国务卿舒尔茨展开了讨论。有人认为,同伊朗接触可以重新改善美伊关系。但是由于这件事事关重大,将直接影响美国在整个中东的利益,因此在做的时候必须要万分谨慎。所以才出现了本节开始的那一幕。

通过美国和伊朗的协商,两国之间肯定是达成了某种协议。

据美国参议员赖特透露说,截至当时,伊朗就向美国购买了至少1200万美元的武器弹药。这些武器中,除作战飞机、坦克、雷达等装备外,至少还有1008枚“陶”式反坦克导弹和235枚“隼”式地对空导弹。但据国防部长透露,伊朗支付购买武器的金额事实上要远远大于1200万美元这个数字,最少有3000万美元。

秘密武器交易成功,以色列从中起了很大的作用。所以,在美伊关系有所松动的情况下,以色列不失时机地从中斡旋。以色列不仅给美伊武器交易牵线,而且在向伊朗运送美国武器的过程中也干得非常出色。丹麦货轮至少为以色列运送了5批军火到伊朗。1986年10月7日,那艘叫“莫尔素”号的丹麦货轮载着26箱、重460吨的货物从以色列的埃拉特港起航前往伊朗的阿巴斯港卸货。当时,船员们都知道箱内装的是军火,但木箱上刷的却是“黎巴嫩家禽”等字样。

托尔报告

事情虽然解决了,但是美国和伊朗的秘密交易却被公布于天下。这让美国的权力集团非常愤怒,他们绝对要彻查此事。

为了弄清“伊朗门”的事件真相,参议院和众议院联合组成了“特别调查委员会”来调查此事,曾多次举行了秘密和公开的听证会。有关人员一个不剩地被询问过，就连里根总统也两次接受了委员会的调查。但是，由于这个事件的两位关键性人物——奥利弗·诺思中校和波因德克斯特全部都以“宪法第五条修正案”为借口，拒绝对任何实质性问题作出回答，致使参议院和众议院的调查无果而终。

这个宪法第五修正案是个什么东西呢？怎么会有如此大的威力呢？原来，这个修正案上有一条规定“不得迫使任何人在任何刑事案件中提供对本身不利的证据”。这一个规定曾经被多人利用过。在调查“水门事件”时，尼克松的手下也曾利用过这一修正案。不过，波因德克斯特和诺思利用这个修正案却使人感到十分意外。人们都认为，波、诺这两个人拒绝作证，是里根政府在对付民主党所控制的国会时采取的一种战略。正是由于有这样的规定和里根总统的偏袒，所以，在关于“伊朗门”事件那些数不清的调查结果中，始终没有一页明确之处谁是这次事件的主角。从诺思的供词来看，他不惜违抗法律，隐瞒事实，全是在按照白宫领导人的意愿行事。波因德克斯特自作主张，不向总统报告，销毁、篡改文件等大胆包天之事，却被说成是不找总统麻烦。

里根总统于1986年11月25日专为调查“伊朗门”事件，成立了一个由3人组成的特别调查小组，包括前参议员约翰·托尔、前国家安全顾问布伦特·斯考克罗夫特和前国务卿埃德蒙·马斯基。托尔担任了这个特别小组的组长，所以这个小组又叫“托尔委员会”。这个委员会经过3个月的调查，对包括里根及诸多在任部长和前任部长等高级政府官员在内的50多人进行了调查询问，最后写成了一份厚达282页的“托尔报告”。

托尔报告宣称，里根总统只是想救出美国人质，就一时糊涂地听信了国家安全委员会那帮人的“鬼主意”，同意向伊朗出卖军火；在执行时，他又同意让那伙人全权执行，既不检查，也不过问具体情况；里根总统不仅没有在意国务卿和国防部长的反对，而且也不多做探讨就把这种在政治上、外交上和法律上都不太妥当的做法付诸行动；他甚至欺骗国会，后来甚至绕过国务卿和国防部长擅自做决定……

之所以能在短时间内获得这么多的情报，不用说，这个调查小组没少请 FBI 帮忙。虽然在这次事件中 FBI 并没有出现在台面上，但是却在暗中起到了关键性的作用。

关于把向伊朗出售军火的部分资金转移给尼加拉瓜反政府军一事，托尔报告中说，1986 年 4 月，诺思起草了一份备忘录，要求总统批准麦克法兰的德黑兰之行。备忘录中提到了美国在向伊朗出售武器中有 1200 万美元的余款将用来支持尼加拉瓜反政府军，但至今尚没有证据表明诺思把这份备忘录交给了其上司。同年 5 月，诺思曾向麦克法兰表示说，政府可以将其余部分款项用于中美洲方面，但没有证据表明总统在司法部长米斯于 1986 年 11 月 24 日告诉他之前就得知此事。对此，报告的结论是，总统要对国家安全委员会的行动及其后果负责。

1987 年 3 月 4 日，作为对托尔报告的答复，里根向美国人民发表了他入住白宫以来最困难的一次电视讲话。里根承认，他对伊朗采取的主动行动演变成以武器交换人质的交易，是“一个错误”。但他又自我解嘲说：“人到了这般年龄，容易犯错误。”里根还承认，他对整个“伊朗门”事件负有全部责任。他说他并不知道售给伊朗武器所得款项转移给尼加拉瓜反政府军一事，但“作为总统，我不能逃避责任”。

托尔报告的公布及里根发表电视讲话后，里根的声望降到了自 1983 年 1 月以来的最低点。不久后，里根就下台了，没有获得连任。

克林顿：FBI，快帮我遮掩“性丑闻”

克林顿可能是美国历史上最“多情”的总统，即使是当初以多情闻名的肯尼迪也甘拜下风。发生在克林顿身上的与性有关的而且被公开了的事件就有5件，由此可见克林顿确实是一个“风流人物”。而总统的风流债，也给FBI的局长带来了许多麻烦，他们为了帮助总统遮掩这些丑事，可以说是费尽心机。

层出不穷的总统性丑闻

1994年，曾出任前阿肯色州州政府秘书的葆拉·琼斯开始控告克林顿曾经对她进行过性骚扰，她说：“克林顿在1991年担任州长的时候，曾在一个旅馆里对她有非常不理智的行为——‘强行求欢’，因此，她要求克林顿赔偿给她70万美元的损失费。”

当时有人质疑：这位美丽的女人是不是为了攻击克林顿才这样做的？FBI在调查后否认了这种说法。但克林顿当时一口咬定，自己没有做过那样的事情。但是，不久后此案就又牵扯出了莫尼卡·莱温斯基案，这时的克林顿已经成为惊弓之鸟，他害怕葆拉·琼斯会卷土重来，再次控告他，所以在1998年11月13日，克林顿和对方私下做出和解，支付给琼斯85万美元作为补偿。

一波未平一波又起。一名叫珍尼佛·弗劳尔斯的女人在不久后说自己曾经与克林顿保持了长达 11 年的地下恋情。克林顿又立刻跳出来否认她关于“没有 11 年的恋情”的说法。但 FBI 经过调查后,发现克林顿确实与这个女人有很长时间的恋爱关系,克林顿这时完全就像一个无赖,他说:“我和弗劳尔斯有 10 年的恋情,不是他说的 11 年,我当初否认的是这件事情。”

事情还没有完,没过多长时间,一位叫凯瑟琳·威莉的漂亮女人又挺身而出,控告克林顿对她进行性骚扰,FBI 又一次介入调查。FBI 对这件事情的调查还没有给出答案,又有人指控克林顿在阿肯色州担任检察长的时候曾经对一名叫娃妮塔·布罗垂克的女人实施过性侵犯,FBI 简直是为了克林顿的这些风流往事天天在疲于奔命。那个时期,他们的主要工作几乎就是“调查总统的性丑闻”。

当然,对于当时的 FBI 局长路易斯·弗里来讲,大部分总统的性丑闻他还是能够应对的,让他感到最为头疼的是由葆拉·琼斯牵扯出来的莫尼卡·莱温斯基案。

1996 年,美国总统大选刚刚结束,白宫处于进选后的松弛状态,恰巧当时共和党的国会因为财政预算问题与白宫产生了重大的分歧,共和党的国会因此冻结了联邦开支,由于失去了经济来源,许多政府雇员都处于失业状态,由此造成了包括白宫在内的许多政府机构无法正常地实施政府职能,当时许多政府办公室里都成了“人迹罕至”的地方。

正是在这样的条件下,克林顿和白宫实习生莫尼卡·莱温斯基相遇了,他们最终把亲密的“同事关系”发展到了床上。据后来 FBI 的调查资料显示,莫尼卡·莱温斯基不是什么良家妇女。她出生在加利福尼亚州,父亲是一名癌症医生,天天忙着治病救人。母亲是一位很有名的社会活动家。莫尼卡·莱温斯基就生活在这样富裕的家庭里。但她从小就是一个平凡的女孩,即使上了大学之后,也被老师认为是一名平庸的学生,她在家乡的一所社区学院念了两年书之后,到俄勒冈州一所规模不大的文科学院就读。

1995 年 6 月,莫尼卡·莱温斯基来到白宫实习,当时她的工作烦琐而无趣，其实就是负责给他人发邮件。这份工作是个“闲职”，所以她没事情的时候总是会在白宫的走廊里自由走来走去。当然，莫尼卡·莱温斯基也绝不会放过在总统椭圆形办公室外面晃荡的机会。据白宫中的工作人员回忆，这个女孩子喜欢穿十分暴露的衣服，时不常地好讲些粗话，个性很张扬。

这样的一个女孩，再加上那段时间白宫里根本就很少有其他的人，所以她能和克林顿发展关系也不是什么不可思议的事情。克林顿和莱温斯基其实只保持了5个月的不正当关系，当时这件事只有克林顿总统身边的执勤人员知道，可怕的是，这些执勤人员到最后开始把这件事当做一个公开的秘密大肆讨论。

1997年4月，莱温斯基被调到国防部担任职务，原因就是她的上司觉得这个女孩和总统的关系有些过于接近了。从那以后，克林顿和莫尼卡·莱温斯基就再也没有联系过。

莫尼卡·莱温斯基到国防部工作之后，结识了一个叫琳达·崔普的女同事。两个女人很快就成了“闺蜜”，无话不谈。不知是出于何种原因，莫尼卡·莱温斯基居然把自己和总统的那段情史告诉了自己的朋友。

琳达·崔普是个有心机的女人，她用录音机把莫尼卡·莱温斯基的话都录了下来。

1998年1月，当时的克林顿正在被葆拉·琼斯起诉，此时，葆拉·琼斯的律师正在搜集克林顿不正当行为的证据，他就是想用这些证据证明总统的好色性格。

当律师找到莫尼卡·莱温斯基后，莫尼卡·莱温斯基否认了自己与总统的不正当关系，在这个时候，莫尼卡·莱温斯基的那位好友却把证据提供给了这个律师。

对于当时的克林顿来讲，真是祸不单行，两桩案子加到一起，让联邦警察不得不去盘问总统是否有这样的事情。克林顿当时是马上否认和莫尼卡·莱温斯基有关系，而且还在许多公开场合信誓旦旦地说：“我绝对没有和你们所说的那个女人有任何关系。”

但是，当那录音带以及莱温斯基的详细日记放到他面前的时候，克林顿感觉这个事情糟糕了。以他的个性，很可能会否认这盘录音的内容。但是，接下来，一件沾有他精液的蓝色洋装作为证据被莱温斯基提供出来。

还能说什么呢?

负责给精液做DNA检测的，正是倒霉的FBI。路易斯·弗里在接到这个任务时，恼火地说:“我觉得所有的事好像是一部很烂的电影，简直是不可理喻。”

案子牵扯到了国家的最高领导人，这让FBI很为难。但是他们必须要完成自己的工作，所以FBI在非常保密的条件下弄到克林顿的血样。

那天，克林顿正在出席一个晚宴，在晚宴的间歇中，他说自己要去洗手间。其实克林顿当时并没有去洗手间，而是去接受FBI的抽血了。

在做这件事情的时候，FBI和克林顿都像做了贼一样。这对于平日里无所畏惧的FBI探员来讲，简直就是一种煎熬。

检验结果出来了，莱温斯基睡衣上的精液，正是克林顿总统先生的。

路易斯·弗里觉得，莫尼卡·莱温斯基案是他担任FBI局长期间最大的一个耻辱。他说:“即使过去这么长时间，我每当想起这件事情的时候，还会觉得恶心。”

而当时的克林顿，对FBI的痛恨已经达到了极点。这让路易斯·弗里不敢掉以轻心，他坚持做FBI局长直到克林顿下台，就是怕克林顿给他找一个糟糕的继任者来报复FBI。

“性丑闻”的影响，远远比想象中的大!

虽然克林顿性丑闻很快地以真相被披露而结束了。但是克林顿从此却和FBI“结下了梁子”，对以后的很多事情都产生了影响。

1996年，也就是莫尼卡·莱温斯基案侦破的那年，克林顿总统其实还有其他的麻烦。事情是这样的：

在沙特，一辆装满炸药的卡车毫不犹豫冲向位于宰赫兰的美军军事基地，美军士兵还没有来得及反应，那辆卡车就爆炸了。当场炸死19名美军士兵，还有400多人受伤。这次恐怖事件给美军造成的损失比一场战争都严重。

这么大的事情很快震动了美国。FBI马上派出了100多名优秀的探员前往沙特捕捉爆炸凶手。但是令路易斯·弗里感到奇怪的是，这么大的案子，他手下的特工们居然找不到任何线索。难道这帮人是从外星来的？来地球上就为了制造一起爆炸，然后就都回到外星球去了？这显然是不可能的。

FBI在找不到什么有利证据的情况下，他们开始把目标瞄向了沙特高层。果然，在经过一番仔细的探查后，联邦调查局立刻就有了收获，逮捕了几名犯罪嫌疑人。

但这是在人家的地盘上，就算是FBI也必须要得到沙特官方的同意才能审问那几名嫌疑犯。这就需要克林顿与沙特官方进行交涉了。可是克林顿却拒绝了联邦调查局的这个要求，要知道，这是侦破此案的唯一机会！

路易斯·弗里认为，克林顿在处理这次恐怖袭击时采取了极不负责任的态度，从而辜负了美国人民和沙特霍巴塔恐怖袭击事件遇难者的家属。

FBI与克林顿的矛盾在这个案件中暴露无遗。据路易斯·弗里最后回忆说：“当时我们掌握了一些证据，这场爆炸可能是伊朗高层的一些人策划的。但是我们并没有把这一情况告诉总统。”

为什么在当时路易斯·弗里不愿意将这份名单交给克林顿呢？路易斯·弗里说：“我对克林顿很不信任。”

到了这步田地，路易斯·弗里和克林顿总统的关系已经非常僵，所以，也就出现了这样的结果。路易斯·弗里一直认为，如果在克林顿热衷发展对伊关系的时刻，自己却抛出这一调查报告，那无疑是不合适的，肯定会让克林顿不高兴甚至是愤怒。因此，他“明智地”压下了这份调查报告。

但路易斯·弗里这个做法最后曝光之后，让美国和伊朗方面都非常愤怒。曾在克林顿政府时期担任国家安全顾问的官员们公开谴责路易斯·弗里,他们一致认为路易斯·弗里的这个做法太疯狂了,不负责的人应该是他。几乎所有的人都认为他所说的话简直没有一点可信度。克林顿的发言人杰伊·卡尔逊也很快地做出了反应,他发表声明批评路易斯·弗里所说的一切都是谎言。卡尔逊在声明中这样说道:"所有的一切并不像路易斯·弗里所编造的那样。在沙特那次恐怖袭击事件的问题上,克林顿总统曾经不止一次对沙特王室施压,而且他的努力也让这一事件得到了圆满的解决。民众看到了一切,所以不会被一些别有用心的不良人士所蛊惑的。"当然,卡尔逊并没有只是这样就善罢甘休,他还对路易斯·弗里出版图书的事情批评了一番:"很不客气地说,路易斯·弗里写这本书的目的,并不是为了让读者了解他和前总统克林顿的关系,而是为了金钱才这样做的。他(路易斯·弗里)所写的东西,任何一个善于编故事的人都能写得出来,根本就没有什么难度。只要一个人把自己的名誉都抛之脑后,还有什么干不出来的?"

当时的布什政府对路易斯·弗里的那本书和发表在《纽约人》杂志上的文章并没有正式的看法。当时的美国国家安全顾问赖斯在一次公开讲话中说,自己无法对正在调查之中的法律问题发表意见。但她又说,伊朗在世界各地从事恐怖活动,是恐怖分子最为活跃的国家之一。

这次公开讲话不知是否是支持路易斯·弗里,还是对路易斯·弗里的"胡说"不做任何评价,也就不得而知了。

伊朗政府却认为,路易斯·弗里是想借此来掩盖其任职期间写就了这一大败笔的无能表现,以便为自己画上一个句号。所以,伊朗的诸多媒体都认为,路易斯·弗里选择在布什刚上台时发表上述报告,可谓居心叵测。

路易斯·弗里是否居心叵测,在多年以后始终没有得到答案,那次爆炸案直到现在也没有得到官方最直接的答案。不管怎样,这位号称是胡佛第二的联邦调查局局长与胡佛比,可能还要差上很多。而他与克林顿的故事到底有多少真实性,那就只能让他用名誉做赌注了。

第四章

火拼“一号公敌”

——FBI大案要案纪实

FBI历史上，有多得数不清的大案要案，但是有那么几桩案件，却显得那样重要，虽然时间也许已经过去很久了，但是依旧被人们口口相传。

远赴意大利，追捕黑帮大佬

美国波士顿黑帮“教父”詹姆斯·惠泰·巴尔杰是美国联邦调查局(FBI)十大通缉要犯中的“2号人物”，仅次于“基地”组织领导人奥萨马·本·拉丹。1994年，詹姆斯·惠泰·巴尔杰突然失踪。从那以后，FBI很长一段时间内都失去了他的任何消息。但是联邦调查局并没有“忘记”他，直到十几年之后，有人在欧洲再次发现巴尔杰的踪迹，FBI获知这一消息之后，立即向欧洲各国特工透露了这一情况，准备联合起来实施抓捕。

78岁的詹姆斯·惠泰·巴尔杰是美籍爱尔兰人，是马萨诸塞州波士顿地区黑帮头目，“惠泰”是道上给他的绰号。巴尔杰被控在20世纪70年代初至80年代中期“掌管”波士顿黑帮时犯下18起谋杀罪行，并涉嫌参与洗钱、毒品交易等多项黑帮行为。

FBI盯上黑帮头目

詹姆斯的种种恶行终于引起了联邦调查局的注意，局长亲自下令——追捕詹姆斯·惠泰·巴尔杰。

詹姆斯·惠泰·巴尔杰听到这个消息，完全没有了往日的猖狂，收拾好自己的行李后，就立马带着情妇出门逃跑了。

从1994年之后詹姆斯·惠泰·巴尔杰，就一直杳无音讯，但是联邦调查局是不会让他这样轻易逃脱法网的，他们悬赏 100 万美元，全球通缉詹姆斯·惠泰·巴尔杰。

直到 2002 年 9 月 10 日，一名商人报告说曾看到一个长得和巴尔杰相似的人在伦敦梅里蒂安酒店出现。2003 年 1 月，巴克莱银行皮卡迪利大街支行发现一个装有 5 万美元的保险箱。当时，FBI 驻波士顿的特别行动代表威廉·蔡斯发现，保险箱上的联系人写的是威廉·巴尔杰，此人是詹姆斯·巴尔杰的哥哥。在此之前，FBI 已经得到信息，巴尔杰在伦敦“有保险箱”，并且已有“好多年了”。

2007 年 4 月 10 日，有人在意大利西西里岛陶尔密纳镇拍到一对男女的录像，录像中男的戴着帽子和墨镜，相貌酷似巴尔杰。FBI 分局立即和全欧洲的特工取得联系，以确认录像中的人是否就是巴尔杰和他的女友凯瑟琳·格雷格。

曾是 FBI 线人

巴尔杰的发迹和 FBI 有着割不断的联系。20 世纪 70 年代早期，巴尔杰成为南波士顿地区爱尔兰帮派“冬季小山”的重要头目。1975 年，FBI 波士顿分局新秀探员约翰·康诺利和巴尔杰取得联系，将他招募为 FBI 的一名线人。从此，波士顿地区的犯罪团伙和 FBI 之间就开始了一段“合作发财”的黑暗历史。

巴尔杰想取代黑手党老大，而 FBI 则想捣毁波士顿地区的有组织犯罪。巴尔杰和康诺利互相利用——巴尔杰负责为 FBI 通风报信，告知波士顿地区犯罪团伙的动向；而康诺利和他的同事也向巴尔杰等人提供消息，通知他们适时改变行动计划，避免和警察撞车。70 年代末，凭着这种“合作”关系，FBI 成功地摧毁了波士顿黑帮，康诺利也因此成为 FBI 的“明星探员”。巴尔杰则如愿以偿，一手遮天，控制了整个波士顿的黑社会。

这种“蜜月”关系随着康诺利的退休而好景不再。90年代初，FBI不再把巴尔杰当做自己的线人。联邦政府以敲诈、诈骗、谋杀和毒品交易等罪名准备逮捕巴尔杰及其同伙。康诺利也被控诈骗、受贿和对联邦调查局撒谎等4项罪名。由于巴尔杰事先得到消息，他携带情妇及时离开波士顿地区，开始逃亡生涯。虽然FBI悬赏100万美元，但是这位昔日的老大至今逍遥法外，FBI根据情报判定，他至少到过25个国家。

远赴意大利

为了将曾经的线人巴尔杰抓捕归案，FBI立即立案侦查，通过调查，FBI发现巴尔杰已经潜逃到了意大利。在意大利的特工人员受命把巴尔杰捉拿归案。当地的FBI特工在接到这一个命令之后，立刻展开围捕。他们获知巴尔杰已经逃往了意大利的罗马市，很可能隐藏了自己的身份，而且已成惊弓之鸟的巴尔杰，随时可能再次潜逃。

“必须立即实施境外抓捕，不管巴尔杰逃到天涯海角，都绝不能让他逃脱法律的惩罚！”自始至终一心想抓获巴尔杰的FBI高层斩钉截铁地说。FBI有关领导多次到华盛顿向安全局和外交部汇报，请求他们对抓捕犯罪嫌疑人给予支持和帮助。很快美国安全局通过国际刑警组织美国中心局向意大利警方发出紧急协查通缉令，外交部领事司也向当地的美国大使馆发出指令秘密调查巴尔杰在当地的具体情况，全力以赴协助FBI追捕嫌犯。

FBI把巴尔杰的照片传真到美国大使馆，信息很快反馈回来，根据他们将照片与嫌疑人的比对，再次确认了巴尔杰就在意大利。在意大利，巴尔杰以盈科国际投资开发有限公司董事长的身份保护自己，这个公司就设在列宁街37号。

事不宜迟，FBI在得到总部的支持后，决定马上成立一个跨国追捕小组，由3个极富抓捕经验的老特工实施抓捕。

2007 年 10 月 28 日晚，一架波音客机从华盛顿机场腾空而起，直刺夜空。

11 月 1 日，经过辗转 5 天的长途跋涉，追捕小组终于飞抵意大利。追捕小组的 FBI 探员一到意大利，来不及看一眼异国情调，直奔大使馆。早已知道追捕小组使命的使馆工作人员给他们提供了一个办公的地点。

FBI 特工在到意大利之后很快就掌握了一些情报：一.巴尔杰确实在这里；二.巴尔杰持有意大利护照；三.在意大利近一年，巴尔杰担任了盈科国际投资有限公司董事长，但不做任何生意，花费较大；四.巴尔杰在意大利有一个妻子，在 2006 年生育一儿子，并在 8 月份回国一次；五.巴尔杰目前租用一幢二层别墅，有一辆汽车，很可能持有手枪。有了这些情报，FBI 探员心中的轮廓更加清晰了，他们策划了两套方案：一是通过使馆了解意大利警方对巴尔杰的调查及采取措施的情况，尽快给 FBI 总部提供更多的有利消息；二是进一步确认巴尔杰目前的情况；三是做好内外保密工作，按照惯例不暴露追捕组成员的身份和有关情况，不以官方名义活动，由使馆出面与当地政府协调。

非常有经验的 FBI 特工自己并没有出动，而是雇了 3 个黑人，每天蹲守在巴尔杰的家门口，他的一举一动 FBI 探员都知道得清清楚楚：因为巴尔杰不会意大利语，每天就是去一趟菜场，回来就缩在家里不敢出门。出头露面的事都由他的手下挡在前面。

其实这时他的日子已经很难过了：从美国卷来的钱已经被他挥霍一空，逃到意大利后，他怕不安全，不久前曾经到了南非，在南非做生意，亏了好大一笔钱，又出了一次车祸，吓得胆战心惊，又逃回意大利，但是近期策划再次出逃，无奈囊中羞涩，光是租别墅每月就要花去相当于 6000 美元，焦急地盼望着美国的后援汇来钱款，好马上开溜。

巴尔杰不会知道，自己在美国的后援永远也不会给他钱了，因为他们已经被 FBI 捣毁了。而抓捕他的行动却悄无声息中紧锣密鼓地进行着。

经过 3 位 FBI 特工的商量，他们一直认定：巴尔杰手中持有意大利的假护照，属非法移民进入意大利，能否从查假护照入手来抓获他呢？这是一条柳暗花明的路径。他们向上级请示了自己的这个计划，很快就得到了肯定的答复。

11月6日，研究抓捕方案时，其中一个FBI特工提出必须考虑时间的衔接，一旦抓获必须迅速撤离，而撤离的时间、路线都要合理、安全。抓获巴尔杰应该立即扣押他的意大利护照。11月7日，FBI最后一次开会，最终确定了抓捕方案。

经反复研究，FBI特工决定把抓捕时间定在巴尔杰临睡前。这样能最大限度地减少巴尔杰的反应时间，也为抓捕组留出简短的审讯教育时间。“巴尔杰有手枪，防止他反抗。”特工在行动互相提醒。

11月11日晚9点，抓捕开始了。巴尔杰的别墅地处沿街，外围均有2米高的铁栅栏，追捕组开始行动了，特工们在之前约好了，如果发现巴尔杰不在，切勿打草惊蛇，迅速撤出。

晚9时40分左右顺利抓获巴尔杰。现场审讯中，他交代了自己的犯罪事实，但是只从他那里扣押到一辆丰田轿车和6000美元，其他基本上都给他挥霍一空，他表示不作任何顽抗，愿意配合追捕组，老老实实地回到美国。

哥哥是政治名人

詹姆斯·巴尔杰为什么能在美国横行多年，也许和一些客观原因是分不开的。

他的哥哥威廉·巴尔杰在政治方面是个传奇人物，曾任马萨诸塞州参议院任主席17年，1996年出任马萨诸塞州大学校长。

他多次因为弟弟的事情受到调查，威廉承认和其兄弟有电话联系，但强调说他对弟弟的内心世界一无所知，并曾劝其结束犯罪生涯投案自首。

威廉·巴尔杰反复强调他对兄弟的藏身地点一无所知，而FBI证实，在巴尔杰刚刚“出道”的时候，他的哥哥确实充当过他的保护伞。

打击黑手党

1929 年,资本主义社会爆发了严重的经济危机,大批由于经济危机而生存困难的人开始走上犯罪的道路,到了 20 世纪 30 年代,犯罪问题在美国已经成为了一个社会性的大问题。

而此时,FBI 站了出来,投入到打击犯罪的队伍中,他们也在这次运动中一举成名, 在全国范围内树立了自身的威望,FBI 许多传奇故事就是在这一时期发生的。

一号公敌

当时,在美国“赫赫有名“的罪犯有芝加哥黑手党阿尔·卡彭、纽约的达契·舒尔茨、超级匪徒“贝克妈妈”、“机关枪”凯利、“娃娃脸”纳尔逊、“美男子”弗洛伊德……

比如 53 岁的鲁格曼·阿密恩·阿卜杜拉,就曾因非法持有枪械、贩卖军火以及销售不法物资等多项罪名被美国警方缉拿。在联邦调查局的追捕过程中,这伙凶徒在底特律市以及郊区一共 3 次同警方发生激烈交火,并最终被围困在市内的一处库房。阿卜杜拉在此被 FBI 探员击毙,其余党羽弃械投降。美国检方对这伙分裂分子的起诉书长达 45 页。

这些匪徒的故事看起来已经足够穷凶极恶了，但是最为凶悍的黑社会头目还要数被 FBI 列为“一号公敌”的约翰·迪林杰。而抓捕约翰·迪林杰的行动也为 FBI 塑造自身的英雄形象立下了汗马功劳，这可以说是 FBI 历史上最为精彩的故事。

FBI 在打击罪犯的活动中拥有其他警察机构所没有的独特优势：第一，FBI 作为全国唯一对外公布有关犯罪活动统计数据的政府部门，可以自己夸大在破获绑架案和劫匪案中的累累战果；第二，FBI 可以自由选择自己的任务目标和“全民公敌”。为了让自己能够尽可能的“立功”，FBI 选择的往往是追捕抓起来容易、知名度又大的亡命之徒，他们很少和规模庞大的有组织的犯罪集团打交道。这样，FBI 就既可以很快很容易地破案，又能形成巨大的轰动效应。随着那些罪大恶极的犯罪分子纷纷被 FBI 捕获，他们很快就确定了在维护国家安全方面的权威地位。而迪林杰一案，更是将 FBI 的声誉推向了定点。

监狱风云

迪林杰，1903 年生于印第安纳波利斯市，他的父亲在当地开了一家杂货店。

迪林杰中学只上了一个学期就不读书了，他还当过美国海军，但是在队伍上也不老实，之后便退役了。

迪林杰第一次作案时 21 岁，他的犯罪“处女秀”其实是一件很可笑的事情：迪林杰和同谋犯——当地棒球队的裁判一起去抢劫印第安纳州穆尔斯维尔市的一家杂货铺，但是在作案时他的火暴脾气驱使他把想要反抗的老板暴打了一顿，当时十分愤怒的迪林杰忘了自己来这是干什么的，打完店老板之后便仓皇逃走了，连 1 块都没有拿走。

就因为这次犯罪，迪林杰被警方“请”到了法庭上。最终，迪林杰被判刑 10~20 年。

被抓进监狱之后，迪林杰不但没有痛改前非，反而开始精研抢劫技巧、结交同在狱中的抢匪大盗。也就是在这个时期，他和两个职业银行抢劫犯哈里·皮尔庞特和霍默·范米特成为了“朋友”。当这两个抢劫犯被转移去印第安纳州密歇根市的州监狱时，迪林杰还很“仗义”地争取到了一同转移监狱的机会，并在那里遇见了他们匪帮另外两个未来的成员——约翰·汉密尔顿和杳尔斯·马克利。

在监狱里，迪林杰和另外四个惯犯狼狈为奸，组成了一个新的犯罪团伙，并由经验最丰富而且最狡猾的皮尔庞特当首领。

在这五个恶徒相继出狱之后，他们便又开始干起了自己的老本行。

最后的追捕

虽然在这个匪帮里，哈里·皮尔庞特是无可争议的首领，但迪林杰却更加引起公众的注意：他头戴一顶时髦的白色平顶草帽，和出纳员与顾客谈笑风生，即使附近有一道敞开的门，他也还是像运动员一样一跃跳过出纳员身边的隔栏，这已成为他个人的象征。迪林杰匪帮“气焰嚣张”，整个中西部都成了他们的“狩猎场”。

1933 年，迪林杰此时才出狱一年，他的罪行和猖狂的性格就引起了联邦调查局的注意。当时联邦调查局将他称为“头号公敌”。

能够被联邦调查局看做是“头号公敌”可不是一件容易的事情。要知道，当时在美国中西部横行的其他一些匪帮中还有邦尼和克莱德（此二人是美国 30 年代著名的雌雄大盗）以及老妈巴克尔（此人为了从监狱中救出自己的儿子设计了一系列行动，在这之中发现自己对犯罪很有天赋于是踏上了犯罪路子）。迪林杰当时的恶名居然还要在这些大盗惯匪之上。

迪林杰在每次抢劫时都信心十足，目中无人。警察追得越紧，他抢得越欢。他有一次枪支不够了，就抢了一个警察局。他有两次凭着手中枪杀出监狱,有一次用木头刻成手枪形状,再打上鞋油,镇住了狱警。迪林杰在不到一年的时间里抢到了 50 万美元。想到他每次抢劫到手的只有几千美元,这个数字是很了不起的。俄亥俄州、印第安纳州、威斯康星州、南达科他州和特拉华州的银行全部被他们抢了个遍!他们抢劫银行,袭击警察的武器库,活动范围从东南部的佛罗里达州直至西南部的亚利桑那州。他们逍遥法外,成为臭名远扬的人物。

联邦调查局如果在让自己的“头号公敌”如此张狂,那也太没面子了,所以他们立刻派出了专门的 FBI 探员去追捕他。甚至有两次差点逮到迪林杰,但还是眼睁睁地看着他溜掉了。

第一次,联邦调查局两名特工查到,迪林杰在明尼苏达州的圣保罗市的一座公寓养伤。特工们走上前,敲门。迪林杰的女朋友开了门,并且在门厅里尽力敷衍联邦调查局特工。迪林杰趁机抓起一把枪,从惊恐的特工人员中杀出一条血路……

第二次,联邦调查局对迪林杰的家庭农场进行了监视。迪林杰再次用计骗过了 FBl 特工,当特工在外面监视的时候,他早就从警戒人员身边溜走和家人团聚去了。

1934 年 4 月底,有人向联邦调查局举报,迪林杰等一伙匪徒藏在威斯康星州北部小波西米亚的一个旅游胜地。联邦调查局芝加哥办事处主任,帕维斯紧急制订了一项作战计划,带领大批特工去了小波西米亚。

这时候,胡佛做好了向新闻界发布好消息的准备。

迪林杰在一家小旅馆开怀畅饮,特工人员穿过旅馆附近的矮树丛向迪林杰逼近。慌乱的特工瞎碰乱撞,发出了响声,旅馆的看门狗叫起来,电灯一下子全都亮了。迪林杰一伙亮出武器与联邦调查局特工短兵相接,一场枪战。

来不及离开旅馆的旅客们遭殃了,一名客人被打死,另两名受了重伤。迪林杰匪帮的一个罪恶的新成员——“娃娃脸”纳尔逊从小屋里用机枪向树林里猛烈地扫射。屋外一片混乱!四面八方都是枪声,狗在狂吠,受伤者在痛苦地叫喊，特工们被灌木丛和铁丝网挂住了……

此时，迪林杰及其匪帮已经从小屋后面溜了出去，消失在黑暗之中。

一名特工被打死，一名负伤。

记者们没能从局长胡佛那儿听到好的消息。联邦调查局大大蒙羞。

为了树立联邦调查局战无不胜的公众形象，就必须尽早把迪林杰捉拿归案。于是，约翰·迪林杰被列为“一号公敌”，联邦调查局向全国发出通缉令。

印第安纳州警察局的迪林杰缉捕队已经声言，一见到迪林杰就开枪。联邦调查局只有打死迪林杰才能挽救自己的声望。

迪林杰自己也知道这回闯下大祸了，不能在像从前一样肆无忌惮了。于是他在1934年5月做了整容，修直了鼻梁，剪细了眉毛。他把深棕色的头发染成了黑色，又留了一撮小胡子。他还用酸烧自己的指尖，以便把指纹弄模糊。迪林杰对自己的易容术感到很有信心，当年夏天，他尽管正受到全国通缉，却公开居住在芝加哥北区，并且搭上了一个名叫波利·汉米尔顿的26岁的女招待。这个女人离过一次婚，前夫是个警察。

当时迪林杰整了容，还化名“吉米·劳伦斯”，他认为这下肯定没有人认得他了。但是她的房东，一个名叫安娜·萨奇的42岁的罗马尼亚女人，却很快就察觉到迪林杰的真实身份。萨奇因为在美国开妓院，正面临着被驱逐出境的前景。因此，为了能留在美国，她打通了联邦调查局探员帕维斯的电话。

帕维斯欣喜万分，很快组织了一个精干的小分队，专门去抓捕迪林杰。

命归九泉

1934年7月22日，根据萨奇的告密，16个联邦探员埋伏在林肯北大道的拜尔格拉夫电影院周围。

这一天是奇热的一天，气温超过100华氏度。晚上8点30分，探员们看见迪林杰与汉米尔顿和萨奇走进了电影院，他身穿白色的绸衬衫，配上灰色的领带，下面是灰色的法兰绒裤子，头上是白色的草帽。上映的电影是《曼哈顿闹剧》。这是一部警匪片，由威廉·鲍威尔主演，克拉克·盖博则在影片里被送上了电椅。

两个小时后，探员们又看见迪林杰等3个人走出电影院的前门。当探员们靠近，想逮捕他的时候，迪林杰窜向一条小街，并从腰里拔出一把口径38毫米的手枪。但是他还没来得及开枪，就被三发子弹打中了，其中两发打在胸上，一发打进后脖子，又从右眼下面钻了出来。短短几分钟之后，迪林杰断了气。

迪林杰罪恶的一生结束了，像他这样的亡命之徒，其实早已经知道自己会面对什么样的命运。“吃这碗饭的人是用借来的时间活命。我已经看出来，我剩下的时间不多了。”他在一次短暂的入狱期间说，“我希望死个痛快，轰轰烈烈。自然，最好是以枪战作结束。我会赢得一些时间，可是早晚会有个警察开枪打中我。只要砰的一声，约翰就不复存在了”。

几天后，迪林杰被特工击毙时所戴的牛仔帽、墨镜、衬衣、袋里的一支雪茄、手里拿着的枪，被悉数在展览会上展示，之后，又全部存入了联邦调查局的“荣誉室”。联邦调查局利用此案大做文章。

约翰·迪林杰对于胡佛所领导的联邦调查局神话具有如此重要的作用，以至于在这个匪徒死了数十年后，这个案件依然还能激发众人的想象力。

由于清除了迪林杰，联邦调查局不仅赢得了荣誉，而且使美国公众对它的好感直线上升。

绿河杀手

绿河在美国西雅图南郊静静地流淌，这里风景秀美而平静，就如同西雅图人们的生活一般祥和、宁静。谁都不会想到，美国历史上最让人震惊的连环杀人案会在这里发生。绿河这个名字从此与“谋杀”、“罪恶”这些词语联系到了一起。

寻找绿河杀手

1982 年 8 月的一天，41 岁的罗伯特撑着他的橡皮艇，沿着绿河向西雅图的郊外缓缓地划去。他是想在这山清水秀的地方度过自己的周末时光，谁曾想，这次旅行竟然给他带来了无尽的恐惧。

划着橡皮艇的罗伯特心情格外好，他眼望着那清澈的河水，早就被这里的景色迷住了。突然间，罗伯特看见清澈的绿河河底里有一双恐怖的眼睛死死地盯着他！罗伯特以为是自己看花了眼，待他仔细一看，他发现水底的石头中夹着一名黑人少女，两只眼睛瞪得大大的，似乎在向他诉说自己的冤情。

让罗伯特感到更为恐怖的事情还在后头，因为他看见离这具黑人尸体半米远的石缝里也夹着一个一丝不挂的白人少女。眼前的这一幕让罗伯特惊恐万分，他马上向警方报了案。

很快赶到现场调查的FBI探员随后又在离河边不远的草丛中发现了第三具女尸。经过鉴定,探员们认为这3个少女都是被人活活勒死的。当地警方认为作案的是同一个人,因为3个少女的死因和死亡地点都是相同的,于是警方就把这个杀人不眨眼的恶魔称之为“绿河杀手”。

从这一年开始,绿河这个风景如画的地方就成了“凶杀”、“恐怖”的代名词,更是成为女人们的凶险之地。在之后十几年里,这个被人称作“绿河杀手”的恶魔在这一带共杀死49名妇女,其中绝大多数是妓女和离家出走的女孩。

由于凶手作案的隐蔽性相当好，所以警方根本没有线索抓到这个罪大恶极的“绿河杀手”。

是该联邦调查局出手的时候了!

针对此案,联邦调查局派出了专门的探员。

FBI探员通过调查发现:这些少女中的大多数是被扼死的。而且他们不是妓女就是离家出走的问题青年。她们中很多人是在公共汽车站等车时,或是在廉价的汽车旅馆中卖淫以换取吸毒金钱时失踪，最后变成绿河畔或其他地区的一具具冰冷的尸体。

由于线索十分有限,所以FBI探员也无法找出真凶。无奈之下,FBI只好采取了一种比较考验运气的手段——派出一位女探员化装成妓女，引凶手上钩。

这招“请君入瓮”最终把一个叫里奇韦的人引上了水面。当时他刻意去接近那位乔装的女探员,并且有意将女探员带往绿河附近。因为怕危及到女探员的生命,所以联邦调查局当场将其抓获了。

光凭“勾引妓女”这一条,还不能确定里奇韦就是“绿河杀手”。联邦调查局想用“测谎仪”来搞清真相,但是也无功而返。里奇韦最终被无罪释放了。

虽然没有得到直接的证据,但是从此以后,这个里奇韦就成为了联邦调查局“默默关注”的对象。

围绕这里奇韦这个人,联邦调查局马上展开了新一轮的调查。

根据调查显示，当年有人见到过里奇韦的汽车在绿河事件的案发地出现过。更为关键的是，有人证明他确实和其中的几个死者有过联系。虽然 FBI 并不能仅凭这些证据就去控告里奇韦，但是从此里奇韦成了联邦调查局“默默关注”的对象。

通过调查，联邦调查局探员发现，里奇韦与妻子及爱犬住在西雅图南边的市郊，那里属中产阶级社区。他自 20 岁起一直在瑞登区一家卡车工厂担任油漆工，正常工作日每天都上夜班。里奇韦的邻居表示，里奇韦很会说话，与人见面挺爱打招呼，态度也很和善。他平时衣着整洁，做事一丝不苟。他还有一个儿子，对儿子也很好。每到周末，邻居们经常看到他在自家的院子里干活。因此，在他的邻居们的眼里，他绝对是一个正常人，与“绿河杀手”的形象相差十万八千里。

但是，里奇韦的同事对他的评价却引起了探员们的注意。里奇韦的一些同事表示，他们觉得里奇韦个性有点儿怪异，甚至有点神经质。由于他的全名叫做盖瑞·里奇韦，一些同事便直接叫他“G.R.”，对这个名字他似乎很乐意接受，因为这两个字母不仅是里奇韦（Gary Ridgway）名字的缩写，也是这项骇人听闻的“绿河连环杀人案”发现尸体的地点绿河（Green River）的缩写。

当时绿河杀手一案是由汤姆·简森探员负责的。简森从开始调查这起案子时就知道，尽管随着时间的流逝，侦破案件的难度只会越来越大，但他认为这么多起谋杀案，就算凶手的手段再高超，也难免会留下一些细微的线索。只要还有线索，案子的侦破工作就不应该停下来。

2000 年，FBI 终于利用 DNA 技术检验了里奇韦的唾液样本，通过检测，他们发现里奇韦的 DNA 与现场残留的 DNA 确实是完全一致的。那么，事情到此便真相大白了，凶手必是里奇韦，而且已经有足够多的证据可以证明这一点了。2001 年 11 月 30 日，里奇韦在下班后回到家里，他打开冰箱，取出一瓶啤酒想小酌一番。早已隐藏在室内的联邦调查局特工冲上前，一举将其擒获。

最终判决

里奇韦在被捕后，一直不承认自己的罪行，同FBI僵持两年多的时间。最后，检察官与里奇韦之间达成“控辩交易”，里奇韦只要承认了自己的罪行，把作案过程向警方说明，并配合警方调查取证，法院就承诺对他减轻处罚，让他继续活在这世界上。在一番思量之后，里奇韦终于决定坦白。

2003年12月18日，华盛顿州金县高等法院对里奇韦作出判决，判处他48年的监禁。里奇韦对自己所犯下的罪行也全部都招供了。法官里查德·琼斯在宣读判决时说：“现在是该结束你给我们的社会制造恐慌的时候了，现在也是我们的社会摆脱绿河谋杀案重新恢复到正常生活的时候了。“

里奇韦在法庭上一言不发地接受者受害家属的控诉，只是偶尔点点头，表示自己承认自己的罪行，到最后还象征性地留了几滴眼泪。法庭随后给了他为自己辩护的机会，在铁一样的事实面前，他没有选择多说什么，只是表达了对自己的行为的悔恨，并向受害者及其家属道歉。他说：“我为杀死这些年轻姑娘而道歉。还有那些至今仍然没有找到尸首的人，我也向他们道歉，愿她们安息……我为给这么多家庭造成如此巨大的痛苦表示歉意。”

在说完这番话以后，里奇韦被警察带走了，面对他的，是长达48年的监禁，他的余生，可能都要在监狱里度过了。

仇视女性是犯罪的动机

绿河杀手一案，在美国全国都造成了巨大的影响，许多人把这个杀手看做是最恶毒的魔鬼，那么，这个杀人魔王到底是什么样子的呢？

事实上，杀人魔王加里·里奇韦看上去非常平凡，个子不高，还戴着厚厚的眼镜。那么是什么原因导致这样一个人甘愿与法律为敌，犯下如此滔天罪行呢？在谈到犯罪动机时里奇韦直言不讳地说，之所以杀死这些人是因为他自己仇视女性。

1970年8月，当时还在兵服役的里奇韦与自己的妻子结婚了，在结婚之前他们其实已经恋爱了好几年。在服役期间，里奇韦曾经被军队派往菲律宾，耐不住寂寞的他开始在那里寻找妓女。1971年，里奇韦终于结束了自己的部队生活，从军队退役回到了阔别多年的家乡，但是没有想到的是，他回到家之后迎接自己的不是妻子的笑脸，而是一纸离婚协议书。原来，在他被派到外国执行任务这段时间里，他的妻子与另外一个男人结识并相爱了。里奇韦当时不愿离婚，但是他的妻子却坚决要分开。经过一年左右痛苦的拉锯战，里奇韦和妻子终于在1972年1月14日达成离婚协议。离婚后，里奇韦咒骂说，他的第一任妻子就像是一个令人不齿的“妓女”。也就是在这个时候，里奇韦的内心里开始仇视女人，这也是他以后一切疯狂行为的导火索。

从1971年8月开始，里奇韦开始参加工作，在一家卡车公司做油漆工。1972年，里奇韦与他的第二任妻子结识了，并于1973年结婚。

他的第二任妻子案发后对警察说：“里奇韦喜欢在户外做爱并有性虐待倾向。而且他经常在夜里出门，回来的时候衣服上还沾着土和湿泥。”

在里奇韦与第二个妻子婚姻的后期，他每天晚上回来得都很晚，妻子询问他出门去做什么，里奇韦总是支支吾吾说不出什么可信的理由。当夫妻二人在树林里散步的时候，里奇韦经常会突然隐藏起来，然后在她背后猛地出现并大声叫喊吓唬她。在家里，里奇韦经常练习悄无声息地走路。后来里奇韦和第二任妻子的关系越来越糟糕，1980年7月开始分居，1981年5月27日离婚。在那之后，里奇韦陆陆续续结交了一些新女朋友，但是并没有再次结婚。

也就是在这一个时期，里奇韦开始把魔爪伸向那些他并不认识的女子，其中大部分为妓女、吸毒者、年轻的离家出走者和流落街头的妇女。

里奇韦在法庭上亲口承认说："我想尽量多地杀死那些比较像妓女的女人，过去的20年里，我一直在这样做。我专门找妓女下手，因为我恨她们，而且我也不想花钱买乐。杀她们还有一个好处，那就是把她们骗到我的车上是十分容易的。我还知道我杀死她们后，没有人会去为她们报案。"

在40多位被害女性中，有18人还不到18岁，12人在18岁到20岁之间。里奇韦先是与受害者发生关系，然后将其残忍地勒死。存有变态心理的里奇韦认为，这样一来，这些女人就再也不能抛弃自己了，自己就能永远地占有她们了。

在法庭上，里奇韦带着让人不寒而栗的冷酷表情说："在大多数案子中，我连她们叫什么都不知道，就把她们杀了，现在连她们长什么样，我也记不清了。"

这就是杀人的魔王，如今终于伏法了。

谁杀了罗伯特·肯尼迪

“暗杀从不曾改变过历史的进程。”罗伯特·肯尼迪在他哥哥死于达拉斯后曾经说过，但这话并不确实。他哥哥的死，以及他本人的死，都改变了历史的进程。

肯尼迪之死

1968 年 6 月 5 日凌晨。

罗伯特·肯尼迪在外忙碌了一天之后回到大使饭店，这时已经是晚上 7 点多了。FBI 特工、当时充当不公开卫保队长的比尔·巴里一步不离地跟着他。他们乘电梯到了 5 楼，罗伯特·肯尼迪就住在这里。这时这里已被人们围得满满的，大家都来庆祝他在竞选演讲中的成功表现。

他在印第安纳州预选中击败了尤金·麦卡锡，得票比数是 42%对 27%；在内布拉斯加州比数则是 51%对 31%。

晚上 8 点左右，罗伯特·肯尼迪心情非常好，他挤进 516 房间，向所有人宣布：南达科他州的一个印第安人选区投了他 878 票，而他的竞选对手汉弗莱在这里只收获了 9 票，尤金·麦卡锡更仅有单薄的 2 票。好消息让所有人都非常激动。

9 点左右，罗伯特·肯尼迪走到走廊，打算放松一下自己，但马上被一群记者围住了。他与记者们聊了一会儿之后回到自己房间，在电视上看麦卡锡接受哥伦比亚广播公司的采访。

晚上 9 点，罗伯特·肯尼迪要去临时充当新闻中心的饭店舞厅会见记者，这也是竞选活动中的一个重要环节。也许是人多太挤，他希望避开沸腾的人群，所以罗伯特·肯尼迪下楼时没有按预定路线走，而是从使节大厅后门走出后，穿行厨房旁边的配菜间去舞厅。

他刚刚走进配菜间，就被在配菜间里的人围住了，人们都纷纷祝贺他在竞选活动中的成功。但就在这时，一声枪响打破了这欢快的气氛，当惊慌的人们把注意力再次集中到罗伯特·肯尼迪身上时，大家惊讶地发现罗伯特·肯尼迪躺在潮湿的水泥地上流着血。刚才那声枪响，正是冲着他去的，并且已经打中了他。这位政治新星，并且很可能在未来成为美国总统的政治家，就这样死在了自己的庆功宴上。

罗伯特·肯尼迪被枪杀后的几分钟，洛杉矶巡逻警察第一个赶到凶杀现场，他们把凶手带到到洛杉矶警察局，随后便展开了审讯。

在审讯中，凶手始终连姓名和身份这样的基本信息都拒绝透露。警察从凶犯身上找到一份剪报、一张罗伯特·肯尼迪的竞选日程表和四张 100 美元的钞票。警察接着又查验了凶手的指纹，最后发现没有关于该指纹主人的犯罪记录，这让警方感到无计可施。

不过，凶手作案时使用的 5.6 毫米“约翰逊—德特 55 式”手枪成为了警方的一个重要线索。通过手枪的编号，警方马上查到了这把枪的第一个买主罗伯特·赫茨。

赫茨 1965 年 8 月购买了这支枪，随后他又把枪送给了女儿罗伯特·韦斯特莱克。韦斯特莱克又送给了 18 岁的邻居乔治·埃哈德。而埃哈德最后又把枪卖给了一个叫乔的人。后来这个乔又把这支枪给了他哥哥西尔汉。

西尔汉是最后一个拥有这把手枪的人，于是警方把目光投向了这个西尔汉。

西尔汉是约旦人,24 岁,住在洛杉矶,母亲在美国,父亲在约旦。事实证明,凶杀现场被抓住的凶手正是西尔汉。

西尔汉对自己曾经开枪射杀罗伯特·肯尼迪的罪行供认不讳。陪审员们经过一昼夜讨论,最终判处西尔汉死刑。让所有人想不到的是,肯尼迪家族四兄弟中,唯一还活着的爱德华·肯尼迪(老大约瑟夫·肯尼迪死于二次大战一次空战)代表自己的家族恳求法院赦免西尔汉的死刑。上诉法院考虑了这个请求后,改判他 15 年徒刑。1984 年他刑满出狱。

肯尼迪的预感

罗伯特·肯尼迪似乎对自己的命运早有预感。1966 年，他在回答一个有关他长期政治计划的问题时说:"6 年是个漫长的过称,对于我来讲显得过于遥远,我甚至不知道,我是不是还能活 6 年。"

他还曾经在一次公开场合说过:"如果有人想杀我，可能会非常容易。"肯尼迪之所以有这样的忧虑,并不完全是因为他哥哥约翰·肯尼迪死于总统竞选而心有余悸。事实上,他自己也明白,自己在这些年中得罪了不少人。

1960 年,罗伯特·肯尼迪的哥哥约翰·肯尼迪当上了总统,而当时罗伯特·肯尼迪则在哥哥手下担任了司法部长。司法部是联邦调查局的顶头上司,但是胡佛领导下的 FBI 却总是不把司法部看在眼里,他们独断专行、目中无人。面对这个讨厌的家伙,当时还很年轻的肯尼迪刚刚上任就用强制性的手段削弱了胡佛的权力,并且将联邦调查局重新掌控到了司法部的手下。这让一贯"占山为王"的胡佛感到很不高兴。

罗伯特·肯尼迪曾经在公开场合说过:"我看胡佛就是个疯子和颓废分子","FBI 是个非常危险的组织……胡佛利用这个组织在散布恐怖。"

肯尼迪的话让胡佛非常不爽，他曾经私下里说过:"在这世界上我最痛恨 3 个人:罗伯特·肯尼迪、马丁·路德·金和前联邦调查局特工奎因·塔姆。"

在胡佛的心里，罗伯特·肯尼迪就是他心目中最大的敌人。得罪了像胡佛这样的人，心中自然会有所不安。所以说，肯尼迪的预感也不是全无道理。

悬而未决的案情

肯尼迪被杀一案，是由当地警方破获的，本来和联邦调查局没有什么关系，但是许多没有解决的疑问却让整件事和 FBI 扯上了不小的关系。

罗伯特·肯尼迪遇刺身亡的第二天，法医专家托马斯·诺古奇曾经解剖过罗伯特·肯尼迪的尸体。当时美国政府还派来观察员全程监督这次解剖。解剖开始了，第一个伤口是穿透性的。射入的枪眼位于右腋下，子弹穿过身体，从左肩穿出。

第二个伤口也位于腋下，大约离第一个伤口 2.5 厘米，但子弹射入身体深处，陷在颈椎的第 6 层面。诺古奇取出了变形的子弹。根据这颗子弹，就可以确定手枪型号。

前两个伤口都不是造成罗伯特·肯尼迪命丧当场的致命伤，第三个伤口才是最致命的。这第三个伤口中，子弹从右耳左面 2.5 厘米处射入颅骨，然后在体内碎裂。直接造成了罗伯特·肯尼迪的死亡。

第二天，洛杉矶警方刑事侦查专家送来了头发的化验结果："火药碎屑，金属粉末，还有一种成分，可能是'烟黑'。"

"烟黑?"这个事情让所有人都感到意外，因为只有枪口距人体 2~7.5 厘米处射出子弹，才可能在死者身上形成这种"烟黑"。但是警方却证实：西尔汉开枪时距离肯尼迪最少有一米距离。

如果这个说法被证实的话，那就可以证明：杀害罗伯特·肯尼迪的真正凶手不是西尔汉，而是另有其人！在凶杀案的现场，还有第二支手枪。

这个说法很快被 FBI 的弹道专家证实了，他们说："在凶杀案的现场，一定有两个人分别向罗伯特·肯尼迪开枪，他们离罗伯特·肯尼迪的距离不一样,使用的枪支也有所不同。"

谁是第二支手枪的主人

由于案情出现了新的转机,而当地警方对新情况又无能为力,所以只好请来了大名鼎鼎的联邦调查局帮忙。

联邦调查局通过调查，很快就把当时肯尼迪的保镖——赛扎当成了最可疑的那个人。赛扎很快就被抓到了 FBI 的审讯处,在审讯中,赛扎说:"当时我看见有人掏出枪,想要杀掉肯尼迪,所以我也就赶紧拔出了枪。但是我还没有反应过来,凶手就跑了,肯尼迪此时已经倒在了地下,自始至终我没有开过一枪。"

他的这份供词看起来是毫无漏洞的,但是有一个细节却难以解释,那就是这个赛扎所使用的手枪为什么会恰好和之前认定的凶手西尔汉是相同的型号。一开始,联邦调查局的探员还努力想查明这支枪的真正来源,但是到了最后,这把枪居然无缘无故地消失了。更奇怪的是,这样一个重要的线索,FBI 居然没有任何想要调查下去的表示。

就连那个当时出面证明坦恩·尤金·赛扎曾经开枪的记者，当 FBI 再次向他调查时,他也彻底改变了之前的说法,说自己并没有看见坦恩·尤金·赛扎开枪。这样法院在审判时也只好认定,杀害肯尼迪的只有西尔汉一个人。

但是,很多人却不相信联邦调查局关于赛扎无罪的说话,因为人们从凶杀现场拍摄的照片上又发现了新的疑点:赛扎身上的领带消失了,而躺在地上的肯尼迪手中却仅仅抓着赛扎的领带。著名的黑手党研究家戴维·沙姆博士也说:"赛扎当时所处的位置,是一个唯一能在西尔汉的手枪火力掩护下,向肯尼迪射出第三颗子弹的地方。生命走到最后一刻的肯尼迪,在他没有完全丧失理智之前,在他尚能挣扎之时,也许就已经意识到了一点。在由于头部挨枪击倒下之前,他扯下了赛扎的领带。"最后他断定:"赛扎正是黑手党派来的一个杀手。”

事实上，大使饭店在 20 世纪 40 年代就是一个著名的黑手党互动基地。这里是一个由黑手党控制的大型非法赌博中心。

1968 年，当罗伯特·肯尼迪将竞选总部设在这里的时候，黑手党的非法赌博生意在万不得已的情况只好移到另外的地方。但黑手党对大使饭店内部的路径依然非常熟悉，他们的成员在这里就像在自己家中一样活动自如。后来经过调查，证实了大使饭店的职工中，有许多人是黑手党的属下。

颇令人感到迷惑的是，凶手案发生了没多长时间，负责饭店安全警卫工作的威廉·加德纳和赛扎一起失踪了。另外饭店还有一名高级职员自杀了，而他的全部文件都不见了踪影。许多这里的工作人员最后都受到的威胁和恐吓，也许这也是黑手党暗杀肯尼迪的一个间接证据。据说，其实黑手党很早以前就想杀死罗伯特·肯尼迪。在他当司法部长时，不仅把黑社会首犯的名单从早先的 40 名扩展到 2300 名，还把各地的许多黑手党“教父”抓进了监狱。据在黑手党头目身边卧底多年的 FBI 情报员爱德华·贝克尔后来透露，1962 年 9 月，黑手党头目卡洛斯·马切洛曾策划过暗杀罗伯特·肯尼迪。但后来他没有照着计划实行，因为他认为杀死他的兄弟——肯尼迪总统是最重要的事情。

1983 年，FBI 的一份文件中透露，l968 年春天，黑手党曾在黑道上悬赏 50 万~75 万美元杀害罗伯特·肯尼迪。为此，纽约黑手党头目之一卡迈因·加兰特与肯尼迪的仇人、工会领袖詹姆斯·霍法曾在宾夕法尼亚州的刘易斯监狱里秘密策划过。加兰特获释后，还与监狱内的詹姆斯进行过多次暗地里的串通。他们认为，只有趁自己的敌人还没有当上总统时把他干掉，才能够保证自己的安全。

肯尼迪兄弟的被刺，仅仅是黑手党的仇视和杰作吗？也许事实并非如此简单，也许更多的可能是美国政治斗争的产物和牺牲品。罗伯特·肯尼迪的遇刺，同其兄长之死一样，依旧是一个不解之谜。

邪教，也是我们的打击对象

大卫教派：基督复临安息日会大卫支派（Davidian Seventh-day Adventists)(简称大卫支派、D-SDA)，按照英文直译应为大卫派基督复临安息日会。该支派 1934 年从基督复临安息日会分离出来，是一个邪教组织，开始由维克多·豪迪夫(Victor Houteff,或译维克多·胡太佛，其职业为安息日会教师)从 1930 年开始在基督复临安息日会进行内部改革运动。后来分裂为不同派别。由保加利亚裔移民维克多·霍特夫于 1934 年在洛杉矶创立。基督复临安息日会大卫支派大肆宣扬世界末日论、禁欲主义，造成恐慌，该教主本人则肆意妄为。

邪教的颓废生活

20 世纪 90 年代以来，美国的邪教组织——大卫教派不断向世界各地发展。在英国、澳大利亚、新西兰等国都拥有了自己的组织。

这个邪教组织拥有 3000 人的忠实信徒。就连一些外国人也对他们十分忠诚，有些人甚至变卖家产，抛妻弃子，不远万里地来到天启牧场来侍奉他们的教主——大卫·考雷什。大卫·考雷什原名弗农·豪威尔，但是在 1990 年他将自己的名字改为大卫·考雷什，并且自封“活先知”，宣称“如果《圣经》里面的一切都存在的话，那我就是耶稣基督”。他像所有的邪教一样，宣称世界末日即将到来，利用教徒们希望拥有超能力来改变自己生活的心态来控制他们,从而在教内树立起对他本人狂热的迷信和崇拜。

考雷什在天启牧场完全以军事化管理来统治大卫教派。

教徒必须每天早上5点半出操,然后朗诵《圣经》几个小时。平时,考雷什抓住一切机会宣扬他的暴力思想,要求教徒们做好心理和生理上的准备,因为世界末日马上就要来临了。

为了应付所谓的世界末日，考雷什甚至在自己的庄园里修建了地下掩体,并且非法购买了价值20万美元的武器,包括先进的AK-47步枪、冲锋枪、机关枪、手榴弹和大批能组装成爆炸装置的零部件的军械,他平时给教徒们看一些诸如《野战排》等描写战争场面的电影,以加深对教徒对于战争的印象,此外他还囤积了许多粮食。

更令人恐怖的是,一座外形异样的教堂出现在大卫教的庄园里,它没有哥特式的尖顶,却有着一座岗楼般的瞭望塔,每当晚上的时候,就有人持枪在上面巡逻。天启牧场成为一个实实在在的军事王国。

考雷什对下属的要求非常严格,他要求自己的信徒放弃一切“有害的欲望”。但是考雷什自己的私生活非常荒淫、放荡,他在庄园里实行一套荒诞的政策。1989年,他对教徒们说:“上帝告诉我,我是教派内唯一一个可以拥有妻子的人,除我之外别人都不能拥有妻子,已婚教徒的婚姻无效。”从那以后,教派内的男女教徒被强制地分开居住,并被要求发誓一辈子都单身。

考雷什却给自己找了不少的“妻妾”,他先后与庄园内的19个女教徒结婚并生了很多孩子,被他糟蹋过的女性教众不计其数。只要他需要,上至50多岁的老妇人,下至十几岁的女童,都将成为他的玩物,连他的妻妹也没能逃脱他的魔掌。

他欺骗自己的女教徒说,世界末日的时候,他要把所有不信教的人都杀死，而他和他的孩子们就是将来世界的统治者。许多女教徒被他的谎言欺骗,有些人纷纷主动找到他,和他上床并以此为荣。

在天启牧场，考雷什就是绝对的统治者。信徒们被剥夺了作为一个正常人的权利，他们都被“洗脑”，满脑子想的都是世界末日那一刻的悲惨景象，独立思考的能力完全丧失了。他的教徒只能过很艰苦的生活，任何欲望都是不被容许的，而考雷什却享受着世俗的所有快乐，金钱、美女、毒品、酗酒，他是五毒俱全。考雷什掌管着庄园的财政大权，教徒没有属于自己的财产，过着清道夫的生活。不仅如此，考雷什还对教徒非常残暴，教徒必须遵守考雷什制定的一切规章制度，如果稍微表现出不满，就会遭到惩罚。考雷什经常打骂他认为不听话的教徒，甚至连儿童也不放过。据传媒披露，考雷什经常施暴于儿童，常把他们打得皮开肉绽，鲜血直流。

FBI盯上了邪教

1992年6月，考雷什将牧场改了个名字，叫做“天启牧场”。因为“天启”这个词语译自希腊文，本意是“以神谕方式揭开隐蔽之真理”。这也似乎预示着未来将会发生的一些大事。

考雷什及其大卫派教徒拥有大量的先进武器，而且还在自己的“领地”里修建了规模甚大的防御工事。

在这个几乎全封闭的世界里，考雷什就是“皇帝”，教徒的人身自由甚至生死都主宰在他的手里。

考雷什曾扬言有朝一日将采取足以使1992年4月发生的洛杉矶黑人骚乱事件相形见绌的暴力行动，他的狂妄自大终于引起了警方的关注。由于大卫教的种种行径影响到了社会治安，美国联邦调查局一直关注着大卫教派在韦科这座“城堡”里那些非法的勾当。

1993年初纽约世界贸易中心爆炸案发生以后，联邦调查局开始对大卫教派的活动进行限制。并且搜查了他们的庄园，没收了大卫教派的非法枪支，并以非法持有军火罪逮捕了他们的教主考雷什。

但是几个星期之后,考雷什又被释放了。为了找到更确凿的证据给考雷什定罪。1993 年,美国联邦烟、酒与火器管理局协同联邦调查局又出动了大批人员到“天启牧场”进行搜查。

在搜查之前,警方考虑到搜查可能会遇到一些麻烦,就特意花费了几个月时间对天启牧场进行侦查,并派出了卧底去了解庄园内的地形和人员活动规律后,然后制订了一套完整的搜捕计划。

联邦调查局选择在星期日上午 9:30 动手,这个时间段是信徒祈祷过后的自由时间,一般他们此时都不会携带武器,因此可以将伤亡降到最低。即使是这样,FBI 还是担心可能会遭到武装抵抗,最后决定采取偷袭的办法,并配备了直升机和防弹服等装备。为确保一击成功,FBI 在行动前进行了演习。

1993 年 2 月 28 日上午 9:30,天启牧场内有 100 多名教徒的教堂内显得异常的寂静,平时,这个时候本应是教徒们做完礼拜到处喧哗的时候。这时,一辆运牛的大卡车缓缓开往天启牧场。150 多名身穿防弹背心、手持盾牌全副武装的 FBI 特工隐藏在车上。

走到教堂跟前的时候,卡车突然停住了,所有的特工都非常敏捷地从卡车上跳了下来,在天空中直升机的掩护下,兵分三路直接朝着庄园内由 6 栋相连的房屋组成的教会总部本区。一路直奔大门,准备捉拿教主考雷什;另一路人马则架起了梯子,准备从二楼窗户爬进这个城堡,占领教会的武器库;第三路人马负责集中和保护教会里的妇女和儿童。

本来这是一次秘密行动,要打考雷什一个措手不及。但是没有想到,对方似乎早有准备。当特工刚冲进门口,爬上二楼的窗户时,在门后、窗边的木板墙和三层的岗楼上就有人突然开枪了,好几名特工被击倒在地,其余的迅速撤退到运牛卡车后开枪还击。刹那间,弹如雨下,场面十分火暴。双方枪战一直进行了 45 分钟,警方的损失非常严重,当场就有 4 名特工中弹身亡,17 人受伤。FBI 火力始终处于劣势,甚至连两架直升机也被子弹打中,最后只好选择了撤退,宣布停火。

FBI 第一次袭击计划在实施过程中遇到了如此的挫败，究竟是在哪方面的准备上出现了问题，至今也没有定论。据相关官员的说法，在执法行动开始之前，就有人曾经给庄园里的邪教人员打过电话。而且特工人员乘车抵达庄园时，现场已经有了前来准备抢新闻的记者，显然，除了警方以外，太多人早已经知道了这个秘密。

在计划失败之后，美国联邦调查局开始重新计划抓捕工作。

这个时候，据点里一共有 132 名信徒，其中还有 46 个是孩子，而最初警方估计大概有包括 25 名儿童在内的 75 名信徒。

在庄园里，信徒们在考雷什的命令下，储藏粮草和饮用水，并且荷枪实弹地在防卫着，戒备森严，准备继续顽抗到底。教徒们此时深信考雷什的预言已经验证了，世界末日马上就要来了，在信徒的眼里，考雷什就是唯一能够拯救他们的人。许多信徒通宵达旦地祈祷，希望上帝来拯救他们。

最为可悲的结局

这件事情发生以后，马上引起了世界的轰动。西方媒体纷纷对这件事情进行了报道。美国记者甚至连高性能望远镜都搬来了，因为这样他们就可以在 5 公里之外监视现场的一举一动，并通过电话监听 FBI 与教徒们谈判的进展情况。到了围困庄园第 3 天的时候，联邦调查局展开了心理攻势，心理专家们通过电话对庄园里的大卫派教徒进行劝降。

考雷什拒绝投降，他把自己手下的那些信徒们都当成了自己的人质，并且对联邦调查局的人说：“我和我的信徒们都愿意用生命捍卫真理。”

过了一会儿，考雷什又提出了新的要求：如果电台能够播放他事先录制好的一份声明，每播放一次，便释放两名儿童。

为了尽最大努力争取和平解决这个事件，联邦调查局最终答应当地几家广播电台播放考雷什这篇长达 58 分钟的指责政府及宣扬大卫教主张的布道录音。考雷什突然说自己愿意投降，但当执法人员调动囚车，着急地等待教徒们走出庄园时，考雷什却又反悔了。

不过联邦调查局的努力也算没有白费，考雷什陆续释放了 21 名儿童和那 2 名向联邦执法人员凶猛射击的女教徒之后，关闭了庄园的大门。联邦调查局同考雷什的谈判在武装对峙下继续进行。

考雷什告诉联邦调查局，他有足够的火力将在庄园周围开来开去的那些装甲车摧毁，并说自己已经做好了战斗的准备。考雷什的这番话吓坏了 FBI 的执法人员，随后，在他们的强烈要求下，国防部长阿斯平同意调动 4 辆曾经在海湾战争中使用过的 MIA1 型主战坦克前来支援，参与这次执法的 FBI 特工一度增加到 400 余人。

在以后的几天里，紧张气氛又有一些转机，考雷什同意接着放人，至 4 月 19 日前，考雷什总共释放了 37 人，其中有 21 名儿童。他先后 4 次谎称自己要投降，到最后 FBI 才发现自己被骗了，并一再声称他在等待上帝的启示，以拖延时间。

FBI 为迫使大卫教信徒尽快走出庄园，真是绞尽脑汁，他们运用心理战。执法人员刚开始就切断了庄园的水电供应，还派了许多直升机去低空侦查，用探照灯强光照射，用高音喇叭昼夜播放圣诞音乐等音乐和考雷什与执法人员谈判的录音，希望能让邪教的教徒们清醒过来。

FBI 探员甚至把考雷什住在达拉斯的父母都叫了过来，声泪俱下地规劝他投降。考雷什 70 多岁的姥姥也在休斯敦家中与他通了电话，劝他投降。但是没有用，当执法人员播放这些录音的时候，疯狂的信徒却在考雷什的带领下，躲在地下掩体里大吃大喝。

警方在决定最后总攻之前，还做了最后的努力。4 月 19 日凌晨，联邦调查局打电话给庄园，告诉考雷什的谈判助手史蒂夫·施奈德说，如果他们不立即投降，联邦调查局人员将要开始向庄园施放催泪瓦斯。但施奈德将电话挂断了。就这样，围城加艰苦的谈判，耗费了 51 个日日夜夜，人们的耐心到了尽头，已不再对考雷什抱有任何幻想。警方决定结束谈判，采取新的行动。

4 月 19 日凌晨 6 时，一辆经过改装后前方安有撞墙锤的 M60 坦克驶向庄园，首先在据点大门边的墙上撞开一个约 2 米高、3 米宽的窟窿，并不断地往里发射催泪弹。随后，又转到左角地下掩体的屋墙上撞开另一个窟窿，最后又回到大门前，将整个大门摧毁。同时，FBI 用高音喇叭喊话，叫信徒走出庄园，不要开枪。但是，迎接他们的仍是狂啸的子弹，大卫教信徒朝坦克车发射了约 200 发子弹，FBI 并没有开枪还击。中午时分，整个庄园已被坦克和装甲车围住了，考雷什和他的信徒们被逼到几个房间内，没有任何退路，眼看就要束手就擒了。

12 时 10 分，所有人都没有想到的事情发生了。缕缕烟雾从房屋中冒出来，火舌突然从据点右角楼房的窗口和背后的岗楼窜出，就在一刹那之间，借着草原疾风的风势，高达数十米的烈焰腾空而起，滚入云端，房屋被烈火烧得嘎嘎作响，很快就崩塌了。这时，警察和围观的新闻记者才意识到发生了什么事情，马上打电话叫来了消防车，但已经晚了，大火失去控制，很快就蔓延开来。

12 时 27 分，从据点震耳的爆炸声中腾起一个巨大的火球，部分房屋开始倒塌，大部分信徒已被大火吞没。

当烈焰在草原夜晚凄苦的寒风中渐渐熄灭之后，整个天启牧场除了一座水塔外，均已夷为平地，满地残垣断片和烧焦、扭曲了的尸体。验尸人员通过指纹和牙齿 X 光对照，首先辨认出两具尸体，一具是考雷什的大舅子——38 岁的大卫·琼斯，另一具是一位名叫莎里·多伊尔的 18 岁的女孩，两人身上均发现有枪伤，显然是在逃跑过程中被其他教徒开枪打死的。到 4 月 26 日下午止，警方已发现 53 具尸体。死者中包括考雷什的妻子和 3 个孩子、岳父、大舅子，还有 24 名来自英国、澳大利亚、新西兰和加拿大等国的教徒。死亡信徒中多为黑人和白人，也有少数亚裔和墨西哥裔信徒。据最终统计，这场大火共烧死 86 人，包括 2 名怀孕女信徒和 21 名 16 岁以下的儿童，教主考雷什也被烧死，只有 9 人逃出火海生还。

死亡，终结了一切

天启牧场惨案发生后，所有的美国人都感到非常的震惊。世界各地舆论也纷纷聚焦这一事件，

邪教自残事件在美国虽然时有发生，但是天启牧场这次重大事件，却是绝无仅有的。因为伤亡过于严重，在该案发生后，媒体纷纷就政府采取偷袭方式和进攻行动是否恰当以及警方对这场大火应负什么责任提出质疑。美国全国教会协会总书记琼·坎贝尔说："我们认为应首先考虑到的是耐心。"考雷什的律师在事件发生后第二天说："我对他们（警方）这样做感到震惊。我不理解他们为什么不能继续等待下去，让此事和平地结束，反而要在昨天采取挑衅行动。"他指责政府向据点内的妇女和儿童施放催泪瓦斯。

美国众院司法委员会的律师亨利·梅德和唐·爱德华联名要求对这一事件进行正式调查。为了给公众一个交代，美国总统克林顿下令司法部和财政部组成专案组进行全面调查。专家组在勘察现场后，在 4 月 26 日得出结论，大火是由大卫教派成员自己故意点燃的。

不可否认，韦科庄园事件是悲惨的，但事实上庄园里的武装分子向攻击庄园的政府武装人员发射了 12000 发子弹，打死了 4 名特工并将十几人打成重伤，联邦执法人员还从韦科庄园废墟地下掩体里发现 100 万发子弹。这表明大卫教已经演化成一个反政府、反社会、反人类的邪教组织，其危害性极大。韦科事件的结局虽然令人失望，但这至少表明了美国政府反对邪教的态度。

韦科庄园事件似乎结束了，但在大卫派追随者的眼里，事件的来龙去脉却与美国政府和媒体做出的结论大相径庭。韦科事件的幸存者中，仍然有人不改对考雷什的看法，他们认为他就是上帝选来向人们阐释上帝旨意的人，他还会回来。

大卫教派的追随者和继承者认为：韦科事件远远没有了结，仇恨的记忆如同火山爆发前的沉默！

大卫邪教，正如世界上其他同类一样，依旧阴魂未散！

珍珠港事件中的 FBI 身影

1941 年 12 月 7 日清晨 7 点 55 分，是个注定要载入史册的日子。400 多架日本战斗机突然出现在珍珠港的上空，刹那间，飞机上投下的如雨点般的炸弹将美军两艘战舰和两艘驱逐舰击沉，另有 13 艘军舰马上变成了残骸，在轰炸声中 2400 名军人丧生。

这是美国历史上前所未有的巨大损失，所有人都震惊了。

在轰炸过后，美国全国上下都陷入了前所未有的恐慌当中。总统罗斯福也感到异常愤怒，他命令 FBI：“不惜动用一切力量，一定要调查出袭击的真相。”

英美合作，留下祸根

其实，在日本偷袭珍珠港之前，美国方面就已经嗅出了一点“危险的味道”。但是这种危险的味道却没有让美国人警觉起来。而且由于英美两国情报机构出现的一系列问题，最终导致日本偷袭珍珠港成功，美国人几乎毫无防范。

第二次世界大战的无情战火烧遍了整个欧洲，所有当时参与战争的国家都不知道自己能不能获取最后的胜利。

当欧洲大国和许多亚洲国家都陷入到战争中的时候，美国作为当时的一股重要力量却站在一边“观战”。

当时的国际局势就像是一个天平，同盟国和协约国站在天平的两端，正好维持了一个均势。而这时候，在一边观战的美国就像是最后一个砝码。它的立场，很可能绝定未来的走向。法国外长乔治·博内公开说："如果美国人能够明确表示站在我们一边，那么，就足以让我们的战争取得胜利。"

其实，美国的政客们早就知道自己该站哪边了。但是由于当时美国民众并不愿意让自己的国家卷入到战争中去，所以美国总统罗斯福也不敢轻举妄动，当时马上就要总统大选了，在这个时候得罪选民，可不是什么好事。

同盟国那边知道美国人的立场还是倾斜于自己一边的，但是却迟迟没有动作，这下，同盟国有点坐不住了。

1940 年 4 月，英国海军大臣丘吉尔准备派遣威廉·史蒂芬森到美国一趟。此行的目的非常明确，就是拉拢美国。

为了能把美国拉拢到自己的阵营之下，丘吉尔同意把英国最新破译机破译出来的德国情报和美国共享，并且愿意"把每天的情报摘要通过 FBI 传递给总统"。

史蒂芬森来到美国之后，见的第一个人就是联邦调查局局长胡佛。

见到胡佛后，史蒂芬森说："我希望我们可以在情报领域展开广泛的合作。"虽然当时胡佛权势熏天，但是没有总统的命令，这种事情他还是不能擅自做主的。于是，史蒂芬森要求和总统当面谈。不久以后，史蒂芬森到了白宫，在那里见到了罗斯福，并且在此提出了自己的要求。罗斯福当场下令：FBI 同英国情报局进行最密切的合作。

两个国家的情报机构从此展开了联合行动。

可以说当时双方的这种合作是非常成功的。仅仅一年的时间里，英国人就从洛克菲勒中心情报站给联邦调查局寄送了多达 10 万件的情报。

种下祸根

当欧洲战火弥漫的时候，联邦调查局局长胡佛最关心的事情不是哪个国家能赢，而是自己如何才能获得更高的权势。

胡佛常年和自己的政治对手们在国会上吵来吵去，由于他权力过大，别人也不敢说什么。下属间无休止的争吵使罗斯福感到厌烦，但是就算他自己是总统，也没有能力制止这种吵闹，于是他决定建立一个新的情报特务机构。有人来抢自己的饭碗了！FBI 局长胡佛知道这一消息后当然非常生气。

更为重要的是，这个新的情报机构的负责人杜诺万，是英国情报机构负责人史蒂文森的知交好友，他们相互之间非常信任。这样一来，史蒂文森可能会和杜诺万去合作，而把联邦调查局晾在一边。

事实上，当时的史蒂文森本身也对联邦调查局心存不满，他们认为 FBI 没有合理地利用好自己所提供的重要情报。

在史蒂文森的眼里，自己的朋友杜诺万正是英国人所需要的对情报工作内行的人，因为他有丰富的情报工作经验。

1941 年 6 月，杜诺万正式走马上任，于是史蒂文森很快就把联邦调查局抛到了一边，开始和杜诺万合作了。这使胡佛更是生气至极，他认为这个任命是罗斯福所做的一件错事。

胡佛深知杜诺万之所以能够接管新的情报部门，很大程度上是因为史蒂文森的支持，从那时起开始对外国人怀恨在心。1941 年年底，即珍珠港事变发生不久前，这种不满情绪逐渐发展为真正的敌意，这就给以后的一系列重大事件埋下了祸根。

珍珠港迷案

1941 年 8 月 14 日，也就是珍珠港事件发生的 4 个月之前,FBI 的一个高级官员给胡佛送去一份杜桑·杜斯科·波波夫的报告。

波波夫是一个双重间谍,他既把盟国消息的出卖给德国,也将德国的消息出卖给盟国。波波夫这次带来的消息可谓是非常之惊人,因为消息中称:“日本人打算在最近轰炸美国的珍珠港,这次轰炸的规模将超出想象。”

当这份消息摆到胡佛的办公桌前时,胡佛却轻蔑地笑了一下,说:“日本人轰炸珍珠港?这简直是无稽之谈,那些小个子还没有这么大的胆子。”

事实上,胡佛完全低估了日本人的野心和胆量,波波夫的这个情报是非常可信的。

波波夫当年曾经在纳粹德国学习过法律,同一个德国同学约翰·耶布森的私交非常不错。两人在 1940 年开始在德国军事情报部门工作。但事实上,这两个人都是反对当时德国的法西斯政策的。

过了几年,德国军情处头子卡纳里斯派遣波波夫前往英国去刺探情报。但是波波夫一到英国便马上同英国情报部门联系上了。此后,他就成为英德两国的双重间谍,在明面上他是德国人的情报员,但是实际上他确实在为英国提供情报。当然,他提供给德国的情报大部分是英国人编造的假情报。

但是,到了 1941 年 5 月,波波夫的德国顶头上司冯奥恩罗德派他去纽约建立间谍网。为了保持不被德国人怀疑他的忠诚,波波夫只好接受了命令。

波波夫到了美国,开始与 FBI 的情报人员联系。而 FBI 局长在获知了他的身份之后,表示非常愿意与他合作。

不久波波夫就得到了一个关于美国的重要消息，据德国方面的内线讲:“日本曾经和德国商量偷袭美国的一个海军基地,而偷袭的对象很可能就是珍珠港海军基地。”

波波夫觉得这个消息非常重要，他马上赶到了美国纽约，试图把这个消息告诉 FBI。

据波波夫回忆说，当时他做的任何一件事都是非常有意义的，如果美国情报部门能够重视他提供的情报，那么很可能会避免一次灾难。

波波夫当时首先把这一情况报告给英国情报机关，英国人非常重视，当时的英方主要负责人罗伯逊上校命令波波夫尽快把有关这件事情传达给美国方面。

波波夫马上赶到了纽约，他立刻去见 FBI 的高级官员，包括助理局长厄尔·康内利和纽约特工头子珀西·萨姆·福克斯沃思。波波夫把关于珍珠港的文件呈递了给他们。

福克斯沃思对关于这个重要的情报持谨慎态度。他说：“你们的情报看起来过于详细具体了。时间、地点、方式这些细节都一应俱全。如此详细的情报，让我们看起来这似乎就是一个圈套。”最后他说，关于波波夫提供的这个情报，必须要转交给华盛顿方面，由埃德加·胡佛先生最后解决。

波波夫又马不停蹄地赶到华盛顿，他在那里见到了胡佛。波波夫在回忆录中写道：“没有人介绍，没有寒暄，没有礼仪，我走进 FBI 的局长办公室，胡佛已经坐在写字台后面，像抡大锤的人寻找铁砧一样。福克斯沃思一声不吭地坐在一张安乐椅上。”胡佛一向对外国人并没有什么好感，当时他的脸色十分不好看，大声斥责波波夫是个“冒牌间谍”。由于胡佛的无礼，所以这次重要的会面仅仅持续了几分钟时间，波波夫就气冲冲地离开了，他边走边说：“可恶的美国人，你们要为自己的行为付出惨痛的代价！”

过了一段时间，波波夫发现 FBI 特工在他所居住的曼哈顿公寓安装了窃听器。他同 FBI 的冲突达到了白热化的地步。后来，波波夫不得已离开了纽约，在珍珠港事变之前他没有再踏入过美国土地一步。

FBI 档案解密

波波夫的情报虽然没有受到胡佛的重视，但是 FBI 也把这个情报写进了档案。

档案显示，1941 年 10 月 20 日，即珍珠港事变 50 天以前，FBI 把波波夫的情报内容转告给了美国海军和陆军的情报机关。白宫比海军和陆军更糟糕。珍珠港事变前 3 个月，胡佛就把相关的档案呈递给了白宫。但是由于胡佛认为这个情报无关紧要，所以他呈递的文件并没有直接说明这个消息的重要性，所以这个消息也并未引起白宫的注意。

1941 年在檀香山担任舰队情报官的埃德温·莱顿海军少将后来对日本的突袭进行了广泛的研究。他得出结论说："胡佛在处理波波夫提供的情报上，犯了一个严重的错误。"莱顿进一步指出："胡佛的失误是导致珍珠港悲剧的罪魁祸首。"

关于珍珠港事变的真实情况到底如何，直到今天人们仍然没有定论。美国的情报机构未能从林林总总的情报中筛选出最重要的信息，并且第一时间做出判断，这个错误是不容置疑的。但结果是，军方遭到了激烈的抨击，而 FBI 却从未因此受到牵连。

在日本偷袭珍珠港一个月以后，FBI 间谍罗伯特·西弗斯给自己的上司埃德加·胡佛发来报告，报告宣称：11 月 12 日出版的《纽约人》杂志第 86 页上曾刊登一则广告，宣传一种掷骰子的游戏，巧合的是，这个广告上提及的几个数字与偷袭珍珠港的日期不谋而合。

这幅画的前半部分画的是在炮弹爆炸和探照灯照亮下的荒野，下半部是一群士兵在防空洞里正颇有兴致地玩着掷骰子的游戏。下面写着宣传语："注意！警惕！警报！"在这些广告上面总共有两个骰子，如果把第一个骰子看作月份,第二个骰子看作日期的话,那么图中就暗示了 12 月 5 日或 12 月 7 日这两个日子。

难道说日本人早就向美国人宣告了偷袭珍珠港的时间?这虽然可能是猜测,但还是教人感到一阵莫名的恐惧。联邦调查局马上对此事展开了调查。他们找到了这个广告所属的王朝印刷公司经理克雷格先生。克雷格在调查中十分配合,知无不言。但是 FBI 探员们没有找到什么证据能够证明他们公司与偷袭珍珠港有什么关系。在被多次传唤调查后,克雷格写了一封申辩信寄给一位新闻记者,信中反复强调自己与任何事情都没有关系,并证明早在一年之前他们就曾为同样的骰子游戏做过广告,画面中的骰子摆法也是一模一样的。许多媒体杂志也纷纷刊登文章,谴责这种行为是对无辜的美国人民的迫害和诽谤。

不管怎么说,珍珠港事件留给 FBI 的只有耻辱和批评,这也是罪有应得。

第一夫人的麻烦事

埃莉诺·罗斯福是一个身家显赫的女人。她是美国第26任总统西奥多·罗斯福的侄女，是第32任总统富兰克林·罗斯福的妻子。在罗斯福总统从政期间，埃莉诺一直都是他背后强有力的支持者。

胡佛和埃莉诺

联邦调查局局长埃德加·胡佛对这个“第一夫人”非常讨厌。胡佛经常说：“我不结婚的原因，就是上帝造了像埃莉诺这样的女人，她的恶劣足以让我对所有女人失去兴趣!”由于埃莉诺说话声音尖细，胡佛背后一直把她叫做“老猫头鹰”，甚至在联邦调查局的高级官员面前憋着嗓子，模仿她那尖声尖气的声音!

胡佛对埃莉诺的讨厌到了非常变态的地步。有一次，胡佛在得知喜剧演员菲尔兹藏有三张关于埃莉诺的漫画，便要求其让他看看这些“有趣的画像”，别人对他说：“这些漫画容易把人丑化。”胡佛则笑着说：“我看没有啊，这些画像看起来倒是美化了她呢。”

世上没有无缘无故的爱，当然也没有无缘无故的恨。胡佛之所以如此讨厌埃莉诺，是因为他不能容忍埃莉诺的政治观点。胡佛非常反感埃莉诺似乎超越时代的女权主义思想，反感她对黑人不幸境遇的同情，反感她与左派"过激分子"的接触。

埃莉诺同情和支持苏联反法西斯的斗争，而且还鼓励罗斯福早日与苏联"冰释前嫌",化敌为友。

胡佛的政治观点和埃莉诺的完全不同，他是一个典型的右翼保守势力代表,主张和苏联人敌对到底。

埃莉诺主张"种族平等",而胡佛则是一个激进的种族主义者。有一次，胡佛看到埃莉诺把两个黑人带进五月花饭店,顿时勃然大怒!当他听说南方的黑人妇女参加了"埃莉诺·罗斯福俱乐部"时,便马上指示特工人员去调查此事。

在政治上的不同看法,让胡佛和埃莉诺势成水火。

第一夫人与"盖世太保"

在联邦调查局的"名人档案"(黑档案)中,埃莉诺名下是厚达 449 页的案卷。

这些档案被联邦调查局视为高度机密,政府内极少数人能够看到。联邦调查局之所以设立这种档案，就是想要通过这些黑档案抓住重要人物的把柄,然后让这些人为己所用。

对埃莉诺这种人,联邦调查局自然不会轻易放过。

由于埃莉诺的人脉关系相当丰富,"联邦调查局正在调查你" 这样的消息很快就传到了她的耳朵里。埃莉诺知道后非常生气,说:"这完全是盖世太保的做法!"

胡佛知道是自己先"违反规则"的,所以马上装作十分诚恳地表示了歉意。

表面上,胡佛是老实了,但是实际上埃莉诺的这种做法更是激怒了他。在接下来的时间里,胡佛对埃莉诺的调查达到了疯狂的地步。胡佛指派联邦调查局特工对埃莉诺进行了24小时的电话监听。

这种完全不顾别人隐私的调查行为首先是极不道德的，但是胡佛可不管这些，只要能把埃莉诺的把柄抓到自己的手里，胡佛是会不择手段的。

很快，联邦调查局就有个“重大”收获。通过电话监控，他们得知埃莉诺与很多人都有纠缠不清的暧昧关系。其中包括她的黑人司机、她的医生、一位美军上校和全国海员工会的两个领导人。

联邦调查局为了获得更加直接的证据，甚至把两个工会领导人也纳入了自己的监听范围。很快，联邦调查局就监听到了这两位工会领导人的电话，在电话中相互打趣说，要培养同“第一夫人”的感情，以便接近总统。

更让联邦调查局感兴趣的是，这两位工会领导人中有一位是某个“进步团体”的重要人士！

1934年，为了保证美国人的隐私自由权，美国联邦法院立法禁止电话窃听。当时胡佛表面上十分赞同。在他主持编写的联邦调查局第一部守则中就明确规定，窃听是“不适当的、不合法的、不道德的”。他还向国会保证，一旦发现特工进行窃听，就立即开除此人。但胡佛从来就说一套做一套的，他可不愿意放弃“电话监听”这种有效地打击敌人的手段。

为了能让自己更肆无忌惮地监听，胡佛一直在游说国会，希望国会能批准“对那些被怀疑为从事颠覆美国活动者，包括有间谍嫌疑者”进行窃听。没有多久，胡佛成功了。这样一来，联邦调查局的电子窃听便在不受法律的约束了。在胡佛的亲自部署下，特工人员对埃莉诺的电子窃听和昼夜秘密监视也更是加紧了。

通过监听埃莉诺的电话，联邦调查局又发现了一个新的线索。在与埃莉诺保持联系的人中，有一个人叫做拉西。他就是“美国青年大会”的领导人，比埃莉诺年轻25岁。

拉西是一个激进的反法西斯分子，还曾经多次造访过苏联。1942年1月，联邦调查局特工悄悄潜入到“美国青年大会”纽约总部，窃取了拉西和埃莉诺的通信内容。就在这一年，拉西申请加入海军，但是在联邦调查局的干预下，军方最终拒绝了拉西的申请。

埃莉诺获知此事后非常生气，她给当时司法部长比德尔写了一封信，说："不知您可否向联邦调查局了解一下，他们到底是出于何种考虑而调查拉西？"比德尔找来胡佛，问他为什么要干预此事，胡佛说："我们没有对此人进行调查。"

为了帮助拉西进入军队，埃莉诺发动了自己所有的人脉关系，帮他打通了道路，拉西终于获准加入了美国陆军。拉西办理入伍手续之后，有两周时间都是与埃莉诺混在一起的。他们的行踪，当然是在联邦调查局的监控之下的。

拉西虽然成功地进入了美国陆军，但是也得罪了联邦调查局。

之后，联邦调查局又把一些对拉西非常不利的情报转交给了美国军方。这样一来，陆军反间谍团也加入到了对拉西的调查之中。

胡佛把特工人员伯顿的报告以及陆军情报机关的报告和罗斯福夫人写给拉西的信件的复印件全部都存入联邦调查局的机密档案库。后来，这些材料果然派上了用场。1953年共和党的当选总统艾森豪威尔也想把埃莉诺从美国驻联合国代表团中搞掉时，他们利用这些"黑材料"成功地达到了目的。

白宫墙外的枪战

FBI 的任务就是组织一切可能影响国家安全的危险事件发生。因此,首脑的人身安全自然就成为了他们的重要任务。

无拘无束的总统

由于罗斯福突然病逝,杜鲁门这位副总统在一夜之间就成为了全美国最有权势的人,当上了世界第一大国的总统。

突如其来的身份转变甚至让杜鲁门有些不适应,他常常忘记自己已经是总统了。到办公上班的第一天,他刚出门,就已经忘了自己的总统身份。她的女儿玛格丽特说:“正当父亲照例在一群 FBI 特工人员的保护下登上汽车时,他看见一个老朋友——美联社记者托尼·瓦卡罗就站在旁边,便马上邀请他坐到汽车里去,然后两人一起驶向白宫。”更使 FBI 特工人员伤脑筋的是,到了市中心,杜鲁门又向往常一样坚持步行到银行去。这个马上消息传开了,人们涌来看热闹,结果造成了空前严重的交通阻塞。

在没有当上总统之前,杜鲁门有每天早上出去散步的习惯。他会沿着华盛顿最繁华的大街一直走到自己的办公地点,无论是酷暑、严寒还是下雨天,这个习惯一直没有改变。

入主白宫之后,杜鲁门还是不想放弃自己的这个习惯。有一次,他只带了1名FBI特工人员就上街到处去溜达，当白宫的安全人员发现总统不见了之后，一个个着急得像是热锅上的蚂蚁。他们给安全局打电话，给保卫处打电话，还派了很多人出去寻找。

两名被派到大街上找总统的FBI特工人员在一阵飞奔之后，总算在大街上看见了自己要保护的总统。这时候杜鲁门笑着对他们说：“早安，两位先生！”

FBI特工不敢对总统发号施令，所以杜鲁门还是一直在往前走，边走边说：“天气真不错！”“欢迎你们参加晨练。”这两位白宫警卫队的资深FBI特工心里万分惊讶，因为他们从来没有见过任何一个杜鲁门之外的美国总统会到这样繁华的闹市中去散步。

最后，一辆白宫的防弹汽车追上了杜鲁门。无奈之下的杜鲁门只好上车，被载回了白宫。

杜鲁门是个十分爱交朋友的人，在大街上看见自己的朋友，他常常会让司机停下车来，和对方打个招呼。要知道，总统在闹市区离开防弹汽车是件多么危险的事情！

其实这还不算什么，最让FBI特工抓狂的是，甚至连不认识的人他也会凑上去开句玩笑。一次，杜鲁门要回自己的家乡密苏里的迪斯登斯一趟。他在飞机上与一个叫尼克的人有说有笑地交谈了一路。

过了一会，杜鲁门走向驾驶室，对所有人说：“你们各位最好都检查一下自己的安全带，因为我现在要叫飞行员休息一会儿。”

大家听到总统说出这番话，一时间都不知所措了。每个人都拼命地勒紧自己身上的安全带。杜鲁门之所以这么说，可不是完全就为了恶作剧。原来，在距迪斯登斯还有100英里的地方时，他们的这架飞机有一只引擎突然熄了火。当时情况非常危急，所有的知情人都非常惊慌，只有杜鲁门还镇定自若，依旧用这种方式来缓解大家紧张的心情。

幸好驾驶员技术高超，这架飞机最终安全地抵达了目的地。下机后，杜鲁门拍拍尼克的背说：“放心吧，尼克，我们安全啦！”

对杜鲁门总统来说，喜欢自由，认为世界上没有那么的危险，这也许正是他的天性，可对负责他安全的白宫勤务局来说，这可不是什么好事儿。因为这种有规律的散步和无拘无束的行为，使得杜鲁门很可能成为那些“精神病患者”袭击的目标。为此，白宫勤务局不得不对杜鲁门的安全采取更加严密的防范措施。然而，杜鲁门总统却感到非常不满。他常常这样对FBI特工处的人员说：“请不要盯得这样紧啊!”不过，一件在1950年11月1日发生的大事，终于改变了他的这种想法。

摇摇欲坠的总统官邸

1950年6月，美国后院——加勒比海上的波多黎各发生了暴动，首都圣胡安爆发了格斗和枪战。一个只有1500名党员的小政党：“独立党”，因为不满美国的殖民统治，想要推翻当时的执政党。他们虽然充满勇气了，但是面对美国的职业士兵，战斗力还是显得太弱。这场暴动很快就被平息了。

在此一战中，独立党损失惨重。但是一些残余的激进分子们却仍然没有死心，既然明着来的暴动成功不了，他们决定来点“阴的”——暗杀美国总统。

波多黎各独立党怀着对对美国佬的仇恨，派了两名刺客来刺杀美国总统，这两个人一个叫做——奥斯卡·科里亚索，另一个叫格雷尔·托列索拉，经过一番化装打扮后，他们悄悄溜进了华盛顿。

两名刺客到了美国之后，开始四处打探杜鲁门的下落。

很快他，们就得到消息：杜鲁门总统已不在白宫，而移住在对面的国宾馆里。总统为什么不在白宫，跑到了国宾馆呢?就是因为当时白宫正在搞修缮工作。

白宫象征着美国国家政权，始建于17世纪90年代。1814年，英国人曾经在这里纵火，当时白宫几乎被烧毁，战后美国人对白宫进行了修缮工作。从那之后，白宫就再没有修缮过。

一个世纪之后,白宫已经有点摇摇欲坠了。

又一次,杜鲁门的夫人发现自己头顶上的吊灯居然无缘无故地开始左右摇摆起来。他派人上去一看,原来是一个体重在200斤左右的FBI特工人员在楼上行走。连白宫都成了危房,这怎么了得?总统立刻下令进行检查。工程师们发现二楼下面的一些木结构下沉了5英寸,使楼板承受的压力骤然增大了。还发现1898年安装的电线也承受不了不断增加的耗电量,而且在之前就发生过多次险情。1949年,白宫的修缮工作正式开始。因此,杜鲁门总统及其家人就从白宫里暂时搬了出来,住到了布莱尔大厦。

布莱尔大厦枪战

布莱尔大厦是美国第一任军医局长詹姆斯·洛弗尔博士在1824年建造的,后来这栋大厦卖给了弗朗西斯·普雷斯顿·布莱尔。

由于这里紧邻白宫,所以历届总统都是布莱尔大厦的常客,如:杰克逊、范布伦、林肯和塔夫脱等等,都曾经到过这里。1942年,美国政府干脆买下了这栋大厦。

布莱尔大厦的装修非常豪华,由于年代久远而且富有传奇性,这里的每一件东西都是价值不菲的文物。但是这里也有一个缺点,那就是紧临繁华大街,其实在平时这根本算不上是缺点。但是总统住进来之后,这个特点会让安保工作十分困难。事实上,杜鲁门搬进这栋大厦以后,美国的安全部门就为此操心不少。为了保证总统的安全,他们把这里围得是里三圈外三圈。从大厦外面的街道上,到总统房间的门口,到处都是FBI特工人员的身影。

但是即使是这样,也无法让袭击者放弃自己的计划。

这一天,杜鲁门总统在大楼里安心地睡觉。因为有超过300名FBI特工保护着自己,所以他完全没有一点担心。

而这时候,刺客奥斯卡·科里亚索和格雷尔·托列索拉其实已经悄悄地来到了布莱尔大厦的门前。他们穿着名牌的西服，黄皮鞋擦得锃亮。光亮的黑发上扬扬自得地戴着一顶呢帽，蓝色的衬衫配上一条精心挑选来的红领带，显得十分刺眼。

那些守卫在大厦外的警卫们，看见两个如此衣冠楚楚的绅士走到了自己的辖区，居然没有一点的怀疑。

在通过了大厦的正门之后，两个刺客遇到了一点小小的困难，因为有FBI 特工根据按照规定让他们出示通行证。他们两个相互使了一下颜色，同时拔出了枪，向守卫开火之后，两个人开始向杜鲁门住的地方跑去。

这时，FBI 特工戴维逊和博林听到枪响，发现有人持枪在往总统的驻地快速奔跑，立刻向这两个人开枪。

枪声惊动了所有负责保持安全的 FBI 特工，他们从四面八方涌来，加入了这场枪战。

这两个刺客显然是身经百战，面对数量多于自己几十倍的敌人毫不慌乱，并且借着地形优势开始反击。但是毕竟双拳难敌四手，在反抗了将近 15 分钟之后，他们被双双击毙了。

当激烈的枪战正在大厦外围进行时，布莱尔大厦里已乱成了一团。

眼看着外围警察一个个受伤倒地，总统身边的工作人员也开始慌乱了起来，有的关上了大门，有的在楼道里来回奔跑不知所措，有的催促内卫人员快出去增援。总统的一位高级秘书大声对那些还在总统周围的 FBI 特工喊道：“你们的人被击倒了，为什么老守在这儿，快去帮他们!”这明显是个馊主意，经过严格训练的内卫人员当然不能听他的，他们按预定的方案沉着地坚守岗位，已经准备好了手提机枪。

外面乱成了一锅粥，但是杜鲁门总统所在房间里却没有一点动静，因为杜鲁门根本就听不到外面发生的一切。他正在卧室里穿衣服，准备参加下午的活动。总统夫人中午没有休息，听到嘈杂声，匆匆跑下楼梯来，“发生了什么事?”她担心地问道。

“外面似乎有人在开枪。”一名侍者回答说。

“有人向警察开枪。”总统夫人赶紧把这个消息告诉了杜鲁门。杜鲁门立即冲到窗前，探出头去。这时，外面的警察还在与托列索拉交火，一名 FBI 特工从院内发现了他，使劲挥动着双臂，大声喊着：“回去！回去！”总统很快离开了窗口。

事后，人们担心地埋怨，如果此时托列索拉发现了他，如果还有一名刺客藏在人群里的话，总统此举可能被枪法卓绝的托列索拉和隐藏的刺客轻易地击毙。

枪战后的警醒

这场试图谋杀杜鲁门总统的枪战，前前后后也仅仅持续了 15 分钟。

最终以刺客的死亡而结束。刺客虽然没有成功，但是在整个暗杀史上，他们的所作所为却是非常罕见的，这场枪战的激烈程度令人后怕。

枪战平息后，布莱尔大厦前的人行道上到处躺着流血的人，有的已经死去，有的还在呻吟。白宫警察大队的科费尔特已经死亡，伯泽尔和唐斯受了重伤。

虽然枪战后的杜鲁门还显得非常地从容。但是这时他已经意识到，自己的安全确实是存在隐患的，不能再一意孤行了。

从此以后，他一改以往的固执态度，听命于 FBI 特工处对自己安全的安排。从布莱尔大街去白宫办公室那段路再不徒步过去，也不在华盛顿大街上散步锻炼。从此以后，他的汽车总是在布莱尔大厦后门等他，然后绕道把他送到白宫的西南门。白宫西街的国务院、陆军部、海军部合用的老楼之间那条街，从此永远禁止行人和车辆通行，普通人也休想在布莱尔大厦前面的人行道上闲逛。

事后经 FBI 的周密调查，这起谋杀案是波多黎各独立党所为。从刺客托列索拉身上搜出的文件证明，他是该党的首脑。到此为止，一次明目张胆的暗杀活动才落下了帷幕。

第五章

间谍争霸

——间谍与反间谍

联邦调查局一直在扮演间谍与反间谍的双重角色。在这些间谍大战中，留下了许多惊心动魄的大案要案，这些案件往往涉及美国政坛最为隐秘的地方。了解了这些间谍案，或许你能够对世界历史上那些鲜为人知的过往有更客观的理解。

地下也是FBI的战场

第二次世界大战后，美国和苏联因为延续着第二次世界大战时期的冲突,这两国之间的关系变得非常紧张,很难调和。

虽然美国和苏联表面上看起来是波平如镜，但是实际上却是暗流涌动，纷争不断。而暗战最需要的是什么?当然就是窃取情报的间谍了。与其说,两个国家是军事纷争不断,不如说是两个国家的间谍纷争不断。

一直到21世纪初,两个国家的间谍争斗还没有停止,比如2000年6月14日,美国在佛罗里达州抓获了乔治·特罗菲莫夫,此人乃是陆军上校,是美国历史上因间谍获罪最高的军方官员;2000年6月26日，俄罗斯也有所斩获,他们抓获了一名立陶宛国籍的俄罗斯人,认为他就是美国派往俄罗斯的间谍;2001年2月18日，为俄罗斯奔走辛劳15年的美国特工罗伯特·菲利普·汉森被美国警方逮捕,结束了自己漫长的间谍生涯……

美国和俄罗斯的间谍故事可谓不胜枚举,但是两国却是讳莫如深,不愿让这样的消息遍布整个世界。但是,2001年的一个惊天消息却让美俄两国间谍战涌起了滔天巨浪。

2001年3月4日,美国《纽约时报》刊登了一条新闻,而就是这条新闻引起了轩然大波。新闻具体内容如下:美国国家安全局和FBI自称,曾经在20世纪70年代到80年代这段时间里,在俄罗斯驻美国大使馆地下挖了一条地下通道，而这条通道就是为美国政局服务的。这个消息一经发布，就引起了世界各国的广泛关注。

3 月 5 日，俄罗斯外交部召见了美国驻俄罗斯大使馆的相关人员，并且与他们进行交涉。世界上的人都在等待两国交涉之后的结果，因为他们知道，如果美国和俄国交恶，对于世界格局的影响将会是非常巨大的，将会是无法挽回的毁灭性打击。

美国人是怎么样在地道里窃听情报的？他们的地道是何时挖建的？他们到底窃取到了什么样的情报？不要着急，这些疑问，我们将会逐一进行解答。

FBI 精通“遁地术”

如果说，只有中国人才了解遁地术的真正含义，那就错了，因为美国 FBI 也深谙此道，他们在很早以前就研究过这项专业技能了，并且已经完善到了一定程度，并且一直在实施，从未停止。

20 世纪 50 年代，FBI 就曾有过遁地术的先例，他们曾在西柏林挖了一条通往东柏林的秘密通道，他们为的就是窃听苏联军队的电话情报，为此，他们就把自己的线路接到了苏联部队的电话线上。但是，让 FBI 始料未及的是，一名名叫克格勃的间谍出卖了 FBI，并且把这件事全都告诉了苏联。苏联人非常聪明，他们不去揭穿美国人的阴谋，而是让美国人继续窃听，美国人自以为窃取到了不可胜计的情报之后，其实，这些情报都是假的，都是苏联人鱼目混珠的情报，根本没有价值。等到了一定的时间，苏联人才毁坏了美国人地道，并且获取到了美国人的先进间谍侦察系统。

美国人不仅精通遁地术，而且精通遁水术，他们还曾在大洋下窃听过情报，比如，70 年代，美国海军经常派潜艇到苏联海域，为的就是窃取苏联人的情报；1972 年，美国海军成功发现了一条苏联海军海底电缆，并且从中搜集到了大量苏联海军军事储备的秘密情报；1980 年，美国 FBI 特工罗纳德·皮尔顿想要把自己收集到的美国窃取俄罗斯海军的情报卖给克格勃，但是他的做法却被识破了，皮尔顿于1985年被捕入狱，而俄罗斯人却茫然无知，美国人乐得俄罗斯人如此，就继续窃听俄罗斯海军的情报……

史上最大的遁地术窃取情报工程

20世纪70年代，苏联政府向美国提出了一个要求，希望能够更换苏联驻华盛顿大使馆，因为这个使馆已经非常破旧了，很难再继续使用了，希望得到美国的批准，重建一座苏联使馆供他们使用。

就是苏联的这个提议，让美国国会和政府之间产生了非常大的冲突，有些人反对重新修建大使馆，理由就是因为苏联和美国之间的间谍活动过于频繁，而且苏联人要求新使馆建造的位置就在华盛顿威斯康星大街一个名叫“阿尔托山”的地方，而这个地方就是华盛顿的最高处。这样的高处，就更加方便苏联人窥探美国的军情了，美国人岂能不担心呢？

在当时，美国的反对声音此起彼伏，美国绝大多数人都不同意为苏联人新建大使馆，但是美国政府最后还是力排众议，同意了苏联人的要求。美国人不是傻子，他们早就想好了，如果自己在修建新使馆时做点手脚的话，可比间谍刺探情报要获益多得多。

你有张良计，我有过墙梯。苏联人当然会想到美国人会做手脚，所以他们严重声明，一切建造材料都要从苏联进口，并且不得更换。美国人一听，这下可完了，如果想要有所收获，就只能另辟蹊径了。

过了几个月，一名FBI特工说出了一个大胆的想法：“既然我们无法在大使馆建造中做文章，何不在使馆下面挖一条地下通道呢？”

美国FBI听完此话，喜上眉梢，于是，当即就采纳了此人的建议。

有地下通道的大使馆

20世纪70年代到80年代,美国人一边在地上为苏联人建造大使馆,一边在大使馆的地下建造地下通道,而此时正是两国间谍活动最频繁的时期,但是美国人不怕,他们顶风作业,而且还干得风生水起。

1979年,苏联的一些外交官员就入驻了新的大使馆。此后不久,苏联解体了,俄罗斯就接管了这座大使馆,而美国所建造的地下通道也在此时完工了。

建造地下通道的过程中，美国人为了混淆视听，还导演了一出好戏：1985年,里根指示,公开谴责苏联,说苏联人在美国驻莫斯科大使馆里安装了很多窃听设备。接下来,美国就把刚建造两层的大使馆推倒重建,换上了新的保密材料。而美国人唱的这出戏,并不是出于无聊,而是因为在当时,正是地下通道建造的关键阶段,根本就不容有失,所以,美国人才想出了这出好戏,以此来麻痹苏联人的神经。

地道挖好之后,美国FBI就把所有先进窃听设备全都搬到了地道里,这些设备不仅技术先进,而且价格非常昂贵,所有设备加起来,竟然高达千万美元。不仅如此,地道里面还进行了精装修,家电设备,包括空调、电视、洗衣机等等,可谓一应俱全。

美梦终会醒来

正当美国人兴高采烈,准备采取窃听活动之时,苏联人就感觉到了他们受到了监控。美国人窃听了几天之后发现,苏联大使馆似乎没有人工作了,每天都只有洗澡、扫地的声音。FBI知道了,自己的地道可能被俄罗斯人发现了。

正如美国人所料,没过多久,俄罗斯就把自己驻华盛顿大使馆地下有通道这个消息公布于世了。这到底是怎么回事?是谁出卖了美国人?美国人为了揪出这个罪魁祸首,就在1994年成立了调查小组,这个小组通过夜以继日的调查,终于在7年之后,找到了这个罪魁祸首,而这个人就是汉森。

抓到汉森的美国人还无法满足,他们知道,汉森一个人不可能有这么大胆量,但是他们也很难调查出来。为了不让自己抓不到狐狸,惹一身骚,调查小组就把汉森交了出来,直接邀功请赏了。

自己酿成的恶果只能由自己来品尝,无奈之下,美国人只能接受这个苦果了。等到事后,这件事就成了美国人谁也不愿提及的事情,如果有人问起,美国FBI就会怒不可遏,就直接说,拒不回答相关问题。

美国人的超强"遁地术"

美国FBI曾经为了炫耀他们挖地道的天赋,竟然还请来了美国的一些政府高官前来参观。虽然这个地道是FBI的绝密经典之作,但是他们还是忍不住,由此可见,这项工程是多么辉煌,是多么让人自豪。

虽然如此,但是我们现代人却再也无法了解,更无法知道地道究竟是什么样子的。但是有人猜测,这个地道已经可以让FBI特工们利用各种手段,有足够的能力对俄罗斯大使馆内的一切行动进行监控。一位精通电子监控的专家说:"地道离俄罗斯大使馆距离越近,特工们就能获得更多的信息。"这位专家解释说:"特工人员可以利用安置在苏联使馆各个地方的微型窃听器发送信号,并利用光纤或者铜导线将信号传送到地道中,这种方式很难被人发觉。就算发掘了,也很难对此行为进行精确定位。"另一位前美国国家安全局的专家也曾说过:"只要你能够离监视目标足够近,那么你就可以几乎不受限制地做任何事情了。"

这个地道除了能用于窃听之外,还可以有很多用途,FBI还把这个地道用作监视通信线路和电源线路的工具。他们利用这个地道对俄罗斯大使馆里发出的一切电磁信号都进行了收集和整理。不仅如此，FBI 还利用激光技术捕获下俄罗斯大使馆水管道等地方传来的声波。一位 FBI 的电子监视专家说："联邦调查局完全有能力将微型麦克风放在抽水马桶的下面，然后利用排水管道来监听使馆人员在厕所里的一切交谈。

虽然如此，但是美国人却是竹篮打水一场空，他们所做的努力只能付诸东流，并且他们所有的努力也只能换来俄罗斯人的冷嘲热讽。

FBI 也承认，自从地下通道投入使用之后，从来没有获取过一丝有价值的情报，而 FBI 中的有些人甚至开始怀疑自己手上获得情报是否是虚假的，他们怕俄罗斯发现地道之后，会给他们上演一出谍中谍，这让他们感到无所适从。

俄罗斯的一名不愿透露姓名的官员说："俄罗斯很有可能会向美国提出在秘密通道使用'激光窃听'对人体危害的问题，这一窃听手段可能给使馆工作人员身体健康带来严重后果。"俄罗斯肿瘤研究中心一名科研人员表示，虽然目前还没有激光是否可导致癌症的确切数据，但它可能给人体造成"最严重的影响"，可引起多种病变。这更使这个地道工程饱受批评。

抓捕中情局间谍

1994年2月23日晚上，美国联邦调查局在阿灵顿市郊的一幢豪华别墅里，逮捕了在FBI工作达32年之久的职业间谍奥尔德里奇·埃文斯及其妻子罗萨里奥·埃文斯。尔后爆出了美国情报史上在职情报人员为外国提供绝密情报的特大新闻。

奥尔德里奇·埃文斯是美国人，1942年出生，1962年进入FBI，1983~1991年在该局担任苏联东欧反间谍处处长。克格勃知道他在官场和情场上的失意，以金钱为条件，加以策反利用。FBI监控不到位，发现疑点未及时予以查处，使得他能在此岗位上长期为苏联窃取情报，最后使美国损失惨重。

被俄罗斯特工策反

埃文斯，自1962年就为FBI工作，曾经前往多个国家执行特殊使命，如土耳其、墨西哥、意大利、苏联等国。1983~1991年担任FBI苏联东欧反间谍处处长，后来调至FBI缉毒中心工作，负责黑海地区的反毒品走私工作。

在FBI，埃文斯不算一位成功者，在FBI工作了20年才做到中等职位，这预示着他的事业似乎走到了尽头。这种情况对于自命不凡的他来说，算是致命的打击，他为此深感苦恼。

1984 年 3 月，埃文斯首次走进 15 号大街苏联驻美使馆的铁门，他是身负秘密使命的。他的任务是发掘可以被美利用的，本身带有弱点（如失败的婚姻、事业无成、酗酒或缺钱）的前苏联外交官或特工。

但是，这次埃文斯遇到的克格勃对手恰好也是这方面的高手。当他迈进使馆大门时，对方看到的却是一个很有潜在利用价值的策反人物。埃文斯本人刚好具备一个标准的潜在变节者的条件：离婚不久，很寂寞，嗜酒，他甚至向新结识的苏联酒友抱怨他所承担的高额离婚赡养费和自己的低收入给他造成的困惑。苏联人通过调查查出了他的真实身份，同时也了解到他的事业的瓶颈——再也不会有多大晋升的机会了。他的工资水平是那些飞黄腾达的人 12 年前就可以达到的。结论是：他是一个可以被利用的最佳人选。

然后，便是 6 个月之久的劝降。他的苏联朋友说只有他们知道他的真正价值，因为他的天赋是超群的，并且到现在为止一直没有被发掘出来。同时，他们使他相信他所做的所有工作是会得到高额回报的。因此，这位策反特工反而被克格勃所收买，被金钱诱惑，成为苏联在 FBI 内的一只大"鼹鼠"。

美国联邦调查局的调查结果显示，埃文斯是 1985 年被苏联克格勃收买的，此后他成为双面间谍。他开始频繁向苏联及后来的俄罗斯提供各种机密文件，并先后获得了不菲的报酬。从已掌握的材料看，埃文斯 9 年来利用他在 FBI 有机会接触几乎所有机密情报之便，向苏联和俄罗斯提供许多有价值的情报，这里包括 FBI 对俄反间谍机构人员身份、FBI 海外执行行动的计划、FBI 在苏联和东欧招募的所有情报人员情况、FBI 在海外的情报人员资料等。20 世纪 80 年代中期以来，有很多美国间谍在苏联和东欧地区暴露了身份，有的神秘"失踪"，有的被杀死。至少有 10 起重大间谍行动全部被破坏。

最重大的莫过于尤里琴柯叛逃事件。尤里琴柯是克格勃负责美国和加拿大情报的高级间谍。在美国情报人员的计划下，他在 1985 年秋天叛逃到美国，出卖给美国苏联的机密情报。但是，一个月后，尤里琴柯却毫不费力地从禁地逃到苏联驻美大使馆，回到莫斯科。此事件也正是埃文斯起了决定作用。据说他通过一些发手段向受到严密保护的尤里琴柯施加了巨大压力，使得他不敢再说出实情，最终还得返回苏联，使美国很丢脸。

由于埃文斯向克格勃提供了许多机密情报，美国在苏联的间谍行动也受到克格勃的严密监视，美国的间谍网遭受严重破坏，导致了在1991年“八一九”事件时，布什总统的高级助手们不得不靠窃听政变者之间的通话来获得情报。因为没有间谍可以从苏联内部提供有关政变者的动机和意图的资料。

调查伊始

负责反间谍工作的联邦调查局究竟是通过怎样手段查出、揭露并逮捕埃文斯的呢?这个过程几乎具备了所有该具备的要素：暗杀、欺诈、威逼、利诱。再现调查埃文斯案的始末会把人们带入一个扑朔迷离的反间谍世界，也许会窥见联邦调查局最隐秘的地方。

1986年11月一个阴暗的早晨，联邦调查局资深的反间谍分析家蒂姆·卡鲁索被叫到该局外国反情报处高级官员汤姆·杜哈德韦的办公室。杜哈德韦向卡鲁索说明了此次叫他来的意图。原来为联邦调查局提供情报的两名苏联使馆人员已被调回莫斯科，随后二人都被逮捕并处死。杜哈德韦让卡鲁索召集一个分析专家小组，对此情况进行分析。分析的重点是：是否已有克格勃间谍潜入联邦调查局内部?

卡鲁索迅速召集了一批经验丰富的分析家，其中包括在调查埃文斯案过程中发挥了至关重要作用的老资格特工吉姆·霍尔特，也开始调查克格勃，他们给这次行动起了个代号——“双刃剑”。

“双刃剑”小组经过反复分析，最终把目标集中到一个人身上——1985年9月叛逃到莫斯科的FBI特工爱德华·霍华德。他是FBI自成立至今以来第一个变节的“鼹鼠”。

在“双刃剑”行动之前，埃文斯早已经开始了他的双重间谍生活。1985年秋，联邦调查局和FBI拟定了一项代号为“交朋友”的计划，意图是从苏联使馆吸收更多的间谍。埃文斯被派往罗马情报站工作了3年，最后返回FBI总部。这期间，他一直在为莫斯科搜集间谍情报。

联邦调查局经过仔细调查最后得出结论：谍报行动的所有失败都不是霍华德造成的，也不是谍报技术差造成的。在弗吉尼亚州兰利市郊区的FBI总部，大家也都认同与联邦调查局的看法。

1991年4月的一个早晨，FBI反情报中心杰出的分析家保罗·雷德蒙和他的上司从兰利驾车来到胡佛大厦，准备与联邦调查局的一些头面人物会面。雷德蒙说：“已有人潜入我们内部，我们尽力进行分析，但需要联邦调查局的协助。”这很让人出乎意料，联邦调查局和FBI已多年不和，如今就要携手进行合作。几天后，联邦调查局两位资深的反情报分析家吉姆·霍尔特和吉姆·米尔本被派到兰利，正式和雷德蒙和他的反间谍小组合作，联合开展代号为“天光”的调查行动。

在联邦调查局总部，首席俄罗斯反情报分析家卡鲁索重新组建了一个特工小组，用来调查和逮捕FBI的“鼹鼠”。于是又一项调查行动开始了，代号为“演员”。

逮捕行动

“演员”和“天光”小组同时进行调查行动。双方各自列出一份“可疑者名单”。为了列出这份名单，他们不得不去了解一些败露的谍报行动的情况。当时直接参与那些谍报行动的人都被列入可疑者之列。对能够通过各种渠道了解和参与这些行动的平时有不检点行为的人要列出名单，并排名。不检点行为主要包括酗酒或婚姻问题、吸毒、擅离职守或突然离家外出以及不明收入来源等。卡鲁索把排列名单的事件称为“跟踪追击”。

“演员”和“天光”小组列出的名单一开始包括200人。到1992年秋，名单上的名字逐渐减少到40个。但是调查人员仍然没什么把握。因为谍报行动多次败露，分析家甚至指出内部潜藏的苏联间谍不止一个。

当然，两份名单上都有埃文斯，而且他的许多不检点行为使他的名字逐渐位于两份名单之首。他嗜酒，这是众所周知的事。而且“天光”小组的调查人员还发现他有大笔来路不明的钱财。雷德蒙最后提出疑问：“埃文斯在FBI的年收入6.2万美元，他怎么买得起‘美洲豹’牌汽车？他又怎么会花54万美元买豪华别墅？同时又怎么能花10.6万美元用来装修？他怎么能在短短几年里拥有16.5万美元的股票？”

“天光”小组还发现他的存款数额很高。“演员”小组也逐渐调查到更多的关于埃文斯与丘瓦伊欣会面的情况，发现多次会面时间与他的存款时间吻合。比如1986年2月14日，埃文斯同苏联使馆的一位官员秘密会面，一手交钱，一手交货。几天后，他便有了5000、8500和6500美元的存款。

埃文斯已正式成为嫌疑犯。不管内部潜藏着几个苏联间谍，埃文斯已毋庸置疑。如今要做的就是证实这件事情。

“夜行人”行动

联邦调查局于1993年5月12日开始对埃文斯进行刑事调查。此次行动的代号为“夜行人”。

此次行动由著名侦探莱斯利·怀泽负责。怀泽反情报案经验丰富，但是埃文斯案将使所有这些案件黯然失色。怀泽不想错失这次大显身手的机会，更不希望失败。他明白，要对付这样的案子，拥有耐心很重要。怀泽仔细挑选行动人员，成立行动小组。小组成员涵盖各色人，包括负责访谈的、处理证据的、监视埃文斯的等等，有俄国问题专家，甚至还有一名会计，这些人都是精心挑选的人才。

小组人员全部到会后，怀泽迅速开展行动。6月3日，他命令监视埃文斯的所有行动。怀泽的行动小组和联邦调查局的特别监视小组接连两天对埃文斯进行24小时的监控,可是却一无所获。

6月11日，怀泽手下的特工开始窃听埃文斯的电话。7月20日联邦调查局技术勤务小组的特工用专门配置的钥匙打开埃文斯的车门，把他的汽车迅速开进胡佛大厦的地下停车场,几分钟后,同一辆“美洲豹”牌汽车迅速开回原地。埃文斯无论如何也没想到,他汽车里已被安装了一个电子信标发射器。

尽管采取了诸多监视措施,但狡猾的埃文斯却没露出任何明显破绽。他一切都做得很隐秘,他原来在FBI受训时练就的反跟踪、反监视技术,真正派上了用场,这些一天天延长了他的间谍生涯。

9月9日深夜,怀泽回到家中,一筹莫展。“跟踪了那么多次,都让那小子溜了。”他骂道。突然,电话铃响了,是他手下的声音:“莱斯利,那小子又出来了。”

埃文斯和妻子驱车抄一条隐蔽的小路进入华盛顿市区，根本没有注意到后面有人跟踪。汽车开到以美国第20任总统詹姆斯·加菲尔德命名的一条僻静的街道上,突然来了个U形急转弯。

此后，怀泽的特工人员用了几天时间才理解当时埃文斯葫芦里装的什么药,但是加菲尔德大街显然是一个突破口:他们已找到苏联人与埃文斯的联络点,俄国人将利用这个地方与埃文斯安排下一次会面。

怀泽手下的特工9月15日在埃文斯住所附近,从他家的垃圾箱里找到一张撕碎的小纸条。纸条上的字迹依稀可辨:“我想10月份在波哥大会面。”10月9日,特工们趁埃文斯一家到迈阿密海滨去度一个大周末之时,潜入他家进行搜查。出人意料地在埃文斯的个人电脑里发现了大量有价值的东西,其中有关于联络点和情报放置点的详细指示,有关于会面的记录,还有大量FBI绝密情报,许多情报埃文斯根本无权过问,更不允许储存在他的个人电脑中。

特工人员进一步加强了对埃文斯的监视。

11月1日,埃文斯来到波哥大与他的克格勃老板卡列特金会面。怀泽带领特工人员也来到波哥大,并化装潜伏起来。他们用隐形摄像机把一些埃文斯可能与卡列特金会面的地点监视起来，等待猎物出现。

11月2日，埃文斯确实与卡列特金会了面，但是特工人员却在其他一些地方监视，费了好大力气，最后还是竹篮子打水一场空，未能当场抓住他。

联邦调查局一心想在埃文斯与卡列特金会面的时候当场把他抓住，然而一直没找到机会。而且形势越来越不妙，因为许多人已知道调查埃文斯的情况，埃文斯的邻居可能早就开始怀疑一些人在埃文斯家周围的行动。

此外，特别监视小组发现不断有俄国情报人员在埃文斯的住宅附近走来走去。更不妙的是埃文斯即将出差莫斯科。要是埃文斯狗急跳墙，叛逃莫斯科那就更麻烦了。形势非常紧迫，联邦调查局决定采取行动——逮捕埃文斯。这只是一个迟到的行动，联邦调查局只是想从埃文斯身上挖掘更多的东西。

4月28日，美国联邦法院以间谍罪和偷税漏税判处埃文斯无期徒刑并罚款25万美元。埃文斯的妻子承认犯有与之有牵连的但要轻一些的间谍罪，后来被判处5年半徒刑。

埃文斯妻子的供词

罗萨里奥·埃文斯被关在美国亚历山德里亚的一所监狱里，在这里她将度过5年半的难挨时光。忆起往事，她很后悔，当初不该糊里糊涂地承认自己有罪，承认自己是间谍。她时常有些神志恍惚，并说，她这位“间谍”却从没见过她为之而“工作”的人，她，只不过是一名间谍的妻子!

罗萨里奥是一个受过高等教育的聪慧妇女，“精通6门语言”，还是一名出色的“哲学家”。

9年前的一个夏天，在墨西哥，身为哥伦比亚驻墨西哥使馆文化专员的罗萨里奥在一次小型晚会上邂逅了美国大使馆参赞埃文斯。埃文斯比她年长11岁，殷勤、礼貌、豁达。罗萨里奥对他一见钟情。两人结婚后不久，埃文斯承认，他不是什么外交官，而是一名间谍。这令她大吃一惊。不过，天真的罗萨里奥仍然没有意识到，正是这一点将给她带来悲剧。

不安定的日子从此开始了。埃文斯夫妇先是从墨西哥回到华盛顿，而后又被派往罗马。在罗马，罗萨里奥怀孕了。看上去，他们是幸福的：一个温暖的家，再添一个小宝宝，丈夫步步高升，一切美满如意。

罗萨里奥为丈夫，为这个家庭的命运担惊受怕。她开始对丈夫发牢骚，同时又因丈夫对她的疏远而痛苦不堪。他们的家庭开始出现裂痕。

罗萨里奥坐在牢房的床铺上，回忆道："那是1992年夏季的一天，他邀我到一家越南餐厅去吃午餐。席间，他冷不丁地对我说：'我在为俄国人做事。'我当时都蒙了。待我反应过来后，我的第一句话是：'我不想再听你说任何话。'而他却继续说道：'俄国人向我要几张照片，你的和我们儿子的。'……极度的恐惧几乎使我失去知觉，我意识到，自己已经陷入了绝境。"

最先了解到埃文斯"第二职业"的是联邦调查局，这大约是在一年之后。特工们在他们的住宅和汽车里装上了窃听器。联邦调查局的录音机里不止一次放出女主人的令人感兴趣的话："里奇，你可不要给俄国人添麻烦。"或者是："但愿丢失的那个包不是什么可疑的东西。"这话只能是一个熟悉内情的人说的。这些寥寥数语成了后来判定她为克格勃间谍的证据。

埃文斯在后来给法庭的申诉书中说："在我从事犯罪活动的9年时间里，有7年时间我妻子对此一无所知。只是后来由于我的一次不可饶恕的错误，她才知道了一切。她非常担心我们全家的安全，一直劝我同克格勃断绝往来。"

事实上，罗萨里奥只不过是个为自己家庭的名誉与未来而担心的妻子，仅此而已！

FBI的这一特大丑闻曝光后，美国舆论哗然，朝野震惊，克林顿总统认为"这是一起非常严重的事件"，要求彻底调查和评估此事给美国造成的损失……

可以说，只要国家存在，间谍活动就不会终止。而俄美这两个有着特殊关系的军事大国，它们的间谍战更不会平息。

FBI成为世界幽灵的开始

FBI在美国本土拥有了巨大的权力之后,胡佛这个野心勃勃的人并不满足,因为他还想进一步扩大自己的势力,要让FBI成为世界性的组织。而这时,他需要的仅仅是个契机,爱德华八世事件,正是最好的机会。

完美爱情与FBI的调查对象

1930年,对于当时的英国王太子威尔士亲王爱德华而言是一个永生难忘的年份。在这一年,他认识了37岁的沃利斯·沃菲尔德,他被这个女人的幽默乐观、优雅高贵所倾倒,他很快就对这位已经结过两次婚的辛普森夫人心生爱慕。6年后,威尔士亲王爱德华继承了王位,世称爱德华八世。

即位后,爱德华八世决定要与40多岁的沃利斯·沃菲尔德结婚,但是他们的婚姻却遭到了国内的一致反对。爱德华八世最终毅然放弃了自己的王位,无论如何也要与这个女人结婚。1937年12月11日,爱德华就与沃利斯·沃菲尔德在法国举行了婚礼。

如果不出意外的话,他们的故事将成为一个传奇,爱德华八世也会成为"不爱江山爱美人"的典范,但随之而来的一些对从前事情的公布让他们的故事又增添了一些杂质。

第二次世界大战爆发前,FBI在针对德国的反间谍行动中,偶然截获了这样一份情报:导致爱德华八世退位的根本原因不是他妻子沃利斯·沃菲尔德的年纪和她的两次婚姻，而是因为她是纳粹德国狂热的支持者。对于当时的社会来讲，是绝对不容她这样的人成为王妃的。因为当时正是第二次世界大战即将爆发的时候，德国法西斯向世界挑起了战争，英国参与了同法国、美国联合战斗的同盟。假如在这个时候自己国王把一位支持德国纳粹的女人变成王妃，那么，英国王室和英国政府怎么向其他同盟国交代，甚至会因此连自己的臣民都会对王室失去信心。于是，王室的人先是给爱德华八世讲道理，但是爱德华八世却充耳不闻。他们又开始向自己的国王施加压力，甚至连英国首相鲍德温也以内阁集体辞职来威胁国王。但是没有用，谁都想不到，他们的国王居然是个痴情的种子，即便放弃了王位也要娶那位女人。

FBI在得到这份情报后，也非常吃惊，局长胡佛认为，美国与英国的同盟关系使得这个问题非同小可。他们认为，英国的问题也就等于是美国的问题。他要求特工们对情报来源做肯定答复。

FBI的特工们通过种种渠道，联系到了英国玛丽王后的一位亲戚，她愿意配合FBI的调查。

等FBI探员去询问她时，这个女人对FBI探员说："爱德华在移居法国结婚后的一段相当长的时间内始终酗酒度日，过得非常狼狈。"说完这句话，她又神神秘秘地对特工说："沃利斯·沃菲尔德在巴黎的一次贵族的聚会上曾向在座的客人说到她的丈夫爱德华患有严重的阳痿。"

这算什么情报？相信那位FBI的特工获得这样的"情报"之后脸上的表情一定很搞笑。

间谍"双子星"

虽然这些情报没有任何价值，但还是被联邦调查局记载于爱德华夫妇的档案中。

第二次世界大战爆发后的第一年，FBI向白宫提供了一份备忘录，上面就提到了爱德华夫妇。

当时胡佛对罗斯福总统说："这并非是 FBI 的单方面意见，英国方面对爱德华夫人与德国纳粹密切往来的事情也很清楚。"

1941 年 4 月，爱德华夫妇想要到美国的佛罗里达州度假，在得知这个消息后，罗斯福总统立即就此事找到胡佛。

罗斯福对胡佛说："你们联邦调查局要密切注意他们的行踪。我怀疑他们二人来度假只是他们为德国搜集秘密情报的一块遮布。"

总统的话胡佛自然是不敢掉以轻心，FBI 立即展开行动。

在这对夫妇到达之前，FBI 特工们已经开始做准备了，他们做好了十足的侦察准备。

当爱德华夫妇到达美国后，或许连他们自己都不知道，自己的一举一动，包括他们接触的每一个人和做的每一件事，有时候连他们自己都想不起来的事情，FBI 却都"帮"他们秘密地记录着。

当爱德华夫妇离开美国时，FBI 的一位探员把这些记录送到了胡佛的办公桌前，胡佛很仔细地看了一遍这本长达 227 页的秘密记录，说："这个记录如果出版的话，是一部很不错的游记。"

最后，胡佛皱起眉头说："我突然对爱德华夫妇很感兴趣，我们要把他们彻底调查清楚。"

于是，一场 FBI 的跨国调查开始了。

通过一番调查，FBI 确认：沃利斯·沃菲尔德确实是忠实的纳粹政权支持者，这个女人还与德国驻英国大使、后来被希特勒提拔为外交部长的传奇人物约阿西姆·冯·里宾特洛普关系非常密切。

要说 FBI 的调查确实是十分详细，就连"里宾特洛普任驻英国大使期间，每天都要给沃利斯送 17 朵粉红色的康乃馨，风雨不改"这种浪漫的情节，都记录在备忘录里。

当这些调查结果交到胡佛那里的时候，胡佛哭笑不得地说："我们现在是在调查一起间谍案,并不是桃色新闻,你们明白了吗?”

FBI 的探员们立刻扭转了调查的重心。

不久,FBI 特工们就侦察到,沃利斯·沃菲尔德与丈夫到法国后,还与里宾特洛普联系不断,沃利斯·沃菲尔德凭借着公爵夫人的身份、地位以及与上层社会的广泛联系,获得了大量的反法西斯盟国的军事情报和活动信息,并将这些情报通过里宾特洛普统统送给了德国纳粹!

这可是个重大的消息,胡佛很快就专门为此召开了会议。在会议上,FBI 的一些人还猜测说:“沃利斯·沃菲尔德是个间谍, 是已经得到证实了的,但是是不是爱德华也支持他,至少是默许他,这是我们要搞明白的问题。”

胡佛点了点头,然后又说:“我想,妻子是个间谍,丈夫不会不知道。”

众人不敢多言,因为这涉及英美两国政治、军事同盟的稳固,非同小可。胡佛也没有继续说什么,等了一会儿,他突然开口:“我想,这样一个地位非同一般的女子,去当间谍,绝对不会没有原因,我们下一步的任务,就是要找出其中的原因。”

局长的命令一旦下达,FBI 探员们又开始了紧张的跨国调查。

其实公爵夫人支持纳粹,这并不奇怪,因为在当时的欧洲上层认识,有很多纳粹分子或者是纳粹的支持者。但是公爵夫人却成为了纳粹的间谍,这叫人有点不敢相信。

但是 FBI 是无孔不入的, 通过一段时间的调查, 到了 1941 年 5 月,FBI 特工们呈送给胡佛局长一份报告。报告里说:希特勒的副手赫尔曼·格林和温莎公爵曾经签订过一个秘密协定,德国在赢得战争胜利后,格林将会用武力推翻希特勒政权,还要帮助爱德华回到英国继续当他的国王。

FBI 通过这份证据进一步分析出了沃利斯·沃菲尔德在第二次世界大战期间为德国传递情报的主要动机就是因为她对英国贵族们拒绝爱德华娶她为妻,并逼迫爱德华放弃国王的地位这些做法充满了仇恨。这个女人希望德国能赢得最后的胜利,这样就能帮助自己的丈夫重新当上国王,进而达到复仇的目的。而沃利斯·沃菲尔德的间谍工作一定是爱德华所支持的。也就是说,曾经的英国国王也是间谍!

FBI,通过跨国调查,居然得出了一个如此重要而疯狂的结论!而这起间谍案也就此告破了。

尽管联邦调查局在调查此案件时过多采用了主观的推论,但是事实证明,这些推论都是基于有效证据的基础之上,获得的结果也是完全正确的。因为很快英国人用行动证实了这个结论的可靠性:不久后,英国政府就安排这对夫妇到西印度群岛最北部的巴哈马岛国担任总督,远远地离开了英国和欧洲大陆,由此而切断了这对夫妇与可能发生的一切联系,避免他们继续干出有损于英国和其他盟国的事情来。

这就是关于那位不爱江山爱美人的联邦调查局档案,在 2002 年,FBI 迫于国内的文件解密法案而向社会公布了这段历史真相。

后续:迟来的证据

很多年以后,英国作家马丁·艾伦出版著作《隐藏的日程》中披露了一个惊人的事实:爱德华实为英德两国的双面间谍。这位作家是在阅读了大量英国皇家档案后得出这结论,在书中断定说,在爱德华 1939 年 10 月对巴黎郊外万塞纳的亲善之旅中,他除了为英国打探法国防御的情报外,还担任着德国间谍的职责。他把在法国前线搜集到的情报交给了希特勒,所以德国最高军事部才修改了西进计划,因此一举攻陷法国。

书中还说,其实从一开始,英国王室和政府就对这个家族败类的罪行心知肚明,可是为了维护王室的尊严与秩序,一些人将爱德华叛国的罪证全部销毁了。

就是在几乎没有证据的情况下,FBI 也通过多方的调查最终得出了正确的结论,这证明 FBI 的办案能力是惊人的。加之这是一起跨国案件,所以 FBI 的能力更是得到了认可,从此,FBI 开始走向全世界。

大间谍汉森

冷战时期,美苏争霸转向了“地下”。虽然没有硝烟和战争,但是在这个时期两个超级大国的博弈从未停止。而最惊心动魄的斗争就要数“美苏间谍战”了。美国和苏联为了窃取对方的机密情报,培养和训练了大批的间谍潜入对方机要部门。而在这些间谍中,罗伯特·汉森无疑是最为“显赫”的一个。

大间谍深藏不露

汉森出生于芝加哥,一直生活在弗吉尼亚州郊区。汉森的生活俭朴平淡,除了阅读侦探小说之外,平时几乎没有什么其他的爱好。他有 6 个孩子,妻子贝娜黛特在当地的天主教学校业余教授宗教课。每到周末,他们一家便前往当地的教堂做礼拜。汉森待人礼貌和气,从不与人争执,甚至从不大声说话。在邻居们的眼中,汉森是一个充满爱心、极具修养、热爱家庭的典型绅士。

汉森 1966 年在盖尔斯堡的诺克斯大学获得化学学士学位,后在西北大学获得了会计硕士学位,1973 年成为注册会计师。

20 世纪 70 年代初,汉森加入了芝加哥市警察局的一个反贪特别小组,担任调查员、监视警官,并于 1976 年调入联邦调查局纽约分局,此后他便在华盛顿的联邦调查局总部和纽约的 FBI 分部来回调动,成为反间谍部门的特工，负责监视在美国活动的苏联间谍，并对他们进行策反。

由于在大学曾学习俄语，汉森在联邦调查局里很快受到重用，短时间内便连升数级，专门负责间谍及反间谍行动。1987年他升任苏联部门副主任，由于职务关系，汉森接触了有关美国对苏联进行谍报工作的全盘资料，同时还能够掌握包括中央情报局、国家安全局及其他情报机构几乎所有的情报文件。从1995年以来，汉森担任联邦调查局驻国务院外交使团办公室的高级代表，负责部门间反间谍工作。他曾在国务院二楼设有办公室，代表联邦调查局监视外国外交人员在美国的活动，并与国务院进行协调。国务院给予他不受检查的特权，让他可接触有关外国使节官员活动及身份的机密资料，直至自由进出国务院总部保安禁区。

汉森在他的整个职业生涯中，大多数时间都是在反间谍领域工作。他在反苏联政治影响方面是美国国内的少数“专家”之一，他曾担任20世纪七八十年代美国公民忠诚度调查计划的主要负责人。

FBI的同事大多认为汉森是一个顽固、平淡无奇、而且不喜欢与别人过多接触的人，同事们背后把汉森称作为“送葬者”，这是因为他常年穿着一身深色而不入流的西装。在邻居们眼里，汉森是个模范丈夫也是个好父亲。汉森的妻子贝娜黛特在弗吉尼亚的天主教学校担任业余教授，主讲宗教课。他们一家人每个月都要参加街区的活动。他的邻居认为汉森并没有什么异于常人的地方，只不过是有人抱怨汉森任由自己家里的狗四处流浪，给周围的人带来了一些不方便。

在一般人看来，汉森完全和印象中的间谍形象没有一点相似之处。甚至在得知汉森被捕的消息时，他的邻居和老同事都觉得这件事情是不可能的。汉森的邻居詹妮弗·琼斯甚至说：“我只知道他们一家是虔诚的教徒，也知道他们确实非常富有爱心，直到现在我还不能想象他居然是一个间谍!”

大间谍的养成

1985 年,汉森被派往 FBI 在纽约的分局。两年后,他当行了苏联部门副主任。由于职务的原因,他有权接触美国对苏联进行谍报工作的所有资料。汉森之前的上司大卫梅尔说:“汉森能够接触所有关于苏联的绝密资料;而这些情报在 FBI 反情报部门中仅有少数人知道,汉森就是这少数人之一。”

总言之,汉森是“能翻美国的家底”的人。

真面目浮出水面

汉森的落网主要归功于美国 FBI、中央情报局、国务院和司法部进行的长期紧密的合作。

1994 年,美国中央情报局高级反间谍官员奥尔德里奇·H.埃文斯”和他的妻子罗萨里奥就曾经替苏联从事间谍活动，最后被美国 FBI 和中央情报局抓获了。

人虽然抓获了,但是 FBI 却感觉不大对劲儿,因为奥尔德里奇是中情局的级别很低,他不可能获得那么多的情报,所以 FBI 认定他的背后一定还有更大的主使者。

FBI 把背后这个主使者称作为“鼹鼠”,而这只“鼹鼠”不是在 FBI 就是在中情局内部,如何找到这只“鼹鼠”成了 FBI 和中情局的第一要务。

于是,联邦调查局从全国各地的分部招募了 60 多名探员并与 CIA 联合成立一个绝密的抓“鼹鼠”特别行动组。他们的目的是要搞清楚是谁将那一项耗资数亿美元的窃听工程秘密出卖给俄国人的，并将工作重点放在有可能了解此事内情的俄罗斯情报人员当中,以便找出埋藏得更深的“鼹鼠”。

FBI 随即秘密找到了几个最出色的外国情报官和反间谍情报分析专家，其中就包括汉森的一些同事，组成了一个专案小组专门来“挖鼹鼠”。中央情报局则想方设法让其在俄罗斯境内的潜伏间谍搞到相应的证据。

1999 年，当中情局的间谍把从俄罗斯内部找到的一批秘密文件弄到美国时，调查终于取得了比较大的进展。这时候，汉森已经成为了 FBI 严重最大的嫌疑人，因为所有的秘密文件都能追溯到汉森那里。

然而，汉森不愧为 FBI 训练出来的优秀特工，他的反侦查能力让 FBI 的同事们几乎也无计可施，所以美国 FBI 和中情局竟然在半年多的时间里没有抓住汉森的任何把柄。直到美国国务院窃听器案件曝光后，汉森与俄罗斯间谍的联系方式才终于被 FBI 的侦查人员发现了。

很明显，汉森是个不折不扣的大间谍。联邦调查局立即决定对其实施抓捕。

2001 年 2 月 18 日，一个星期天的下午，几十名美国联邦调查局的特工扮成游人，分散在华盛顿市郊的法克斯通公园的各个角落。他们一边在烤炉上烤着牛排，一边密切注视着一座木桥上的动静，并把这一切用摄像机录下。这时，一个身着黑色上衣的男子走过木桥，他停下脚步，弯腰系鞋带儿。

“游人们”装作若无其事的样子，漫不经心地走到这一男子面前，突然，猛扑上去，将这一男子按倒在地。这一男子惊慌失措地说了一句：“同行们，你们好！”

FBI 特工后来在汉森当时携带的小包里找到了许多机密文件。当汉森打算走出公园的时候，早就埋伏在此的特工跳出来把汉森按住了。特工们随后在公园的另一处秘密地点发现了 50000 美元的现金，显然这是汉森出卖情报的报酬。

2 月 20 日，美联邦调查局局长弗利宣布，联邦调查局 2 月 18 日逮捕了俄罗斯间谍、该局资深特工罗伯特·汉森。

老特工见利忘义

事到如今,汉森是间谍已经是铁板钉钉的事情了。但是,作为一个 FBI 的资深情报人员,是如何成为苏联间谍的?在这之前这始终是一个谜团,但随着汉森的被捕,所有的真相都大白于天下。

1985 年 10 月 1 日,汉森主动把一封信放进苏联驻美大使馆情报人员的住宅前的信箱里。在这封信里,汉森答应给苏联人提供原版的情报资料,同时要求对方付给自己 10 万美元报酬。

很快,这个消息就传到了苏联情报组织克格勃的耳朵里。克格勃即苏联国家安全委员会,是 1954 年 3 月 13 日至 1991 年 11 月 6 日期间苏联的情报机构。前身为捷尔任斯基创立的"契卡(Cheka)"。克格勃是苏联的反间谍机构,以实力和高明而著称于世。对于一个日夜都想获取的美国情报的间谍组织而言,这样的要求他们肯定不会拒绝。所以克格勃很快就答应了汉森的条件。

从那以后,汉森就成为了苏联克格勃的一名间谍。

汉森虽然做了苏联的间谍,但是就连苏联人也不知道这个给自己提供情报的人是谁,只知道他的代号是"8"或"贝克"。

汉森有自己一套特别的工作方式。他的联络方法非常与众不同。他要求苏联情报人员在需要情报时,在《华盛顿时报》刊登一则修车广告,内容为"道奇汽车 1971 年出厂,外交家系列,现需作维修引擎。有兴趣者请于下周一、三或五下午电话联系。"在联络的时候,苏联情报人员还须会说暗语,汉森会在电话中说:"我是拉蒙,修车人。"而苏联方面则要说:"对不起,那车的车主不在,请你留下电话号码。"汉森自己编了一套密码系统也非常不同一般:他在通信中,把所有年、月、日及时间的数字再加上个六。比方说,2 月 10

日会写成8月16日，而傍晚6时便会变成凌晨零时。

双方为交换情报资料和金钱等事先安排好的秘密传递地点，通常都是在华盛顿的郊区的森林里。汉森规定了看似普通的办法："我给你的暗号是在路标的侧面直贴白色胶带，表示我已经准备好可以取的包裹。""你给我的暗号是：横贴白色胶带，表示东西已经放了。""我再给你的暗号是：直贴白色胶带，表示东西已经收到了。"汉森始终相信，方法越是简单就越保险。而且汉森磁盘的加密方式还有很多，最少有40种。

在接到汉森的情报之后，苏联的情报组织克格勃也非常高兴，指示克格勃驻美国分部要最大化的满足汉森的一切要求，并且全力配合汉森的间谍行动。克格勃还给汉森起了个代号——"拉蒙"。

20世纪90年代初期，由于前苏联突然之间烟消云散，克格勃也马上解体，俄罗斯对外情报步入了混乱时期。汉森在这个时候也失去了与俄罗斯情报组织的联系，但是这也给汉森带来了意想不到的好处，他成功地避过了FBI这段时期的追查。

由于汉森在FBI里实在是太让人相信了，所以他能够在FBI潜藏20年而不被发现。1995年，汉森被派遣到美国国务院外交使团办公室任职，这时他更是能够接触到许多机密的情报。于是，当俄罗斯对外情报局重新开展与汉森的情报工作时，汉森毫不犹豫地重新上阵，直到被捕当天，汉森都还在为俄罗斯从事间谍活动。

汉森去给俄罗斯当间谍的动机主要还是由于金钱的驱使，他从苏联克格勃和俄罗斯对外情报局那里总共获得了超过140万美元的报酬，其中有60万美元的现金。对于自己当间谍所要面临的巨大的风险，汉森自己也非常明白，他在一封写给克格勃间谍官的信中就曾经明确地表示："美国法律对我这种行为处罚的严厉程度是不言而喻的，所以我所做的一切只是为了获得更多的金钱。"

除了金钱之外，汉森的背叛其实还有另一种心理原因。据FBI搜获的信件资料现实,汉森对间谍工作中表现出来的“神机妙算”非常向往,他的偶像是一位著名的双重间谍——英俄双重间谍菲尔比。他在信中说:“我 14 岁那年看过菲尔比的自传之后,就立志要走他这条路。”

卖情报触目惊心

在汉森为期 15 年的间谍生涯中,由于他先后出任多个直接关系到美国国家安全的职位,所以他能够大摇大摆地接触到许多与苏联和俄罗斯有关的绝密情报,甚至是美国政府内部最敏感、最机密的情报他也能接触得到,这为他获取大批绝密情报提供了非常有利的条件,所以汉森向苏联克格勃和俄罗斯对外情报局出卖的情报不管是数量还是质量,都可以让美国为之付出惨痛的代价。

大概来说,汉森提供给克格勃和俄罗斯对外情报局的情报涵盖了:潜伏前苏联和俄罗斯国家内部,尤其是克格勃内部的美国间谍名单,美国最为先进的反间谍技术、资源和手段,美国对俄罗斯间谍案调查的绝密情报等。最让美国政府和 FBI 震惊的是汉森提供了潜伏在克格勃内部的美国间谍的身份。当年,美国情报部门费尽心机才把苏联驻华盛顿大使馆内的两名克格勃高级官员拉来给自己当间谍,为自己充当间谍。这两个高级官员也为美国提供了大量的情报,美国一时间在间谍战中占尽了上风!就在美国扬扬得意的时候,这两名克格勃高级官员却意外地被紧急召回了莫斯科,而且这一去就从来没有回到过美国。美国间谍机构后来才获知,这两个家伙刚到莫斯科机场就直接被带进了克格勃的审讯室,在宣布了他们的间谍罪名之后马上被枪决了。

在那以后,美国政府几十年来都在疑惑:到底是谁把这两名克格勃官员的身份告诉给了苏联情报组织,随着汉森的被捕,他们才知道这一切都是汉森做的。

在检察部门长达 113 页的起诉书里,汉森被控窃取国家 6000 多页文件和 26 个载有敏感情报资料的磁盘，并且 20 多次给苏联和俄罗斯提供了绝密的情报,共从他们那里获取了 140 万美元的现金和一些钻石。汉森已也招供出了 10 多年来与自己一起为苏联提供情报的美国政府人员。这些人后来都被迅速抓获了,而且其中 2 人还被美国政府处以极刑。

对于汉森提供给俄罗斯这些情报对美国造成了严重的影响，美国 FBI 认为汉森间谍活动是美国有史以来最恶劣的叛国行为,对美国国家利益造成了极其严重的危害。

间谍案影响深远

汉森间谍案的曝光和这个案件造成的危害在美国大众和国际社会上都引起了轩然大波。

美国总统布什是在飞往圣路易斯途中的“空军一号”专机上获得了“鼹鼠”被捕的消息,当时 FBI 很激动地对总统说:“总统消息,报告给您一个好消息,那个最让我们头疼的间谍落网了。”当时布什非常高兴,他说:“对于热爱美国的人来说,今天是非常重要的一天。我要警告那些背叛了自己祖国的人,他们迟早都难逃法网,对于这样的人,我们绝不姑息!”

FBI 局长弗里奇也说:“汉森间谍案再度说明,美国政府公务员背叛自己国家的风险在任何条件下都不容忽视，所以 FBI 将不得不采取更严格的措施来防止间谍事件的再度发生。”

汉森间谍案的曝光一定会让俄罗斯与西方，特别是俄罗斯与美国的关系因此更加紧张。美国政府固执地认为,冷战结束后,俄罗斯与西方的间谍大战一直都在继续,而且还有越来越激烈的趋势。就在汉森落网的同一天,瑞典警方也宣布逮捕一名向俄罗斯出卖情报的高级间谍,这就是例证;而美国为了保持其在军事、政治和经济上的绝对优势,其间谍活动同样只会加强不会削弱。而日益激烈的俄美间谍活动肯定会进一步加剧两国之间的摩擦。

陆军上校？间谍

乔治·特洛菲莫夫，美国陆军退役后备役上校。

特洛菲莫夫出生于德国的一个苏联移民家庭。1951年，他成为美国公民，1953年他参加了美国陆军，3年后退役。1959年，他成为美国陆军后备役情报中心的文职人员。后派往德国纽伦堡的美国陆军情报审讯中心，1969年至1994年任该中心的主任。当时该审讯中心在冷战期间专门从东欧各国的叛逃者和难民中收集有关苏联和原华约成员国的情报以及这些国家对美国情报了解的程度。1994年，特洛菲莫夫正式退役，军衔是上校。他回到了佛罗里达州的帕塔，过着平静的晚年生活。

据悉，特洛菲莫夫一生结过5次婚，退休后他一年可领取71000美元的退休金。在冗长的间谍生涯中，他对几位妻子从未提及他为苏联充当间谍的事。退休后，为了充实生活，他平时还干了一份零活，在当地的一个食品店里帮顾客打打包。

FBI诱捕间谍

1992年，一名前克格勃米特罗金携带大量的情报资料叛逃英国。米特罗金所携带的几大箱情报资料中，有不少是来自一个化名“马基兹”、“康索尔”

或者“安蒂”的人之手。英国人马上对这个人展开了调查，最后发现，这个有众多化名的人实际上是一名东正教教父，他叫做伊格尔·苏斯米赫尔，真实身份是一名克格勃间谍。

在调查伊格尔的时候，英国人又发现了另一条重要的线索，那就是这位伊格尔和美国情报部门的高官特洛菲莫夫有着千丝万缕的联系。他们两人曾是孩提时代的同学，是极好的朋友。于是，英国情报部门通知了联邦调查局。

联邦调查局在得知此事后，立刻展开了调查。但是始终没有任何证据证明特洛菲莫夫曾经将情报泄露给外国人。无奈之下，联邦调查局只好找来特洛菲莫夫本人，对他进行询问。特洛菲莫夫一口否认了联邦调查局的猜想，并对审查他的 FBI 特工说：“你们没有任何证据，就血口喷人，这不是我们情报人员该有的作为！”最终联邦调查局只好把他释放了。

估计当时特洛菲莫夫心中会想：联邦调查局，不过如此。

如果他真的小看了联邦调查局的话，那么这将会成为他一生中最大的错误。

在释放了特洛菲莫夫之后，美联邦调查局并没有放松对他的监视。

要说这个特洛菲莫夫也是个老牌的情报人员，他的侦查与反侦查经验着实丰富。联邦调查局在暗地里监视了他几个月之后，一无所获。但是 FBI 依旧不肯放弃，他们决定采取最后一种手段来验证一下这个特洛菲莫夫的“成色”。

首先，联邦调查局的一名特工乔装成俄罗斯对外情报局的一名间谍负责人，用过去的暗号与特洛菲莫夫上校接上了头。

这位伪装的俄罗斯间谍对特洛菲莫夫说：“俄罗斯对外情报局现在决定对过去曾为克格勃情报事业作出杰出贡献的人员进行补偿并奖励，要归还这些人过去拖欠的一部分资金，还会增发一定量的奖金。”

虽然金钱的诱惑难以抵挡，但是疑心颇重的特洛菲莫夫还是有点不放心，他反反复复地提问一些问题，试图能够找出对方的破绽。在一番较量之后，这位特工终于蒙蔽了特洛菲莫夫，让他相信了自己的话。

满心欢喜的特洛菲莫夫听信了这位特工的，来到了两个人约定好的街头地点。见到假扮俄罗斯间谍的特工之后，他虔诚地将手放到自己的胸前，小声说："我不是美国人。"

接着，为了夸大自己的功劳，他还将自己当初曾如何为苏联效力的"光辉往事"大大地吹嘘了一番。特洛菲莫夫不知道，这时在暗处有一个摄像机，正在悄悄地拍摄着他的一举一动。正当特洛菲莫夫准备收钱的时候，早就埋伏在两旁的特工将他一举擒获。铁证如山，联邦调查局遂以间谍罪将其逮捕。

当特洛菲莫夫被捕的消息传出后，周围的人除了大为惊愕外，熟悉他的根本不相信特洛菲莫夫是个前苏联间谍，他们都认为一定是联邦调查局搞错了。一位曾是特洛菲莫夫在德国服役时的同事沃尔特·巴格尔说："特洛菲莫夫当年在陆军对苏联政权简直恨透了，他的祖辈曾遭到过布尔什维克的清洗，所以才流亡逃到德国的。他与苏联有着深仇大恨。因此，他决不会向前苏联出卖情报。"

克格勃看上了特洛菲莫夫

作为一个美国情报部门的高级官员，特洛菲莫夫是如何当上克格勃间谍的呢?这也许是人们最想知道的事情。最新解密的联邦调查局档案揭示了这个秘密。

1969年，特洛菲莫夫被调任驻德国纽伦堡联合审讯中心。这时候他便被克格勃看中了。克格勃之所以认定他可以被拉拢过来的，基于三个理由。

第一个理由是特洛菲莫夫是俄裔人，父母是俄罗斯移民，所以他的内心里可能对苏联并不反感，甚至会有一些亲近之意。而且他少年时代成长在德国，所以有不少的俄裔德国好友。

第二个理由是特洛菲莫夫自己的家庭条件非常一般，而他本人又对金钱看得非常重，所以比较容易用金钱收买。

第三个理由是特洛菲莫夫有权接触大量的绝密情报，所以肯定能为克格勃弄到“会对苏联造成潜在威胁的情报”。

出于这三个理由，克格勃相信特洛菲莫夫是可以为己所用的。于是派出了克格勃间谍，同时也是特洛菲莫夫的好友——伊格尔去当说客。

特洛菲莫夫在见到伊格尔之后，对这位重逢的“好友”没有任何的防备之心。在聊天中，特洛菲莫夫还说自己手头很紧，而且美军给的薪金太低，根本就满足不了自己的需要。甚至还说：“我自己其实特别希望能够重回俄罗斯，毕竟我的祖先是在那里生活的。”

听了这话，伊格尔心中暗暗高兴：如此看来，招他为克格勃卖命肯定有门!伊格尔把他与特洛菲莫夫初次会面的情况迅速向克格勃驻柏林站负责人进行了汇报，克格勃总部不久就拍板：此人可用!第二次见面时，伊格尔单刀直入地希望特洛菲莫夫提供部分资料，并表示可给予重金。

面对金钱的诱惑，特洛菲莫夫没有马上答应，但也没有表示反对。等到第三次见面的时候，特洛菲莫夫直接把一些文件摆在了伊格尔的面前，张嘴便问：“这值多少钱?”

从此之后，特洛菲莫夫就算是上了克格勃的“贼船”，成为一名隐藏甚深的间谍。在长达 25 年的时间里，特洛菲莫夫先后 32 次将美国的重要情报卖给克格勃。有的时候他把绝密情报悄悄地带出联合审讯中心，与克格勃间谍秘密接头后，让其拍照，然后把原件带回中心；有的时候他亲自动手，把绝密情报用间谍相机翻拍下来，然后到德国某地或者奥地利把胶卷交给伊格尔或者其他克格勃间谍。特洛菲莫夫的间谍当的是风生水起。他的“出色的表现”获得了克格勃的赏识，还颁给了他一枚红旗勋章!

红旗勋章是苏俄的第一个勋章，是根据全俄中央执行委员会 1918 年 9 月 16 日发布命令设立的，授予直接参加战斗而表现特别勇敢和英勇的俄罗斯联邦的公民。能得到这种特别荣誉的人着实不多，就连克格勃的高级军官一生中能获得此种殊荣的也是凤毛麟角。

特洛菲莫夫在获得了俄罗斯的最高荣誉后不久，就被抓获，这一次，他面临的是美国的最高审判。

审判特洛菲莫夫

最终，这名被美国助理检察官称为“完美无缺”的前苏联间谍终于站到了美国佛罗里达州法庭的陪审团面前，接受向苏联出卖情报的犯罪调查。检控书指出，在 1964 年至 1994 年长达 25 年的时间里，特洛菲莫夫利用其驻德国纽伦堡美军陆军审讯中心的负责人之便，向苏联和以后的俄罗斯出卖了几千页涉及美国中情局对苏情报搜集详细内容、中情局对苏军事战略以及对苏军事打击目标等重要军事情报。而特洛菲莫夫则因此得到了 30 万美元的回报。

然而，要判特洛菲莫夫犯有间谍罪也并非是容易的。庭审时，检察官向由 6 名男性和 6 名女性组成的陪审团成员出示那盘 1999 年他与那名假扮的俄罗斯特工接头的录像带时，特洛菲莫夫立即进行了反驳，他说，他当时完全是开开玩笑的，“就像有人问你愿不愿意出售布鲁克林大桥似的。”他说，“如果你说可以，那是否意味着桥就被卖掉了呢?”

检察官还指责特洛菲莫夫曾在任职期间，将美国向苏联发动战争的计划、美国军备需求的高度机密以及美国情报机构侦察目标的相关文件，出卖给了苏联及其他华约国家。检察官指出，可以畅通无阻地接触重要情报使得特洛菲莫夫成为“精美绝伦”的超级间谍。但特洛菲莫夫拒绝了上述指控。

对此，法庭还传讯了一名前几年叛逃到美国的前克格勃间谍奥莱格·卡卢金。卡卢金当庭就作证说，他曾与特洛菲莫夫在德国和奥地利讨论过他如何为克格勃工作的事情。另一名联邦调查局特工装扮成的俄罗斯外交官，让他辨认几个苏联间谍的照片，结果特洛菲莫夫都能叫得出这些间谍的名字。

他后来对陪审员说,这纯属巧合。特洛菲莫夫坚持说,他不是间谍,而只为了钱装成间谍。12 名陪审员在观看了有关特洛菲莫夫从事间谍行动的录像带后都认为他有罪。

陪审团的退席秘密审议只进行了 2 个小时,12 名陪审员就认为特洛菲莫夫犯有间谍罪。当地区法官苏姗·巴克卢宣读陪审团对特洛菲莫夫的裁决时,他笔直地站着,面无表情。而他的妻子失声痛哭。

负责此案的佛罗里达中部地区大法官布切透露,在长达 25 年的间谍生涯中,特洛菲莫夫无所不卖。他出卖的情报包括:情报搜集目标,也就是美国当前最想搞到的外国情报目标;制订战略计划的情报优先顺序,也就是美军当前需要什么样的情报以及需要这些情报的轻重缓急; 苏军和华沙集团的军队作战指令;苏联、华沙成员国和其他国家生化战汇报资料和情报;情报信息报告等等。

这名美军上校为克格勃充当间谍的行为严重损害了美国的国家利益,对美国军方的情报能力造成了致命的打击,也使美国陆军的形象蒙受羞辱。

追捕“衣料商”

1942年初春的一天，一名意大利“衣料商”新办的一家中型商场在纽约开业了。

这个商场的生意非常不错，吸引了大批的客户前来购物。此后，这家商场生意兴隆，财源茂盛，一派蒸蒸日上的景象。

这个小小的商场，却引来了联邦调查局的注意。自这家商场一开张，联邦调查局就开始对这家商场进行调查了，还专门派出了3名富有经验的特工人员，来调查这家商场老板的真实身份。

没过多久，联邦调查局就发现，这名所谓商人先后从纽约的多家银行提出了总计400万美元的巨款。当时的400万美元，购买力不亚于今天的一个亿。这人虽然开了个商场，但是也用不了这么大的投资啊！为了查清这批远远超出商场正常业务需要的款项的去向，胡佛命令联邦调查局加强了对这家商场的监控。

很快，联邦调查局的特工们就查出了这个意大利“衣料商人”的底细，原来他是一名德国的间谍！此刻，他正在利用意大利驻美大使馆的有利条件，计划分两个方向将这批巨款以小额钞票运往南美。

据联邦调查局可靠情报得知，意大利将派出3个“使徒”使用具有特殊作用的外交信袋运送这批巨额现款。其中一名意大利外交秘书将携带200万美元去墨西哥城；两名领事将分别携带其余款项前往新奥尔良。

跑到自家的门口来搞间谍活动，这还了得！胡佛听了这个消息后非常生气,决定要立刻将这个伪装成衣料商的德国间谍抓捕归案。为了人赃俱获,决定兵分两路:第一步,派人将这名德国间谍严密监控起来,以防此人逃走。第二步,胡佛派他手下最得力的帕特里克·格雷负责带领一部分精干的特工人员,分两个方向跟踪意大利大使馆的人员。

这 3 个意大利外交官一路被联邦调查局的特工跟踪而毫不知情,等他们到了墨西哥之后,便被胡佛手下的特工人员扣留了。联邦调查局的特工毫不留情地将他们所带款项全部予以没收,并存入到一个不能提款的账户。

紧接着,联邦调查局又以此为契机,联合墨西哥警方将多名在墨西哥潜伏、随时准备偷渡到美国的德国间谍全部抓获了。至此,墨西哥间谍网络被联邦调查局一举剿灭。

首战告捷,但是 FBI 的工作还没有完全做完,因为他们还要将那位“衣料商”抓获呢!胡佛令格雷及手下人员再接再厉,他对格雷说:“告诉手下的伙计们,好好干。等你们得胜归来时,我给你们接风。我等着你们的好消息。”

远在纽约的“衣料商”自携带巨款的 3 人出发后,一直等待着他们“平安到达”的回音。可是预定的时间过了两个多小时,也没有收到期待的信号。于是,他预感情况不妙,便赶紧打点行装准备逃身。

可为时晚矣!他刚一出门,就被数名早已严阵以待的联邦调查局特工逮住,并被五花大绑,押回联邦调查局总部。

胡佛局长收到这份“礼物”后非常开心,次日便将这名负有特殊使命的“衣料商”送上了绞刑架。

1944 年 10 月 7 日,埃德加·胡佛在哥伦比亚广播公司发表讲话:“今天,我高兴地告诉大家,隐藏在西半球的轴心国特务已被我们发现并全部摧毁了,曾被大肆吹嘘的第五纵队被连根拔掉了。迄今为止,敌人未能在我国成功地进行过一次破坏活动。间谍活动也受到了控制。”

胡佛的自我吹捧显然是言过其实。

但是,第二次世界大战时期 FBI 的反间谍成就确实是功不可没。

埃德加·胡佛因此而赢得了“反间谍大师”的美誉。

第六章

明星们的“强势”粉丝

——FBI眼中的明星

明星与FBI，在普通人眼里，这两种人风马牛不相及，但是FBI的特工们可不这么想，在他们眼里，明星也可能成为自己要调查的对象。事实上，不管是电影明星、歌手还是科学明星，都有许多人曾经被FBI调查过。由此可见，在FBI的眼里，所有人都有可能是破坏国家安全的潜在威胁，他们不曾对任何人掉以轻心。

被调查的电影大师卓别林

卓别林幼年丧父，曾在游艺场和巡回剧团卖艺或打杂。1913 年，随卡尔诺哑剧团去美国演出，被美国导演 M.塞纳特看中，从此开始了他的电影生涯。1914 年 2 月 28 日，头戴圆顶礼帽、手持竹手杖、足蹬大皮靴、走路像鸭子的流浪汉夏尔洛的形象首次出现在影片《阵雨之间》中。这一形象成为卓别林喜剧片的标志，风靡欧美 20 余年。他奠定了现代喜剧电影的基础，卓别林戴着圆顶硬礼帽和礼服的模样几乎成了喜剧电影的重要代表，往后不少演员都以他的方式表演。

对演员也不放心的 FBI

1914 年，卓别林主演了第一部喜剧片《谋生》，并在 1923 年创建了自己的电影公司，成为好莱坞第一位独立制片的艺术家，也开启了一种新的电影模式。他是一个优秀的导演也是一个世界电影史上举足轻重的著名演员，他一生拍出了如《淘金记》《城市之光》《摩登时代》《大独裁者》等许多令所有人赞叹的伟大作品。在银幕上，他以层出不穷的噱头、滑稽的表演以及独创的头戴破礼帽、脚蹬大皮鞋、手持细手杖、迈着企鹅步的流浪汉夏尔洛的形象，给几代观众带来了欢笑。

20世纪初，美国国内经济低迷，物价暴涨，失业率直线攀升，工人工资却在直线下降，工人罢工运动此起彼伏。就在这个时候，在好莱坞崭露头角的卓别林，通过塑造各种流浪汉形象，成功演绎了贫苦人民的悲惨生活，赢得了所有人的认同。仅1年多时间卓别林便成为国际明星。

卓别林之所以能够受到广大观众的欢迎，很大程度上是因为他的电影具有现实的批判意义。例如在《摩登时代》里，贪得无厌的资本家为了追求利润，不顾工人死活，无限增加工人的劳动强度，甚至异想天开地发明吃饭机，连工人短短的午饭时间也不放过。由于夏尔洛整天在传送带旁操作，机械地重复拧螺丝的单调工作，因而精神失常，被送进医院，然而等病治好了，他却失业了。

还有更具批判精神的如《凡尔杜先生》，主要描写银行小职员凡尔杜忠心耿耿地干了20年，受尽剥削，在一次经济危机中被踢出银行，为了养家糊口，被迫走上了犯罪道路。凡尔杜因杀人而被捕，判处死刑。他说：“杀了一个人就说这人是罪犯，杀了几百万人却说他是英雄。在这个世界上，只要有权势就能获得成功……”

正是因为这部非常具有现实意义的电影，美国政府掀起对卓别林的迫害。《凡尔杜先生》在美国许多大城市被禁映。1947年12月，卓别林在巴黎报纸上发表了一篇题为《我向好莱坞宣战》的文章，向全世界控诉他所遭遇的迫害。从这时起，卓别林就成为了联邦调查局监视的对象。

1922年，FBI派了一名FBI特工人员混进卓别林的电影厂。没过多久，这个卧底便有了“收获”，他向自己的上司报告说：卓别林的电影厂里都是“高谈阔论的布尔什维克”，还有大量“电影界激进分子”，并且说卓别林每天想做的事情都是“如何团结工人阶级搞暴动”。

当时担任FBI局长的是伯恩斯，在收到这份报告之后，他马上让自己的手下收集整理有关电影界思潮的档案，并且列举了一些电影圈内的激进活动，特别对那些“利用电影作反政府主义宣传”的案例，伯恩斯更是收集了不少，他宣扬“电影宣传极端思想”会对民众构成思想“绑架”，并且对影视界的“积极分子”予以密切监视，卓别林无疑是其中最重要的一个目标。

FBI特工在听了局长的话之后非常受鼓舞，他们不知从什么地方搞了一份报告，上面记录的正是卓别林以不记名的方式，给美国激进的社会组织捐款1000美元的事情。FBI认为这么一个重要的证据，接下来他们花了几年的时间来证实这个证据的可信度，但始终没有结果。

卓别林是间谍吗

伯恩斯下台之后，胡佛当上了FBI局长。虽然国内各种恶性犯罪层出不穷，让胡佛疲于应付，但是他对于卓别林的监视从未有一刻的放松。

1941年6月23日的清晨，当时天才蒙蒙亮，街头便传来报贩子的吆喝声：“看报!看报!《泰晤士报》有惊人消息，著名影星卓别林的男仆布莱克给日本人当间谍!布莱克是日本间谍!”

布莱克是日本间谍的新闻马上吸引了民众对于“明星秘闻”的好奇心，这一期的报纸卖得也特别快。在奔驰的地铁里、急驰的公交车和甲壳虫似的的士里，几乎每个人手里都捏着一张当天的《泰晤士报》。

这个布莱克在20年前曾经当过卓别林仆人，并且在一些电影里客串过一些配角。后来他自己攒了一些钱开了一家小店。

FBI在监视卓别林的同时也在关注着卓别林身边人的一举一动，自然也包括布莱克。当时，联邦调查局的人就发现布莱克和日本的一个特务组织“立花致”有关联。所以便将他牢牢地监视了起来。

事实上也没错，这个布莱克确实是和日本的“立花致”有非常私密的联系。但他的身份却不是间谍，而是中央情报局在日本人那里设下的一个卧底。

在一次布莱克和日本情报部门秘密接头的时候，跟踪多时的美国联邦调查局的特工竟然不向海军情报署通报，就将他们一起逮捕了。

很快，布莱克是日本间谍并且被抓获的消息就被登上了《泰晤士报》。看到这份报纸之后，中情局的情报处长怒不可遏地把手中的《泰晤士报》一掌拍在那宽大的办公桌上。“一群猪猡！”情报处长狠狠地骂着联邦调查局。他恨他们稀里糊涂地逮捕了“内线”布莱克，把自己的所有计划都破坏了。

利用情妇诋毁卓别林

1942年12月，随着日本偷袭珍珠港，美国参战，卓别林出于反法西斯和爱国热情，积极参加了许多爱国活动。

但是这个时候的联邦调查局，丝毫没有被卓别林的爱国精神所打动，依旧在暗地里对卓别林进行详细调查，建立档案。

卓别林在FBI的档案多达1900多页，包括一些开明杂志对他的一句赞扬，某个进步组织说要请他去演讲等等，都被无一例外地记录下来。

1943年，卓别林与自己公司的女演员斯柏莉萌生了爱情。但是斯柏莉确实个不折不扣的爱情骗子，她在借助卓别林的帮助在好莱坞获得了一点成功之后，马上恢复了自己的本来面目，变得放浪形骸，并且还酗酒借债。

万般无奈之下，卓别林只好将这个不成器的女人赶出了自己的公司，并送回纽约。但是这种女人一旦沾上了哪里还能甩得开?她利用和卓别林的旧情纠缠不休，向卓别林索要数额巨大的生活费，卓别林无奈之下只好报了警，把她送出城去。1943年5月，她在怀孕之后忽然又回来了，并且说卓别林是肚中孩子的父亲，将卓别林告上法庭。

胡佛这下找到了机会。

在FBI的资助下，斯柏莉几乎走遍了整个美国，在全国各地大肆的宣扬卓别林的反动事实。

在这个时候，FBI特工们也都忙着收集和调查卓别林的收支情况、生活作风问题。虽然后来通过亲子鉴定否定了斯柏莉的控告，但是联邦调查局依旧没有放弃对卓别林的调查。“有心”的联邦调查局探员甚至找来了一张25年前的苏联报纸来证明卓别林是有罪的，只因为报纸上写着“卓别林是共产党员和全人类的友人”。

最后，这张报纸成为了卓别林叛国的重要证据，被永久放到了FBI给卓别林设立的特殊档案中。但是，尽管FBI用上了窃听器和告密者等一切调查手段，还是没有发现足够能证明卓别林有罪的直接证据。

到最后，联邦调查局居然说卓别林“道德上的堕落对国家安全形成了威胁”，并且鼓动司法部在1952年将卓别林驱逐出美国。之后，卓别林在万不得已的情况下最终移居到了瑞士。

即便是身在外国，卓别林的名字仍然被FBI记录在档案中。

一直到20年之后，当卓别林被邀请到美国洛杉矶去参加奥斯卡颁奖典礼时，FBI还反对为他发出签证。但是这一次他们的计划落空了。

卓别林离开美国之后，联邦调查局又开始着手调查著名科学家、两次诺贝尔奖金获得者阿尔伯特·爱因斯坦了，寻找将爱因斯坦驱逐出美国的罪证。联邦调查局维护国家安全的眼睛，似乎有些不规矩了。

爱因斯坦的秘密档案

爱因斯坦全名为阿尔伯特·爱因斯坦。世界十大杰出物理学家，现代物理学的开创者、集大成者和奠基人，同时也是一位著名的思想家和哲学家。爱因斯坦1900年毕业于苏黎世联邦理工学院，入瑞士国籍。

1905年获苏黎世大学哲学博士学位。曾在伯尔尼专利局任职，在苏黎世工业大学、布拉格德意志大学担任教授。1913年返德国，任柏林威廉皇帝物理研究所所长兼柏林大学教授，并当选为普鲁士科学院院士。1933年因受纳粹政权迫害，迁居美国，任普林斯顿高级研究所教授，从事理论物理研究，1940年入美国国籍。

有一句熟悉的格言是：“任何事都是相对的。”但爱因斯坦的理论不是这一哲学式陈词滥调的重复，而是一种精确的用数学表述的方法。此方法中，科学的度量是相对的。显而易见，对于时间和空间的主观感受依赖于观测者本身。

在爱因斯坦小的时候，有一天德皇军队通过慕尼黑的市街，好奇的人们都涌向窗前喝彩助兴，小孩子们则向往士兵发亮的头盔和整齐的脚步，但爱因斯坦却恐惧地躲了起来，他既瞧不起又害怕这些“打仗的妖怪”，并要求他的母亲把他带到自己永远也不会变成这种妖怪的国土去。中学时爱因斯坦放弃了德国国籍，可他并不申请加入意大利国籍，他要做一个不要依附任何国家的世界公民……

第一次世界大战过后，爱因斯坦试图在现实的基础上建立他的世界和平的梦想，并且在敌国里作了一连串和平演说。他的思想和行动，使他险遭杀身之祸：一个抱有帝国主义野心的俄国贵族女刺客把枪口偷偷对准了他；德国右翼刺客们的黑名单上也出现了阿尔伯特·爱因斯坦的名字；希特勒悬赏两万马克要他的人头。为了使自己与这个世界保持“和谐”，爱因斯坦不得不从意大利迁到荷兰，又从荷兰迁居美国，而且加入了美国国籍。他认为，在美国这个国度里，可以给他最大的自由。

在看待美国这个问题上，爱因斯坦未免显得有些太多天真了。因为他到了美国后不久，就遭到了联邦调查局的监视。

爱因斯坦遭监视

联邦调查局监视爱因斯坦早在第一次世界大战结束之后就开始了。由于爱因斯坦在政治上与美国政府有一定分歧，并且还支持民权运动、反战团体和一些进步组织的政治主张，FBI 特工们感到非常地不安，他们害怕这样的知名人物如果站出来批评美国的国策，会在社会上造成负面影响。FBI 为了找到足以把爱因斯坦驱逐出境的证据，建立了关于爱因斯坦详细的个人文件。这份文件长达 1424 页，上面记录着 FBI 对爱因斯坦所作调查的多项内容。这份名叫“爱因斯坦文件”的档案中写道：爱因斯坦与很多进步团体有密切的联系。

联邦调查局的这份档案倒也不是空穴来风。早在爱因斯坦还在德国的时候，就和一些进步组织关系密切。第一次世界大战爆发之后的 1914 年 9 月，爱因斯坦就曾经参与发起反战团体“新祖国同盟”，在这个组织当时被纳粹宣布为非法、成员大批遭受逮捕和迫害而转入地下的情况下，爱因斯坦仍坚决参加这个组织的秘密活动。

由此可见，爱因斯坦是一位非常有社会责任感的科学家。到了美国之后，爱因斯坦依旧保持着自己的一贯作风，一直与某些担任进步团体组织的成员、发起人有密切的来往。爱因斯坦的种种行为让联邦调查局十分不满，但是由于他是世界知名的大师级科学家，所以联邦调查局也不敢轻举妄动。

也许联邦调查局十分后悔当初给了爱因斯坦来到美国的机会。1932年，纳粹对犹太人的迫害行为逐渐加剧，就连爱因斯坦这样的科学家也成了他们的目标。此时的爱因斯坦决定到美国避难。当时美国国内一个叫“妇女爱国者”的公益性组织写了一封长达16页的信给国务院反映爱因斯坦的情况，信里说：“即使斯大林本人参加过的无政府组织也没有爱因斯坦多，所以应该禁止爱因斯坦进入美国。”

最后美国政府出于种种原因还是接受了爱因斯坦的移民申请，不过就是从这时开始，FBI就在时时刻刻对他进行监视，他们甚至和移民局一起调查爱因斯坦。更为离谱的是，直到这个时候，联邦调查局还想把爱因斯坦驱逐出境。但是最后没能如愿。

到最后，联邦调查局把监视的范围甚至扩大到了“一切与爱因斯坦密切相关的人群”。尤其是对爱因斯坦的秘书海伦·杜卡斯更是一刻不停的监视着。

海伦·杜卡斯从1928年开始，就一直在担任爱因斯坦的秘书，他们之间的关系非常好，海伦就和爱因斯坦一家一起住在普林斯顿的居所里。在爱因斯坦的妻子埃尔莎去世后，杜卡斯成为了爱因斯坦的秘书兼保姆，在这段时间里，爱因斯坦除了科学研究之外的大部分事情都交给海伦去处理，这样他就有更多时间投入到科学研究当中。

到了最后，联邦调查局开始担心海伦从爱因斯坦那里获取了“有关原子弹的相关情报”，他们常常会非常神经质地认为海伦在从事“非常可疑的活动”。他们就像调查罪犯一样对海伦展开了秘密调查。但是最后联邦调查局的所有调查都无功而返了。

联邦调查局在一番徒劳之后仍然不愿意放弃对海伦的监视，负责监视爱因斯坦的联邦调查局特工要求上层批准他们监听杜卡斯的电话。当时联邦调查局的高层在反复思量之后拒绝了这个要求，他们担心被人指责“侵犯公众隐私”。

其实在事实上，联邦调查局从来没有重视过“公众隐私”，爱因斯坦家的电话和送到他家的邮件从来都是在他们的严密监控之下，由于给爱因斯坦打电话或写信的人多数是一些科学界的人物，聊的是一些科学方面的事情，所以 FBI 一直也没有抓住爱因斯坦的把柄。

爱因斯坦的情人是间谍

联邦调查局如此兢兢业业地调查爱因斯坦也不是完全一无所获，他们最后证实：爱因斯坦当初的情人玛格丽特·科奈恩科娃是苏联的间谍。这个玛格丽特是个非常有神秘感的俄罗斯女人。她和爱因斯坦相识于 20 世纪 30 年代，这时她其实已经是个有夫之妇了，她的丈夫是个俄罗斯雕塑家。

玛格丽特的真实身份是苏联间谍组织的成员，她之所以远渡重洋来到美国就是受上司的指派，来勾引大西洋西岸那些参与研制原子弹的专家，最好能把这些科学家招致麾下为苏联的原子弹工程做贡献。

作为派驻在美国担负着特殊使命的苏联女特工，玛格丽特成功混进了普林斯顿大学，而且她成功地勾引到了当时世界上最权威的科学家之一——爱因斯坦。爱因斯坦完全被这个女间谍吸引住了，直到女间谍回到苏联之后，对她身份毫不知情的爱因斯坦还在和她通信，在信中，爱因斯坦把他们常常约会的那间办公室称作是“洞房”，在情书的末尾，为了表现自己对这个女间谍的不渝感情，爱因斯坦创造性地将自己的首位字母和她的姓名末尾字母交错在一起来签名。

当初，玛格丽特曾经督促爱因斯坦和当时苏联驻纽约领事馆的副领事帕威尔·菲克力索夫进行会晤。这个菲克力索夫其实也是个间谍，是玛格丽特的上司。虽然爱因斯坦掉入了他们的陷阱之中，但是作为一个有责任感的科学家，爱因斯坦没有向苏联方面提供任何有关原子弹建造的细节。反之，爱因斯坦还曾给苏联科学院写了份电报。在这份电文中，爱因斯坦说：“原子武器给世界带来了不可估量的危害。”

联邦调查局很快发现了爱因斯坦给苏联的那份文件，虽然爱因斯坦没有任何出卖国家利益的举动，但是他们还是因此怀疑爱因斯坦的反战立场和左派倾向。

由于联邦调查局不够信任爱因斯坦，所以尽管参与原子弹研制的科学家名单中写有爱因斯坦的名字，可爱因斯坦最终还是没能参与美国的“曼哈顿原子弹计划”。1949 年 10 月，爱因斯坦正式加入美国国籍的，爱因斯坦在当时政治舞台上十分活跃，他坚决反对东西集团的冷战，而且为犹太民族的建国四处奔波，在联合国讲坛上为成立世界政府而大声疾呼。

1950 年 2 月 12 日，在一次电视谈话节目中，爱因斯坦说到了军备竞赛对世界和平的巨大危害。第二天大清早，FBI 局长胡佛就下达命令对爱因斯坦进行全面调查，他对 FBI 探员说：“你们一定要找到爱因斯坦的一切可疑证据。”

不了了之的结局

联邦调查局的努力再一次没有白费，他们通过调查又发现了一个惊人的“消息”：爱因斯坦在柏林的办公室里有一条俄国间谍早在 20 世纪 30 年代设下的电缆，而且爱因斯坦的秘书可以通过这条电缆直接与苏联的相关部门联系。

这个当时被视作重大消息的情报，到最后被证明是一个笑话，因为当年爱因斯坦在柏林工作的时候根本就没有办公室，他只在家工作，他的秘书杜卡斯也是一样。所谓“爱因斯坦办公室里有一条电缆”云云，根本就是无稽之谈。探员们返回头去向当初向他们报告这个情况的那个人深入了解内情，这个人却再也找不到了,从此再也没有出现过。

到了最后,爱因斯坦发现了自己随时都在联邦调查局秘密调查和监视。这时候的爱因斯坦非常地失望。他在一次对外界的谈话中说:“我之所以选择了美国,是因为我早先了解到这个国度有充分的自由。我把美国看作是一个自由的国度,实际上,我犯下了错误,就算用我这一生的时间,也无法弥补这个错误了。”1955 年,爱因斯坦由于腹部主动脉瘤的急病被送进了医院。同年 4 月 18 日,拒绝任何治疗的爱因斯坦不幸去世,享年 76 岁。

对爱因斯坦进行了 30 年调查的 FBI 为他建立了数千页之多的档案,其中没有找到任何危害美国利益的证据。“爱因斯坦文件“也随着时间被人们淡忘了。

马丁·路德·金之死

1963 年，美国民权运动领袖马丁·路德·金组织并参与了争取黑人工作机会和自由权的华盛顿大游行，并且在这一天发表了著名演说——《我有一个梦想》，这次精彩演讲促使美国国会第二年通过《民权法案》，这份法案宣布了种族隔离和歧视政策的终结。《我有一个梦想》也成为影响世界历史进程的一次重要演讲。在 FBI 关于马丁·路德·金的调查材料中，我们可以看到这份演讲，并能感受到它至今都能带给我们的冲击。

伟大生命的终结

但是，就在这次著名的演说后不久，马丁·路德·金的人生在 1968 年 4 月 4 日下午 6 时左右走向了终结。

这天，马丁·路德·金和他的几名下属在下榻的洛兰宾馆 306 房间内进餐。当时是下午 6 点钟，天色还早，所以，他们都十分悠闲地享受着这份晚餐。但是这种悠闲的氛围没能保持多就，就在短短的 20 分钟之后，马丁·路德·金就在饭后休息的时候被枪杀了！

FBI 在救护车走后几分钟，就赶到了凶杀案的现场。

调查开始了，许多有利的情报不断传来。

洛兰宾馆的一位叫查尔斯·史蒂芬斯的顾客告诉 FBI 的特工说，他听到一声枪响后，打开自己房间门试图观察一下外面的情况，突然看见一个男子匆匆跑过过道，手里还拿着一个包袱。史蒂芬斯对联邦调查局特工详细描述说，此人30多岁，身高5尺10寸左右，不胖也不瘦，衣服的颜色比较暗。查尔斯·史蒂芬斯认为，这个人极有可能就是杀害马丁·路德·金的凶手。

马丁·路德·金过世仅仅一个小时后，全世界的电视屏幕上充满了FBI特工雷厉风行调查案件的身影。

4月5日凌晨，FBI就对外正式宣布已经掌握有利证据，能够马上破案。FBI确定，凶手是在洛兰旅馆对面的一家名叫贝西·布鲁尔的公寓开的枪，杀死了马丁·路德·金。

经过短短数个小时的调查，FBI探员便把怀疑的对象锁定到了一个叫詹姆斯·厄尔·雷的男子身上，此人1928年3月10日出生，伊利诺伊州奥尔顿人。

这个名叫詹姆斯的杀手是什么人呢?资料显示，詹姆斯·厄尔·雷在中学还没有毕业的时候就应征入伍了，入伍后被派往当时的联邦德国执行任务，后因“不适应服役要求”提前退伍。1949年，他在曾经因为盗窃一架打字机被警方抓获，坐了3个月的牢。1952年，他又因为抢劫一名出租车司机二次入狱。获释后，他还是贼心不死，又洗劫一家杂货铺，虽然没有抢到一分钱，但还是被判刑20年。在服刑的13年中，这个倒霉的家伙准备逃跑再次被抓获，结果被判了48年徒刑。假如他老老实实服刑的话，那么这个时候他还应该在监狱里，但他已经越狱了。

在FBI的关于詹姆斯·厄尔·雷的犯罪记录中，这个人是个具有“幽默色彩”的笨贼。他曾在洛杉矶去偷一架打字机，可是在带着打字机逃跑的途中，自己的银行存折却丢在了路上，发现存折丢了，他马上停下来并转身跑回去，想把丢了的存折找回来，但是被追来的警察抓住。

抓这种笨贼，FBI自然是信心满满。自从FBI将他锁定为犯罪凶手后，就很有信心地认为用不了多长时间就可以将他捉拿归案。但是，这一次詹姆斯·厄尔·雷却隐藏得十分深，经过许多天的搜查后，FBI还是没有找到这个人。于是FBI猜测:这个笨贼干了这么大的案子,一定是已经跑到国外去了,于是特工们开始到各国驻美国大使馆查阅护照档案。经过两周的调查,FBI在一个叫拉曼·施奈德的赴加拿大签证申请书中,发现了与詹姆斯·厄尔·雷的相貌几乎相同的照片。

1968年6月8日,两名驻扎在伦敦机场的特工发现了一名形迹可疑的男子,他们马上上前进行盘问。特工从他身上搜出姓名为拉曼·施奈德的护照,同时他还拿着一支装满子弹的左轮手枪。特工马上通知了伦敦联邦调查局分局。这个人被带到联邦调查局后,马上对他进行了指纹鉴定,最终,FBI确定这个拉曼·施奈德正是当初杀害马丁·路德·金的凶手——那个笨贼詹姆斯·厄尔·雷。

这个案件是FBI历史上一件让人赞叹的大事。但是,FBI为了抓住凶手所消耗金钱和精力却不是外人所知晓的。为了抓捕詹姆斯·厄尔·雷,联邦调查局先后投入了3014名特工人员,花费了140万美元,总共奔波了50万英里。

马丁·路德·金被刺案中的高科技

在调查马丁·路德·金被刺案时,FBI动用了一些当时非常先进的技术第一时间将嫌疑犯抓获。

一开始,他们根据证人的描绘,很快便绘制出这起凶杀案嫌疑犯的模拟像。证人们描述的嫌疑犯特征是:白人,身高6英尺左右,体重175磅上下,年龄在25~30岁之间,头发深褐色或黑色,肤色白皙。此人穿着十分整洁,交谈能力非常优秀。根据这些有限的情报,FBI很快就确定了他们所要追捕的对象。

FBI这些先进的侦破技术使他们的声名远扬。当然,FBI许多鲜为人知的职能部门也在此案中起到了重大的作用。比如:总部鉴定处负责搜集指纹和整编人物外貌档案,培训处负责间谍情报人员的训练,行政处负责全局行政事务，国内情报处负责国内的反颠覆、反间谍和反情报任务，实验室负责文件检验、金属鉴别、照相以及笔迹鉴定等有关重要情报资料等等。这些部门以及他们的特长，都在本案中得到了体现。

因为FBI内部拥有先进的设备和完美的机构，所以很长时间被历届美国总统所看重。

谜　团

马丁·路德·金死后，全国贫穷的黑人群情激愤、万分悲痛。国家领导人同马丁·路德·金的遗孀还有15万马丁·路德·金的支持者为他举办了一次盛大的葬礼。

作为侦破此案的功臣，联邦调查局局长胡佛却没有参加葬礼，但次日上午也拍了他的照片，给群众做样子看。

马丁·路德·金被刺一案是由胡佛亲自主持的。但是事实上胡佛对这件事表现得十分消极，马丁·路德·金遇刺之后，胡佛就去看赛马去了。在以后的几周中，他也没有参加跟司法部长一起讨论调查进展情况的会议。

胡佛之所以会有如此表现，是因为他一直以来都对这位黑人领袖心怀不满。

早在1964年9月，当马丁·路德·金要去梵蒂冈访问时，调查局曾经劝说罗马教皇保罗六世不要接见马丁·路德·金。罗马教皇置之不理，照样会见了这位黑人领袖。更使胡佛生气的是，这位民权运动领袖还要接受诺贝尔和平奖了。

胡佛当时气愤地说，“道德沦丧到极点了，竟然让他获奖。他是世界上最没有资格获得此奖的人。我鄙视他。”胡佛之所以会这么说，是因为他当时特别想获得这个奖项，但是最终却被马丁·路德·金给“抢”走了。

1964年春天，有消息说，密尔沃基的马克特大学打算授予马丁·路德·金以名誉学位，埃德加闻讯后，派一名特工人员去该校说服他们改变主意。由于干涉成功，这个特工人员获得现金奖励。

威廉·沙利文向基督教全国委员会讲了马丁·路德·金的“个人行为”后，全委会保证以后再也不会给马丁·路德·金一文钱。根据埃德加的指示，同样的材料也送交浸礼会世界联盟。特工人员还奉命阻挠他的文章和著作的发表。

总而言之，联邦调查局和马丁·路德·金的关系其实一直就很恶劣。正因如此，许多人对联邦调查局对于此案的最终结论提出了怀疑。而且有相当多的证据表明，联邦调查局在处理此案时却是有猫腻。

首先说那名叫厄尔·雷的无足轻重的罪犯，他虽然承认谋杀马丁·路德·金是他杀死的，并因此被判徒刑 99 年。但是最后厄尔·雷很快就推翻以前的供词，并声称他的供词是和法官串通的结果。

很多人认为厄尔·雷单独一人是无法杀死马丁·路德·金的。当时“国会暗杀问题委员会”也进行了大规模调查，通过调查他们认为这是一个共谋行动。

1988 年，电视台在监狱对厄尔·雷进行采访时，他说，他原先的供词是在联邦调查局的压力下作出的。他说，特工人员威胁说，如果他不这样做，就要把他的父亲和一个兄弟逮捕入狱。厄尔·雷最后说：真正杀死马丁·路德·金的是联邦调查局！

如果这个情况属实的话，绝对是个爆炸性的新闻。但是暗杀问题委员会并不认为调查局参与了谋杀。不过，它认为，对此案的调查不够充分。即使胡佛和调查局没有参与实际谋杀，他们也必须承担一定的罪责。他们造成了一种气氛，使得马丁·路德·金的被刺可以容忍。

1975 年，福特总统宣布，对联邦调查局诽谤马丁·路德·金负责的那些人应该加以审讯。当时，胡佛已死，但是其他有关的官员尚活着，然而任何人都没有被追究责任。

于是，一件震惊世界的大案最终就这么不明不白地被历史的尘埃所掩埋了。

麦卡锡——我背后有联邦调查局

第二次世界大战过后，西欧国家普遍衰落，美国一枝独秀，形成以美国为首的资本主义阵营。这时候的美国人可以说是“在自由女神保护下的幸福子民”，美国国内处处歌舞升平。

但是这种祥和的氛围没有保持多长时间，因为一个撒谎能手、超级讼棍的出现打破了美国人的宁静。

这个人就是约瑟夫·麦卡锡。

约瑟夫·麦卡锡是美国国会的一个参议员。在美苏争霸时期，他利用美国苏联的敌对情绪，在美国国内大肆迫害那些所谓的“亲苏派”。“原子弹之父”奥本海默、电影大师卓别林、著名汉学家费正清等人，都被约瑟夫·麦卡锡戴上了“亲苏派”的帽子加以迫害。

当时美国政府工作人员被麦卡锡的这种“恐怖主义政策”搞得惶惶不可终日，人人都怕被安上“叛国”的罪名。

1946 年 7 月 26 日，当时的国务卿詹姆斯·贝尔纳斯在一封信中，说对从战时各种机构调到国务院的 3000 个职员进行了初步甄别，审查人员提出有 284 人不能长期任用。在这些人中，有 79 人已被解雇。于是，经过简单的减法处理，麦卡锡就像变戏法似的变出了这么一个 205 人的数字。三天后，当记者问他，是否可以让他看看这份名单，他说当然可以，但后来又说他把名单放在飞机上的行李里面，他显得有些狼狈，但也装出一副模样来寻找他那份压根就不存在的名单。

FBI 与麦卡锡的相互勾结

麦卡锡之所以能在美国政坛如此“兴风作浪”，靠他自己的力量是不够的，和麦卡锡狼狈为奸同流合污的，恰恰就是美国联邦调查局。其实早在麦卡锡登上政治舞台之前，联邦调查局局长胡佛就曾帮助过他避免了威斯康星州高等法院的弹劾而保住了律师资格。

胡佛和麦卡锡不仅在思想意识上合拍，私底下他们也是特别好的朋友，他们经常一起去看田径比赛，而胡佛和托尔森也经常到麦卡锡和他的助手、后来又成为他夫人的琼·克尔家就餐。

1953 年 8 月，麦卡锡也曾住在胡佛和托尔逊度暑假的拉乔拉饭店。那一次，胡佛对《圣迭戈晚邮报》的一位记者说：“麦卡锡以前当过海军，他是个业余拳击手，他是爱尔兰人，把这些都加起来，你将看到一个精力旺盛的不被人左右的人……我把他看做朋友，我相信他也把我当做朋友。”

在麦卡锡当上议员，开始大肆迫害政治对手的时候，胡佛领导的联邦调查局自然而然成为了麦卡锡的“帮凶”。

麦卡锡在从事他并不光彩的政治活动时，需要大量的“秘密情报”，联邦调查局就成为了他最好的情报渠道。

当然，联邦调查局也从来不会作赔本的买卖，他们从麦卡锡身上也捞到了不少自己所需要的东西。麦卡锡一直在利用联邦调查局去调查自己的对手，但是或许他并不知道，他本人也是联邦调查局的重点调查对象之一。有专门的特工人员会定期向胡佛汇报麦卡锡的情况。

一个胆大包天的讼棍

麦卡锡当上议员之后，美国政府完全没有想到：这个参议员极有可能给美国参议院丢脸，因为麦卡锡本人的道德品质实在是不怎么样。在当律师的时候，他从房屋预制件公司受贿 1 万元，还从百事可乐饮料公司的议院说客那里借了两万元，当然，他所谓的“借”只不过是一个托词。他能无中生有把白的说成黑的，为了实现目标更是会不择手段。

麦卡锡的公文包里经常会装着一瓶白兰地。实际上他好酒如命，是个不折不扣的酒徒，他常常和朋友们吹嘘自己的酒量有多好。

1949 年，麦卡锡曾经担任过纳粹的辩护律师，为罪大恶极的纳粹战犯进行辩护。虽然这不是什么光彩的事情，可是麦卡锡依旧沾沾自喜，因为他终于上了新闻的头条。

在一次民意测验中，麦卡锡“荣幸地”当选了“最糟糕的参议员”。但同时，正是这位“最糟糕”的参议员，却独具慧眼地看出了美国广播电视事业必将在他以后欺世盗名的政治生涯中发挥重要作用。

麦卡锡的所作所为和今天那些为了出名而不择手段的人有些相像，他不管自己的行为将会给自己的名声抹黑，只要是能够出风头，吸引别人的注意，就会非常高兴。在打击对手的时候，麦卡锡的手段可以用卑鄙来形容。他常常会利用一些“文字游戏”来模糊事实，达到自己想要的结构。比如“三个像俄国人名字的人”就被改为“三个俄国人”，“据报道说”、“据说”这样的词就不翼而飞，“可能曾是”和“可能是”这样的词被“曾是”、“是”代替了；“相当有损名誉的材料”被改成为“共产党活动的确凿证据”。

经过这样“润色”的揭露材料均一一出现在报端，对于那些不明真相的美国民众来讲，这样的消息确实有够“劲爆”，所以麦卡锡的知名度提升得非常快，成了风云一时的新闻人物。

他的欺骗行为给自己带来了不少好处，甚至还收到了从全国各地寄来的资助，有寄一元的，数十元的，也有寄成百上千元的。美国民众完全被这个骗子蒙蔽了，一个自诩为“世界榜样”的民主国家就这样让一个信口雌黄、人品低劣的议员搞得失去了辨别力，闭目塞听，战战兢兢。

到最后，麦卡锡变得越来越猖狂，居然连艾森豪威尔都不放在了眼里。他公然带着联邦调查局的人去抓捕艾森豪威尔的手下，甚至还想要查封当时美国最大的电视机构 ABC。

艾森豪威尔的夫人当时对艾森豪威尔说：“在短短几个月里，麦卡锡的委员会就举行了大小上百次‘调查’活动，还举行了多次电视实况转播的公开听证会。在欧洲，人们更是将麦卡锡直接比作希特勒。艾克，是希特勒，你当初最大的对手！……许多欧洲领导人也似乎认为我们美国正在麦卡锡的领导下走向美国式的法西斯主义。甚至就是我们美国的许多人，也都认为共和党已经是‘一半属于麦卡锡，一半属于艾森豪威尔’！艾克（艾森豪威尔的昵称），你还不明白吗？不能再让那个家伙这样横行霸道下去了，再这么下去，美利坚就要堕落成新的法西斯了。”

上帝想要让谁灭亡，必先让谁疯狂。疯狂的麦卡锡最终走上了尽头，他遭到了美国一些强势政治人物的阻击，他的所有恶性都被曝光，最终他只能离开政治舞台，留下了遭人唾弃的名声。

历史终究是公平的，超级政治骗子麦卡锡的假面目最终被戳穿，遭到了万人唾弃。历史有时也是盲目的，因为麦卡锡背后的支持者——美国联邦调查局却始终没有受到应有的惩罚。

第七章

来自阴暗处的致命袭击

——FBI的无奈时刻

那些来自全世界各个恐怖组织的恐怖袭击，一直以来都是 FBI 最为头疼的事情。这些恐怖袭击，由于事前都经过精心策划，而且是在人们不注意的情况下突然发生的，所以显得格外难以防范，也许，这就是让 FBI 感到最为无奈的时刻了。

两个半世纪刑期

纽约世界贸易中心(World Trade Center,1973~2001年9月11日)在纽约曼哈顿岛西南端,为美国纽约的地标之一,西临哈德逊河,它在2001年9月11日发生的“9·11”事件中倒塌。它由两座并立的塔式摩天楼、4幢7层办公楼和1幢22层的旅馆组成,建于1962~1976年。业主是纽约州和新泽西州的港务局。设计人是美籍日裔建筑师M.雅马萨基(MinoruYamasaki,日本名为山崎实)。世界贸易中心曾为世界上最高的双塔,纽约市的标志性建筑,也曾是世界上最高的建筑物之一。这是拥有90万平方米的办公面积的豪华大楼,各国金融机构和工商企业都把自己在美国的办公室搬到了这里,好像只有这样,才能证明自己的公司已成功进入美国。

世贸中心有400多米高,登上楼顶可以一眼看尽整个纽约。因此,世界各地来纽约旅游的人都把登上世界贸易中心的最高层作为到纽约观光的一个重要景点。每天,世贸中心游人如织。

世贸中心的崩塌

世贸中心在美国有如此重要的地位,自然就吸引了一批恐怖分子的注意。因为恐怖分子也知道“轰动效应”,在那些知名度高的地方搞恐怖活动自然会引起更多的关注，起到“事半功倍”的效果。

1993 年 2 月 26 日中午 12 点 18 分，世贸中心里的上班、游览的人们同时听到了“咚”的一声巨响，然后这幢巨大的建筑就开始左右摇晃起来。当时人们还不知道具体发生了什么事情，但是所有人都陷入了恐慌之中，因为他们知道：能让世贸大楼产生动荡的事情绝对是非同小可的。正当人们惊疑不定的时候，世贸大厦的供电系统也全部崩溃了，这直接点燃了人们的恐慌情绪，惊恐的尖叫声从整个大楼的各个角落发出来！很多人被困在电梯里，感到万分恐惧，还有一些人准备步行走下 100 多层的高楼，然而滚滚的浓烟却让他们根本找不到路，于是转身逃回到了顶层平台，等候救援。

世贸大厦里面的人那时根本不知道，造成这一切的，其实是一场爆炸。爆炸的地点就处于世贸大厦楼下的停车场里。

事后，人们才知道，这次爆炸的威力十分巨大，炸弹将这个停车场炸出一个 60 米、宽 30 米的大坑，整个地下层都被炸穿了。现场到处是汽车被炸毁之后的零件和巨大的混凝土碎片，爆炸产生的浓烟浓烟一直冲上 400 多米的顶层。

FBI 紧急行动

如此重大的恐怖袭击，瞬间让整个美国陷入了恐慌之中。而担负着反恐任务的联邦调查局这时候自然义不容辞地展开了调查。

FBI 紧急行动，一次规模巨大的调查活动第一时间展开。此次行动比 FBI 此前的任何一次行动规模都要大。

当时的联邦调查局局长塞欣斯放下了自己手中所有的事情，投入到了调查当中。他马上在华盛顿成立了一个指挥中心，并向全国 FBI 探员都发出了标志着最高警戒状态的“红色密码”，要求全部的 FBI 探员一同出动，并迅速向纽约地区增派了探员。有人搞恐怖袭击，还有些无聊的人还在捣乱。纽约警方在爆炸发生后的24小时内居然接到19个与此事有关的电话，这些打电话的人都说是自己造成了这次大爆炸，声称对此负责。

如此重大的事件，所有的调查人员自然都不敢有一丝放松。虽然他们知道这些可能都是恶作剧的电话，但还是对每一个电话都录下了音，并逐字逐句进行分析，指望从中发现一些细微的线索，或者指望着找出真凶。虽然他们分析得非常认真，但是最后还是一无所获，要知道，真正的恐怖分子可没这么傻，会主动自投罗网。经验老到的联邦调查局自然不会指望靠这些电话就能破案，他们马上派出了电脑专家、心理学家、爆破专家来到纽约，一起协同破案。

联邦调查局把第一怀疑对象定位在了一个前南斯拉夫的塞尔维亚人身上。想要靠军事力量和美国这个世界第一军事强国抗衡几乎是不可能的事情，但是派出一些恐怖分子给美国制造一些麻烦就容易得多了。当时有一个自称是“塞尔维亚解放阵线”的人在爆炸发生之后第一个给纽约警察局打电话，说这件事情是自己干的。不过，这一个说法马上遭到美国塞裔人的反驳。这个组织的发言人说：“不管是哪个傻瓜都可以拿起电话，然后说自己对此事负责。”

由此可见，联邦调查局怀疑塞族人制造这起恐怖事件完全就是出于成见，而没有任何证据能证明他们的怀疑是可靠的。当然，塞族人不是FBI怀疑的唯一对象，当时联邦调查局还认为很有可能是伊拉克人干了这件事情。当时正是伊拉克从科威特撤军两周年的时间。早在海湾战争的时候，伊拉克总统萨达姆就放话：要对美国采取秘密的打击。可是之后很长时间里萨达姆都没有能兑现自己的诺言。这一次，萨达姆会不会是真的要对应自己的诺言了？

总而言之，在联邦调查局调查初期，所有的怀疑都是“空穴来风”的怀疑。猜测虽然对破案有一定的帮助，但是却不能作为破案的证据。FBI还要寻找到证据才能证明谁是真凶。

狐狸的尾巴

不过联邦调查局还是通过对现场的勘察找到了一些有价值的证据。当爆破专家进入到爆炸现场之后,很快就确定爆炸发生在地下停车场第二层。

停车场第二层的是一个非常大的空间。专家认为,一般炸弹不具备将这里完全破坏的威力,恐怖分子极可能使用了"塞姆泰克斯"高能炸药。塞姆泰克斯,是军火界最负盛名的塑胶炸弹,也是最受恐怖分子青睐的一种产品,因为一般的安全检查仪器对它无能为力。而且塞姆泰克斯炸弹具有体积小杀伤力极大的特点。

能在世界贸易中心炸出如此巨大的一个坑,炸弹量肯定小不了,至少有500 磅以上。如此大数的炸弹,恐怖分子要带进美国来,恐怕不是什么容易事儿,所以他们的炸弹很可能来自美国本土。五角大楼的武器库中就有很多这种名字叫"塞姆泰克斯"的炸弹,难道炸药就是恐怖分子从美军的武器库里偷出来的吗?

接着联邦调查局又调出了爆炸现场的录像,他们发现在爆炸前很短的时间里有一辆福特汽车从车库中疾驶而出。联邦调查局马上就认定,这辆汽车很可能就是作案者的交通工具,这是一个非常重要的发现。

联邦调查局探员还在现场找出一块扭曲的黄色铜牌还有十几片碎片。鉴定后发现,那块铜牌是一辆福特货车的残片,这辆车的车牌号是XA70668。

这个线索对于侦破此案具有非同一般的意义,因为通过这个线索联邦调查局就可以顺藤摸瓜找到真正的罪犯。

联邦调查局马上就根据这一线索展开了调查。

由于线索明确,调查很快就取得了进展:这辆福特车来自赖特卡车出租公司,这个公司就在与纽约州仅一河之隔的新泽西市的肯尼迪大道上。

赖特公司承认这辆汽车确实是自己公司的,但是已经在一周前租给了一个名叫萨拉马的男人,而且,萨拉马还多次来公司纠缠,说他租来汽车被偷走了,要求公司退他400美元的押金。FBI在获得这一消息之后马上设下圈套,等待萨拉马再次前来索要押金。没过几天,这个萨拉马还确实给租车公司打来了电话。由于有联邦调查局的指示,所以赖特公司很爽快地答应他退押金。伪装成公司职员的FBI特工在电话中告诉他,虽然现在还不知道汽车到底在哪儿,但他可以先取回50%的押金,他可以任何时候来取。

萨拉马不知道这根本就是一个陷阱,他马上就兴高采烈地赶到赖特公司,联邦调查局探员为了稳住他,故意絮絮叨叨地问了他一些有关丢车的情况。萨拉马当时一心想着拿回押金,所以完全没有意识到自己已经一步步走进了危险之中。

最后联邦调查局探员等自己的同事安排好了一切之后,就把钱给了他。正当萨拉马取钱后打算离开的时候,一群FBI特工破门而入,将萨拉马带回了警察局。随后,FBI对他的住所进行了搜查,结果,警犬在他的房间中闻到了十分强烈的炸药味儿。但特工们费尽心机,也没有找到任何炸药,不过特工们找到了一些与制造炸弹有关的材料,如天线、电路图、接线说明书。

光依靠着证据还不能证明萨拉马就是爆炸案的凶手,不过他却因此被当做了重大嫌疑人。FBI特工认为,如果爆炸真的与萨拉马有关系,他应该不至于为了那几百美元的押金而费尽心机吧。所以,他们断定萨拉马的背后必定有一条大鱼。

真凶露面

FBI围绕萨拉马进行了秘密的调查,凡是与萨拉马有过接触的人都成了FBI的调查对象。在爆炸案发生之前,有人发现萨拉马与另外几个人一起到过泽西市的一间仓库，并和一个名叫尼达尔·阿亚德的人通过电话。FBI 对那个仓库进行了出其不意的检查，特工在这个仓库里发现了几包尿素、还有 10 多瓶硫酸，另外有一些烧瓶、试管和引信。这些东西是制作烈性炸药的原料。

而这时的萨拉马也被联邦调查局撬开了嘴。他供出了一个叫阿亚德的同伙，联邦调查局马上找到了阿亚德。阿亚德是通过合法的途径移民到美国的。并在来美后取得了化学工程学位。这个人和目不识丁的萨拉马完全不同，他完全有独立制造一颗炸弹的能力。因而联邦调查局对阿亚德十分重视，在得到这个消息之后，直奔阿亚德的寓所，还在睡梦中阿亚德被特工请到了警察局，并对他的家进行了搜查，结果在他的电脑里特工们发现了一封信。

这封信的大意是：你第一次行动是失败的，你必须再次行动，这一次你的行动目标是炸毁世界贸易中心大楼。然后特工们还发现了阿亚德的回信："很不幸，这次我们的计算不精确，不过我们可以保证，下一次行动将非常精确。除非我们的行动成功，否则世界贸易中心将始终是我们在美国的目标。"

FBI 将这封信与《纽约时报》当初收到的信件相比，发现两者有一定的共同点。再对《纽约时报》那封信的信封和信纸进行化验检查，结果发现，这封信就是阿亚德所写。真凶终于被找出来了。

FBI 通过调查发现，阿亚德和萨拉马制造炸弹所需要的经费，都是一个外国组织打到他们账户上的。

几个月时间里，最少有 8000 美元从欧洲汇到了阿亚德和萨拉马的账户里。同时 FBI 还发现，这笔经费的使用者除了萨拉马和阿亚德外，还有 4 个人。

最后的审判

10 月 4 日，法庭开庭审理世界贸易中心爆炸案。

为了保证法官和证人们的人身安全，FBI 采取了非常严密的保密措施。从 9 月份起，两名法官就和他们的亲人一起搬到一处秘密地点，这是因为有人对他们实施了威胁。

负责审理此案的曼哈顿下城法院制定了严密的安全保卫措施：法院内有双层金属探测仪和X光仪器设备，外有层层警卫；12名陪审员和6名候补陪审员对外都不报姓名，仅以号码识别。

法庭上，助理联邦检察官季尔莫·柴尔德斯发表了一段很长的发言。他说，世界贸易中心爆炸案是发生在美国本土的影响极为恶劣的一起恐怖主义事件，危及了数万人的生命安全，因为当时有将近10万人在大楼里从事日常活动。他向法庭出示了很多证据。

1994年2月23日，世界贸易中心爆炸案已经过去了一年，美国司法机构正式对4名嫌疑犯进行指控。起诉书说他们的行为是“非法的，蓄意的，带有极强危害性的，是具有犯罪意图的”。3月4日，陪审团裁定，萨拉马等4人策划、实施爆炸罪名成立。5月24日，4名凶犯被带进法庭作最后陈述。他们都辞退了自己的律师，自己进行申辩。结果，法庭认为，他们的申辩是一派胡言。法庭出示了1000件证物，传唤了200名证人，认定是萨拉马把爆炸物运到了现场，其他人则与策划爆炸阴谋、制造炸弹有关。纽约市地方法院判处这4名凶犯每人240年徒刑，并且不得假释。

240年徒刑，这个数字早就超出了人类的寿命，由此可见，官方是在发泄自己的怒气，说不上是什么惩罚。

让 FBI 无奈的洛克比空难

1988 年 12 月 21 日晚些时候，泛美航空 103 号班机执行法兰克福—伦敦—纽约—底特律航线，飞机在云层上快速航行，当日风和日丽，是适宜飞机航行的好天气。

但是谁都没有想到，这架正在安全航行的飞机已经成为恐怖袭击目标，飞机在苏格兰边境小镇洛克比（Lockerbie）上空爆炸，270 人罹难。

飞机爆炸后的碎片落到了洛克比的民房、街道等地方，引发了民宅和一些瓦斯管起火，导致 11 名洛克比居民因此失去了生命。

这次炸弹袭击被视为一次对美国象征的袭击，是“911”袭击事件发生前最严重的恐怖活动。此次事件亦重挫泛美航空的营运，该公司在空难发生的 3 年之后宣告破产。

在事情发生之后，震动全美。联邦调查局马上投入了调查。

寻找证据的过程

FBI 资深探员以及技术人员立即赶到失事现场洛克比，把通信设备安装好，寻找生还者。FBI 化验室的专家也赶到苏格兰与当地的警方一起进行搜索证据，以便追缉犯人。等到爆破专家到了现场，一眼就看出这架飞机是因为内部发生了剧烈的爆炸而导致失事的。因为当时联邦调查局在现场找到一块残缺不全的飞机机舱,上面满是剧烈爆炸中留下的痕迹。

爆破专家还在其他的金属托盘的残骸上找到了一块小塑胶片，经过仔细观察,专家们确认这块塑胶片是日本制造东芝牌收音机上的线路板,型号是东芝 RT8016 或 RT8026。根据碎片的损害程度来看,在爆炸发生时,这台收音机离爆炸源非常近，而且炸弹很有可能就是藏在这台收音机里被混上了飞机的。

通过模拟爆破现场的实验，专家们也同意了联邦调查局探员的这种猜想。这样一来,这台收音机的来源就成为了破获此案的重要线索。

接着,FBI 探员们又发现了一小块烧得几近炭黑的碎纸片，从上面隐隐约约可以看到一些英文和阿拉伯文，原来这块碎纸片正是那台收音机的使用说明书。由于上面有阿拉伯文,探员们认定这台收音机是来自西亚。

根据航空公司的记录表明,当时这台收音机并没有放到货仓里,而是放在了乘客行李舱里爆炸的。这就是说,乘客中有人把收音机带上了飞机,然后与飞机同归于尽了。这是一起彻头彻尾的“自杀式爆炸袭击”。

为了获得更确凿的证据，联邦调查局将调查重点放在对证据的分析上。这回他们更是下了血本,不惜花大价钱在实验场上用模型搭建成一个与失事飞机内部相类似的行李舱,然后在这个行李舱里放满了行李,当然,他们也没忘记放进去一颗炸弹。

接着,探员们用遥控器把这个虚拟行李舱内安置的炸弹引爆,然后爆破专家对爆炸后的行李碎片进行了分析。

实验证明,是一颗约 14 盎司(1 盎司=0.028349523125 千克)的塑胶炸弹导致泛美航空 103 次班机被炸毁。这次实验还确定了一个重要的问题,那就是炸弹的具体位置。

确定了炸弹爆炸时所处的位置之后,就可以找到更多的线索。

没用多长时间,一件写有“马耳他贸易公司”字样的蓝色儿童宽松连裤、儿童外衣和一件带有“誉克”商标的花格衬衣就被认为是当初和炸弹放置在同一地点上的东西。

根据航空公司的记录来看,当时这些东西应该是放在一个编号为“90009”的行李袋中运上飞机的,是从马耳他航空公司的 KM180 航班上卸下的。

有了这个线索,联邦调查局的探员把目光又转向了马耳他。在马其他,探员们找到了一家出售衣服的商店，当时和炸弹放在一个行李箱的那些衣服就是从这里购买的。这家衣服店的店主看到那些棕白相间的衣服残片之后认定,这些衣服确实是从自己的店里卖出去的,并且回忆说:在 1988 年 12 月的时候,有一个操着非常重的利比亚口音的人到他店里来买了许多衣服,这个人在买衣服的时候很奇怪,他对尺寸大小、形状、颜色全都不在乎,只关心所购物品的数量。利比亚人!买这些衣服的是利比亚人!

这又一条重要的线索。

由于线索不断增加，联邦调查局开始把调查的重点放在追查炸弹来源上。那枚炸弹是“MEBO”公司生产的,MEBO 公司是一家专门生产电子侦查设备的瑞士公司。于是,联邦调查局就去这家公司去调查——有没有利比亚人买过这种炸弹。该公司的老板很快就证实:1985—1986 年间,有一位利比亚官员购买了 20 枚 MST-13 型号的炸弹。

官员的名字叫艾巴戴尔·麦格拉希。

空难成了政治斗争

看来一切都水落石出了,于是联邦调查局开始全球通缉艾巴戴尔·麦格拉希。

由于艾巴戴尔·麦格拉希是利比亚人,所以联邦调查局要求利比亚当局协助调查。但是,利比亚政府虽然拘留了两名嫌疑犯,却拒绝把他们引渡到美国交给 FBI。

面对利比亚政府的“不合作”，美国政府发动联合国给其施加压力，最终利比亚常驻联合国代表表示，同意将两名涉嫌制造洛克比空难案的利比亚人交给法庭审判，但条件是必须由阿拉伯国家联盟亲自处理。

这本来是个很中肯的意见，但是一贯狂妄的美国人怎么能答应？

为了让自己亲手处置罪犯，美国人又通过联合国安理会给利比亚提出了新的要求——必须在该年 4 月 15 日前交出涉嫌制造民航客机爆炸案的人员，否则将切断利比亚同外界的空中往来。

利比亚面对美国的强大压力，始终不愿意低头。他们坚持由自己处理此次事件。

无奈之下，美国只好拿出了一贯的伎俩——对利比亚实行航空和武器禁运及降低外交规格等制裁措施。

但是，利比亚还是“死不悔改”。从那以后，“制裁”就一直压在利比亚人民的头上，拒不完全统计，在制裁中，利比亚损失了 235 亿美元，并造成了数千人死亡。虽然遭受到了巨大的损失，但是利比亚政府一直坚持自己的立场。最终，美国人妥协了。他们同意在第三国——苏格兰对罪犯进行审判，并且完全按照苏格兰法律决定罪犯的命运。

洛克比空难案最终在 2001 年 1 月 31 日进行了最后的审判。法庭判处被告艾巴戴尔·麦格拉希因策划炸毁美国泛美航空公司 103 航班，犯有杀人罪，判处其终身监禁；另一名被告拉曼·费马无罪释放。

判决后，利比亚领导人卡扎菲指责此案的审判结果是在美英两国的压力下做出的，他指出这是一个政治判决，而非司法判决。卡扎菲还要求彻底解除联合国对其实施的国际制裁，并赔偿制裁造成的经济损失。

利比亚人不满意，美国人更不满意，当时许多空难死难者的家属都要求严惩罪犯。总而言之，最后的结局绝非皆大欢喜。

中情局和中东贩毒集团

案件到此就结束了。大部分人都认为，这次案件就是“丧心病狂的恐怖分子造成了一次悲惨的灾难”。但是有些人可不这么想。2001 年中，英国记者约翰·爱生顿推出了关于洛克比空难的调查报告《被隐瞒的洛克比丑闻》。

在这片报道中，约翰爆料说，这起事件的凶手是中东的贩毒集团，他们炸毁泛美航空 103 次班机的目的是为了掩盖中情局与毒品贩子之间的肮脏交易。中央情报局内部的一些重要人物曾经和中东的毒品贩子达成协议，默许贩毒分子将毒品运至美国，以换取他们提供的秘密情报。而毒犯炸毁泛美 103 航班的原因，则是为了杀死一个叫做查尔斯·麦克基的美国人。麦克基是国防情报局的一名工作人员，他得知了中央情报局与中东毒品贩子的肮脏交易，立即乘坐班机飞回华盛顿，打算向政府举报这一情况。

面对这种指责，空难调查委员会没有做出任何回应。相反，他们还把一些重要的证据隐藏了，比如毒品。

事实的真相到底是什么？联邦调查局也许知道，但他们却装作一点都不知道。

历史，终究还是有水分的。

震惊世界的俄城大爆炸(一)

“2000年7月7日,我们的计划要开始实施了,为了这一天,全国人民苦苦等待了近50年,我们今天就必须和这个无恶不作的政府进行最后的斗争,和一切与人民为敌的人抗争,为我们的同胞报仇。我们中大多数人仍然有枪。这是因为我们违抗了那些野蛮法律把我们的武器藏起来而不是拱手交出去的结果。”

以上一段话节选自《特纳日记》,很明显,这个日记的作者是一个“极端主义者”。事实也是如此,这本日记是“反犹太人运动全国联盟组织”的首领威廉·皮尔斯所写的。

如果单单从外貌上来看,皮尔斯是一个非常有礼貌的绅士,长得文质彬彬,一眼看上去颇有些学者风度。

不过皮尔斯的这部大作《特纳日记》充满了暴力的描写。这部“极具想象力”的书描绘了这样一幅场景:美国政府逐渐地被犹太人所控制,反政府的“恐怖抵抗运动”成员用一辆装满炸药的卡车,在某一天的上午9时15分袭击了FBI总部,结果造成700名特工人员的死亡。

也许连皮尔斯自己都没想到,这本书出版后,居然成为了美国黑社会的“行动法则”,在之后的十年时间里都被黑社会奉为“至上宝典”。

这本书中皮尔斯主要描写了一场虚构的战斗计划被黑社会奉为恐怖袭

击的经典。一般的书店因为考虑到这本书可能造成的负面影响，因此他们都拒绝销售此书。但是，人们能从街头的地摊上、枪支商店里找到这本书。十几年下来，这本书居然也卖出了 20 余万册。皮尔斯自己说："我写这本书的目的并不想教会人们如何去犯罪，当然也不是完全为了娱乐。我不过是想用这本书表达自己的思想。"但实施上，皮尔斯书中设计的犯罪场景却被美国的黑社会分子一再模仿，恐怖分子根据皮尔斯制定的"作战计划"，导演了一幕幕惨剧。

悲剧发生

俄克拉荷马城，一个有"古老的小牛仔城"称号的小城镇，这里人们的生活向来平和、宁静。这里是美国俄克拉荷马州的首府，居住有 44 万人口。虽然与那些动辄上千万人口的大城市比起来，这个城市并不算特别繁华。但是由于这里是俄克拉荷马州的首府，所以很多政府部门在座小城里安家落户。

位于市中心第五街的俄城联邦大楼是这个城市最为繁华的地方，许多政府部门的办公地点都设立在这里。美国住房与城市发展部、特工处、药品管理局等政府部门都在这里办公，每天这里的人流量都要超过千人。1995 年 4 月 19 日，就在联邦大楼的附近，发生了一起严重的爆炸事件。

当时，正值中午时分。是联邦大楼附近最为热闹的时间段。很多人在去往餐厅的路上，或者是三三两两在路边的座椅上聊天。就在这时，一辆汽车行驶过来。每天都会有很多这样的汽车路过这里，所以并没有引起人们的注意。这辆汽车行驶到联邦大楼前面之后，就找了一个位置停了下来。司机下车匆匆离开了。

就在司机离开后不久，卡车突然发生了剧烈的爆炸。现场瞬间被爆炸产生的强烈冲击波所摧毁。在巨大的气浪的冲击下，9 层高的联邦大厦在一瞬间便被摧毁了三层。大爆炸所产生的冲击波夹带着碎石和残肢断臂飞到了很远的地方。由于爆炸发生在楼下,当时那些停着许多汽车,因此爆炸发生后,这些汽车全部都被掀翻了,那些还在汽车里的人或是被烧死,或是被炸死。爆炸的声波一直传到了50公里之外。

最让人心酸的是,由于大楼里有非常多政府职员,他们为了工作方便,将自己的孩子也带到大楼上班,因此,联邦大楼的第二层开办了一个规模不小的托儿所。大爆炸来临前的一刻,这些可爱的孩子们还蹦蹦跳跳地在玩耍,但是就在几秒钟之后,这些稚嫩而可贵的生命,就都化作了尘埃。

这次大爆炸,是美国历史上最为严重的恐怖袭击之一。爆炸中一共有168人丧生,其中包括19名儿童,850多人受伤致残,财产损失大约超过了5亿美元。

当时电视台把这次爆炸的现场画面传遍了美国。看过那惨不忍睹的现场画面之后,整个美国都震怒了,当恐怖分子把黑手伸向可爱的孩子时,还有什么可以饶恕的理由?一时间,社会上到处都是“揪出罪犯”的呐喊。

当时的美国总统克林顿在第一时间对这起爆炸案做出了反应,他在电视上愤怒地说:“凶手是邪恶的懦夫,这是对美国及美国人民的攻击。”

世界舆论对这种丧失人性的恐怖主义行动表示出了极大的愤慨。连科威特原教旨主义组织的一个负责人都说:“这是一种邪恶的犯罪行为,是全人类都无法原谅的重大罪行。他们惨无人道地剥夺了平民和儿童的生命,这种行径违背了做人的基本道义,完全没有人性可言。”

美国把4月23日为全国哀悼日,并且给在袭击中遇难的死者进行了全国性的葬礼。在葬礼上,美国人手捧着鲜花或受难者的遗像,泪流满面,受难者的亲属则相互拥抱,以示安慰。许多人戴着白、黄、紫、蓝相间的彩条。白色是对死者的追思,黄色代表对犯罪者的谴责,紫色是对儿童的思念,蓝色则代表这一惨剧发生的地点俄克拉荷马城。

俄城大爆炸一周年之后,俄克拉荷马城再次专门举行了悼念活动,美国副总统戈尔专程前往致辞,他说:“恐怖主义最终会失败。在我们国家,我们是以对话和辩论的方式来解决我们之间的分歧，我们希望避免因为争议而导致伤害人命,但是恐怖分子永远不这么想。”

踏破铁鞋无觅处

惨案已经发生,生命溘然长逝。一切都无法挽回了。但是事情还没有结束,因为凶手还在逍遥法外。

到底是谁策划了这起袭击,是摆在联邦调查局面前的一个重要问题。

当时联邦调查局主观地认为,制造这起惨案的一定是一个“外国魔鬼”。虽然他们没有任何证据证明这起案件出自外国人之手，但和所有的美国人一样,联邦调查局心中认定这一定是其他国家人的行为,他们认为“文明的美国人”是绝对不会做出如此恶行的,只有那些极端的恐怖分子才会做出这种惨无人道的事情。两年前,他们不是就袭击了世界贸易中心大楼吗?俄城大爆炸肯定也是他们所为!

一个专业的调查机构本来不该如此武断主观的，因为即使是猜想也应该建立在确凿证据的基础之上。但是当时的联邦调查局很明显丧失了理智,他们在伦敦希思罗机场抓捕了一名外国人,然后直接就押送回了华盛顿,原因就是这个人“可能参与了俄城大爆炸”。

在这个时候,西方法律界一直所奉行的“无罪推定原则”似乎成了一种摆设。

除了对传统恐怖组织充满怀疑之外，联邦调查局还疑心是国际贩毒组织策划了这起爆炸案，因为专门负责抓捕毒贩的美国药品管理局就在俄城联邦大楼里办公,贩毒组织很有可能是为了泄愤而制造了这起案件。

美国人完全被愤怒冲昏了头脑,就连他们的总统克林顿也不例外,在案发之后,一贯干练的克林顿似乎也乱了方寸。

克林顿发誓一定要把这个凶手捉拿归案。他还征求手下的意见:是否应暂时停止俄城机场的使用，别让这个坏蛋逃走了；之后，他又问自己的幕僚们是不是应该请以色列的摩萨德帮忙。(摩萨德：全称为以色列情报和特殊使命局，自从成立以来，摩萨德进行了多次让世界震动的成功行动。由于以色列是一个非常容易遭到恐怖袭击的国度，所以摩萨德在对抗恐怖袭击上积累了丰富的经验)。

当时以色列总理拉宾在美国还没有提出正式邀请的情况下，就主动提出让以色列摩萨德出动参与破案。

面对拉宾的热情，克林顿似乎也动心了。但是他们的幕僚对他说：万万不能让以色列染指此事。因为以色列常年与阿拉伯国家不和，如果美国让以色列人介入此事，就等于向全世界的人宣称："此事是阿拉伯人所为。"这样会遭到全体阿拉伯人的反对，对美国的国际形象十分不利。

当时已经乱了方寸的克林顿这才明白了问题的严重性，赶紧谢绝了拉宾的好意。既然外国人靠不住，就只有靠自己了。当时美国的中央情报、联邦调查局、国家安全局都有调查这种案件的经验，但是克林顿最终把这副重担压在了联邦调查局的肩上。

对付这种事，联邦调查局自然有自己的一套。

劫机、爆炸、犯人越狱都被联邦调查局均称之为特别重大的案件。而且这起爆炸案非同小可，所以当时他们马上派出了最有经验的FBI探员，组成了"特别行动队"。其中包括4个证据反应小组和爆破机械小组。这两个小组当中，有5名特工此前就有侦破此类爆炸案件的经历，可以说经验丰富，另外还有来自波士顿、芝加哥、迈阿密、旧金山等地的炸弹专家也都来到这个别动队。

组成特别行动队的这些FBI探员，都经过严格的训练。在俄城大爆炸之后几个小时，这些训练有素的联邦调查局探员就接到了命令——在最短时间内破获此案。

为了能尽快破案，联邦调查局可谓是"无所不用其极"，受过训练的警犬，最新研究出来的机器人，一股脑儿地都派到了案发现场。

破案人员携带着各种仪器快速奔赴犯罪现场，对现场进行勘察。对他们来说，当前最重要的事情就是寻找证据。因为不管犯罪分子多么狡猾，他总会在现场留下一些证据。有了证据，FBI 就可以顺藤摸瓜，找到凶犯。一般而言，FBI 并不相信所谓证人的供词。尽管这些证人在法庭上会手抚《圣经》对天发誓，但是也不能保证他们说的完全是真的。因此，FBI 最重视物证。

现场勘察马上就有了成果。爆炸发生在联邦大楼楼下，威力巨大的爆炸在现场留下了一个深 8 英尺、直径 20 英尺的爆炸坑，调查人员估计，恐怖分子可能动用了上千磅的烈性炸药，用汽车运到楼下，然后直接引爆。

一个经验丰富的联邦调查局特工沿着马路仔细寻找，突然在距爆炸现场两个街区的地方发现了一块碎铁片，经鉴定，这是一辆卡车的零件，肯定在爆炸中被炸飞的。调查人员推断，这根车轴被炸飞出这么远的距离，非常可能就是那辆运炸药的汽车上的，因此马上把调查的重点集中到这块碎铁片上。

非常巧合的是，在这块不起眼的铁片上刻着机动车辆识别号码，调查人员把这块铁当做金子一般送到 FBI 电脑指挥中心，将这一号码输入全国联网的机动车辆识别中心。与此同时，一盘爆炸现场录像带又提供了更为直接的证据。俄城联邦大楼对面是某家银行的 ATM 机，ATM 机上的录像设备记录下了一辆赖特租车公司的卡车行驶到联邦大楼前停下的场景。机动车辆识别号码在电脑中心查询的结果表明，那块现场发现车轴就是从这辆卡车上飞出来的。

这是非常重要的线索！FBI 特工马上赶到了赖特租车公司，这个公司证实这辆车确实是他们的财产，是一辆 1993 年出产的福特车，但目前已经转租给了堪萨斯州章克欣城的艾略特租车公司，章克欣城距俄城 270 英里。调查人员马上赶到艾略特租车公司，在那里他们得知这辆车是爆炸案发生前 2 天租给了两名男子，但经检查，这两名男子留下的身份证和驾驶执照在相关部门根本没有记录。

线索到此中断，这让调查人员感到十分泄气。好在租车公司的老板还能大概描绘出这两个人的形象，因此，联邦调查局的肖像专家马上根据这个老板的描述画出了两个犯罪嫌疑人的头像，称之为“一号”和“二号”嫌疑犯，马上向全国发出了通缉令；此时的FBI特工心中还是非常不安，不知道老板描述的肖像是否够准确。到底能不能根据这两张肖像将嫌疑犯抓住，他们心里实在是没底。

不过，FBI已经对凶犯的政治倾向有了初步的判断。调查人员发现，驾驶执照虽然是假的，但执照上填写的日期1993年4月19日却可能是真的。FBI特工把这个线索与扫荡韦科庄园、剿灭邪恶的大卫教派联系在了一起，因为这个日期正是FBI剿灭大卫教的时间。

我们之前说过，大卫教是一个规模非常大的邪教组织，他们教徒遍布全球，是不是这些人为了复仇导演了这场爆炸？人们虽然这样猜测，但是没有任何证据能够证明这一点。

不管怎么说，罪犯的肖像已经画出来，是不是准确谁也不能打保票。但在目前这种情况下，FBI也只有这些线索了。

至于最后的成败，还要看接下来的调查。

震惊世界的俄城大爆炸(二)

功夫不负有心人,FBI 调查人员的辛勤努力终于得到了回报。就在距俄城半英里的一家名为梦境的旅店里,老板娘说他见过通缉令上的这个“一号”。老板年说,这个人叫蒂莫西·麦克维,是 14 日住进来的,18 日,也就是俄城大爆炸发生的前一天,这个人退了房。老板娘说,这个“一号”长得非常标致,不像是一个凶悍之徒。在她心目中,能制造这样爆炸案的,一定是个面目丑陋的恶徒。

真凶落网

到此为止,联邦调查局的探员的一番辛劳只获得了一个叫“麦克维”的名字,而且这个名字是不是真的都有待商榷。不过既然有了线索,就不能轻易错过。联邦调查局马上悬赏 200 万美元,对这个所谓的“麦克维”进行全国通缉。

200 万美元,不管在什么年代都是一笔不小的财富。在财富的吸引力之下,很快就有络绎不绝的举报电话打到 FBI 的总部里去了。这些人都自称见过这个“麦克维”。其中有个人更是说自己是麦克维从前的同事。还绘声绘色地说:“麦克维曾经在军队服役过,对政府十分敌视,对政府的一些政策非常不满。”本来他说的这些联邦调查局都将信将疑,没什么兴趣,但是他提到的另一件事情却让联邦调查局对他说的话重视起来。他说:“麦克维对考雷什被剿一事非常痛恨,还曾亲自到韦科庄园去吊唁过考雷什的阴魂。”这个线索和之前联邦调查局的推断不谋而合!难道这个人真的是麦克维的同事?

不管怎么样,联邦调查局还是看到了一点希望。他们打开电脑库一查,联邦调查局的所有探员都吃了一惊:原来麦克维已经被警方抓获了,正关在佩里县的拘留所里,而且,再过不了多长时间,他就要被释放了。

到手的鸭子岂能让他飞了?于是,一纸传真发到了佩里拘留所:我们要找的那个麦克维就在你们手上,你们一定要留住他!

就这样,麦克维被捕了。

麦克维是如何落到当地警方手里的呢?他又怎么会被关在拘留所里的?这还得从两天前说起。

那天,俄城大爆炸发生后 90 分钟,麦克维正驾驶着自己的汽车行驶在俄城北部 135 公路上。一路上他非常高兴,就差没有高歌一曲了。就在这时,一队巡警将他拦住了,原来是一群州警察。看到警察,麦克维倒是非常地镇静。他停下车来,很有礼貌地问警察为什么截住他。警察对他说:“你的车没有牌照,这属于违章驾驶。”

当时麦克维还想辩解什么,但是一位巡警透过车窗看到了他衣袋里似乎装着什么东西,感觉到非常可疑。于是,他趁麦克维不注意将手伸进他的衣袋里,当场就从他的口袋里出一支半自动手枪,而且子弹已经上膛。

麦克维显然没有意料到警察会突然发难,但是他还是装作镇静地问警察:“这个地方是不是发生了什么事情啊?”

警察说:“刚才联邦大楼爆炸了,你不知道吗?”

麦克维故作惊讶:“什么时候的事儿?我的天啊!这是真的吗?”然后又“安慰”这个警察:“不要怕。”

其实,要说联邦大楼的爆炸案,恐怕没有人比他更清楚的了,他这样只不过是想蒙混过关。但是他的如意算盘也打错了,因为在美国,无牌驾驶和无证持有枪支都是违反法律的事情，警察就用这个理由便可以将他抓住关上几天。警察没理由对这个小伙子法外开恩，于是，麦克维就被带回警署，拘留两天，还要交 500 美元的保释金。

麦克维当时虽然身犯重罪，但是他对警察的这个处罚也是毫无异议。因为他觉得在监狱里待两天、避避风头也是个不错的选择。他心里对自己说："最危险的地方就是最安全的地方。"所以他没想过要逃跑，老老实实、开开心心地度过了自己两天的监狱生涯。在拘留所的警察看来，麦克维是个异常规矩的老实人。他整天见着警察就会毕恭毕敬地说"是，长官"或"不，长官"。身子挺得笔直，像一个军人。其实预警还是很有眼光的，这个麦克维确实当过军人。

1989—1992 年，麦克维在陆军服役，而且曾经参加过海湾战争，他是一名机械兵。这个人从小就显得十分孤僻，这种个性在军队也没能改掉，他的战友也认为他是个孤独者。

从军队退役后，麦克维的思想进一步右倾，加入了抗税反政府的极右团体——密执安民兵组织。美国社会中的民兵组织由来已久，最早产生于独立战争时期。早起的民兵组织充当着"政府军的后援"，为国家的独立而战斗。

独立战争结束之后，这些拥有武器和作战能力的民兵组织依旧存在美国社会之中，而且由于没有合理的管理机制，他们逐渐转入地下。在社会的发展中不断壮大之后的民兵组织到最后已经不再是对社会有积极意义的团体了。他们开始仇视政府，认为代表犹太人利益的实力操控了美国政府，所以将政府作为最大的敌人，千方百计地与政府作对。这些组织也是美国政府的一块心病。而麦克维就是这个组织的忠诚成员之一。

麦克维的下场

联邦调查局从佩里拘留所带走了民兵组织的成员之一——麦克维。并从他的身上搜到一些可疑的证件，这些证件又将矛头指向了特里·尼克尔斯，这个人很可能也是爆炸案的凶手之一。

联邦调查局派出探员包围了尼克尔斯的家，并且将他抓获了。与麦克维一样，尼克尔斯也是密执安民兵组织的一员。这样，联邦调查局的“一号”和“二号”嫌疑犯都已经被捉拿归案了。但是，通过继续调查 FBI 发现，除了尼克尔斯和麦克维之外，可能还有其他案犯，这就是后来被称为“三号”的嫌疑人。

当时，密歇根州的一位地产商人提供消息说，一年前，麦克维和尼克尔斯还有另外一个人曾经和他见过一面。当时，麦克维守在门外的汽车里，尼克尔斯和一个名叫罗伯特·杰奎斯的人走到他的门店里，与他交谈。

地产商人说这个尼克尔斯不怎么说话，而那个“三号”却简直是一个“话篓子”，更像是一个头儿。于是，根据这位地产商的描述，FBI 又绘出了这个“三号”的画像，在全国进行通缉。三号是一个身体强壮的年轻人，短发、方脸，从外形上看可能有印第安血统，也可能是夏威夷人。存在“三号”的可能性也得到其他几条线索的证明。俄城的一位居民说，他亲眼看到麦克维和另一个人（不是特里）到这里租车，这辆车就是爆炸前麦克维所开那辆车。有一位居民还回忆，爆炸前不久，有三个人来到了她开的咖啡店，点了咖啡。这三个人就是麦克维和特里，还有那个不知名的“三号”。联邦调查局给这个居民看了“三号”的画像。结果她非常肯定地说：“就是这个人。”

“三号”在哪里？麦克维和尼尔科斯始终没有透露。从他们的口供中，FBI 无法找到“三号”的任何线索。通缉令发出一年多，“三号”还是没有任何踪影。也许，这个“三号”就像美国历史上的许多疑犯一样，永远地消失了。《洛杉矶时报》曾统计过，从 1995 年至俄城大爆炸，美国共发生过 13 起重大的爆炸事件，其中 7 起有凶犯漏网。

1997 年 3 月底，通过两年时间的筹划，麦克维和尼尔科斯终于在丹佛受审。这是一场艰难的判决，这一点这从审判地点就看得出来。

审　判

麦克维在俄城犯下了滔天罪行，一般来讲，他也理应在俄城受审。

不过，麦克维的辩护律师却认为：俄城大爆炸死亡的人数太多，这里居民的情绪过于激动，因此，麦克维在俄城不会受到公正的审判，坚持要让他到千里之外的丹佛受审。

辩护律师说的也有些道理，因为如果在俄城受审，那里的人民一定群情激奋的。但是，像麦克维犯下了如此的滔天罪行，在哪里都难逃脱法律的制裁。

最终联邦最高法院还是批准了辩护律师的请求，同意他在丹佛受审。麦克维被防弹汽车送到了守备森严的丹佛市联邦法院。

为了防止麦克维所在的极右民兵组织从中作梗，联邦调查局还把联邦法院大楼用混凝土障碍物隔开，在受审的当年，法院周围禁止任何车辆通行，连垃圾箱也被搬走了。

挑选陪审员也是摆在法院面前的一个难题。麦克维的辩护律师这时候又站了出来，他要求陪审员必须对此案知之甚少，更不能有受害者的亲属在内。因为只有这样，才能保证“司法公平”。但是检方的意见正好相反。他们认为：挑选陪审员时，最好是找一些离俄城比较近的居民，或者有亲朋在联邦政府机构中任职，他们本人也最好是富有爱心的教师、护士。只有这样才能做到“知情、公正”。

双方围绕让谁当陪审员这个问题争论不休。最后终于决定，从 1000 名科罗拉多市民中挑选出64名陪审员候选人，他们将接受问卷调查，然后经过反复面试和盘问，从中确定12名正式的陪审员和6名候补陪审员。12名陪审员，绝大多数是白人，其中包括5位女性。他们的来自各个行业，有画家、护士，也有教师。他们中，年龄最小的20岁，而最大的已是70岁的老人了。

麦克维和尼克尔斯这个时候已经被收押在了丹佛联邦法院的地下室中。这个地下室里有一个临时监狱。虽然他罪大恶极，但还是得到了有卫生间、有专门厨师的优厚待遇。

3月1日，审判正式开始。联邦大法官理查德·梅茨首先将整个案情介绍给了陪审团，并且要求他们严格按照证据定罪，万万不可带有偏见和恻隐之心，不要妨碍司法公正。检察官莱里·麦基在其起诉书中说"麦克维是个右翼极端分子，他之所以一手制造俄城爆炸，是因为他仇视联邦政府，并想为两年前覆灭的大卫教派复仇。"检察官接着说，"已经有确凿证据表明麦克维确实就是制造大爆炸的凶手。"并且将联邦调查局的调查结果报告给了陪审团。

虽然证据确凿，但是麦克维还是一口咬定自己并没有实施犯罪。虽然连续几个月的囚徒生涯已经让他疲惫不堪了，但是他还竭力装出一副"处变不惊"的样子，以显示自己有足够的信心证明自己能打赢这场官司。

麦克维的辩护律师史蒂文和罗伯特则是费尽心机为麦克维开脱罪责。他们称：麦克维是无辜的，那个凶手早就在大爆炸中被炸死了。他们之所以这么说，是因为在清理现场时警方发现一条无人认领的大腿。辩护律师认为那就是凶手留下的，否则，怎么会没有人出来认领这条大腿呢？

面对他们的雄辩，法官又拿出麦克维留在炸药化学品单据上的指纹作为证据。在铁一般的事实面前，辩护律师又异想天开地说："那是警方实验室为了置麦克维于死地编造出来的。"

虽然辩护律师费尽心机，但是审判结果还是很快就出来了。当天9点30分，面带倦容的陪审员走进了法庭，他们的眼睛始终注视着手上的判决结果。接近着，梅茨大法官不带任何表情地念起了陪审团的判决结果：控方指控麦克维阴谋推翻政府、利用烈性炸药进行大规模破坏等11项罪名全部成立。

麦克维的命运在这一刻已经盖棺定论，法庭上久久无人出声。过了一会儿，麦克维说了一句："这很好。"然后就被带出了法庭。而坐在旁听席上的受害者家属也没有显得十分激动。宣判麦克维有罪又怎样？他们的亲人还是永远地离开了他们，留在他们心头的创伤将永远无法平复，痛苦将伴随他们一生。旁听席上传来了压抑的啜泣声。

麦克维被判处死刑，这是美国自1988年某些州政府恢复死刑以来第14例死刑判决。

9·11，FBI永远的痛

2001年9月11日，美国发生一系列震惊世界的恐怖袭击事件，纽约的世界贸易中心和位于华盛顿的美国国防部所在地五角大楼等重要建筑均遭到飞机的撞击。

当时共有4架飞机被劫持，其中有两架飞机分别撞击到了世贸大厦和五角大楼（五角大楼，又称五角大厦，位于美国华盛顿特区西南方的弗吉尼亚州阿灵顿县，是美国国防部办公地，美国最高军事指挥机关所在地）。另有两架飞机坠毁。

在这次恐怖袭击中，一共有453人死亡，另有5422人下落不明。

单单在纽约世贸中心一栋大楼之内，就有5422人失踪，201人被证实死亡，被劫持的美国航空公司第11次航班上当时有92人，无一人生还。在五角大楼，一共有188人死亡。

除了造成重大的人员伤害和财产损失之外，这次事件对全球的经济也造成了不小的影响。据美国相关部门统计，因为这次袭击全球共损失1万亿美元左右，美国仅资本市场方面的损失就将超过1000亿美元。所有这些损失，均将由于全球经济的运行，而或多或少地传导至全世界的每一个角落。

FBI 特工的说法

“9·11”事件如此严重，让人们不禁想问：“难道在袭击发生之前就没有一点点征兆吗？那些整日里说能够保护美国人安全的情报部门为什么没有及时地做出反应呢？”

面对这些问题，连美国总统都亲自出来打圆场，说：“情报部门不可能把每一次威胁都化解，这世上本就没有百分之百的事情。”

总统的话说得冠冕堂皇，但是，事实真的如他所说的吗?那倒未必。

90 世纪的时候，中东的恐怖袭击日益频繁。联邦调查局对此有所察觉，当时高层派遣怀特和文森特在芝加哥地区跟踪一个有恐怖主义嫌疑的团伙，如果这个调查继续下去的话，很可能就会阻止后来的“9·11”事件，因为这个团伙和本·拉登有密切的联系。怀特和文森特注意到，沙特阿拉伯商人亚辛·卡迪曾经为这个团伙提供过资金。卡迪在芝加哥有着广泛的商业和金融联系。而且他还很有可能先后向“基地”组织提供了数百万美元的资金。

但当怀特向上级提出要对这一团伙的金钱来源展开进一步调查时，联邦调查局的官员们却说：“你不可以进行调查，我禁止你那么做，别没事找事。”就这样，一次可能改变历史的调查不得已半途夭折。

在“9·11”事件发生之前的 1998 年，美国驻肯尼亚和坦桑尼亚大使馆就被基地组织的人袭击过一次，当时发生了剧烈的爆炸，但是却没有引起联邦调查局足够的重视。

怀特和文森特之后说：“当我们在电视上看到‘9·11’恐怖袭击发生时，心里忍不住大声喊，如果当初联邦调查局和司法部门没有阻止我们的调查工作，这一切都是可以避免的。”

“9·11”事件发生之前的 2000 年 4 月，有一个英国籍巴基斯坦人尼亚兹·汗来到了联邦调查局在新泽西州内瓦克的办公室，他很明确地告诉联邦调查局，基地组织对他进行了培训，他们的任务就是在美国领空劫持民用飞机或者是劫持一架美国民航客机。

但当时联邦调查局的工作人员却认为这个人在“吹牛“，将他冷嘲热讽的一番之后赶走了。最后证明，尼亚兹·汗所说的话完全属实。联邦调查局就这样失去了一个阻止事件发生的最好机会。在接受 NBC 采访时，还不无遗憾地说：“我可是在‘9·11’发生前一年多就告诉他们了啊！”

更让人不解的是，在“9·11”事件发生之前，联邦调查局一直掌握着 19 名劫机犯中的两个人的行踪，但是最后却被这两个人成功地逃脱了。这两个人最后利用假护照进入美国的时候，联邦调查局居然毫不知情。

早在 2001 年夏季，一名在凤凰城的联邦调查局特工向上级发了一份备忘录，这封备忘录上清清楚楚地写着：本·拉登可能在美国境内培养劫机犯。但是这份重要的文件最后居然莫名其妙地失踪了。

总而言之，联邦调查局曾经有数次机会阻止袭击的发生，但是他们却一一错过了。这对于一个享誉全球的情报组织而言简直就是不可原谅的低级失误。所以他们遭到了国内民众的批评。

联邦调查局的辩解

“9·11”事件使神通广大的联邦调查局大为丢脸。一段时间以来，联邦调查局在国内频频受到攻击，布什总统不得不承认，美国情报机构必须进行改革，美国需要最优秀的情报机构，因为美国的敌人现在藏在暗处，随时可能对美国实施恐怖袭击。

联邦调查局一直以来都给自己冠以“恐怖主义克星”的称号，这一称号在平常给他们带来了众多的荣誉和支持。可是把自己抬得太高也有一个副作用，那就是承担的责任也会相应地增大。

这一次，由于联邦调查局在“9·11”事件中完全没有做出任何有效的预防工作，这重大的失误让他们被大多数人所诟病。联邦调查局前特工罗伯特·怀特和约翰·文森特在接受美国广播公司的独家采访时说，他们曾迫于上级的压力，不得不停止调查那位与“基地”组织和“9·11”恐怖袭击事件都有密切关系的疑犯。怀特说，毫无疑问，“9·11”事件绝对是由联邦调查局的无能直接导致的后果。

联邦调查局局长罗伯特·穆勒在国会上发表演讲时说，联邦调查局与“基地”组织已经战斗多年，由于和中情局的通力合作，粉碎过10起左右预料中的恐怖袭击。

而解释关于“9·11”恐怖事件的时候，由于没有正当的理由，他只能辩解说：“原先我们预料在7月份或者8月份发生，但是恐怖分子推迟行动了……总之，情报机构永远不会对恐怖事件做出百分之百的预测。”这种无聊的辩解当然不会有任何作用，所有人都认为联邦调查局“办事不力”。

与“老对手”的合作

在“9·11”事件中，除了联邦调查局广受批评之外，当时美国的另一个情报部门——国家安全局也遭到了指责。就连布什总统在马里兰州米德堡视察专门收集国外情报的国家安全局时说，联邦调查局与中央情报局在“9·11”事件之前没有很好地交流与共享情报。

事实上，让这两家情报机构“共享情报”在“9·11”事件之前几乎是不可能的事情。因为他们虽然是同行，但却也是冤家对头。

美国国家安全局（National Security Agency，英文缩写NSA），是美国政府机构中最大的情报部门，专门负责收集和分析外国通讯资料，隶属于美国国防部，是根据美国总统的命令成立的部门。

当年艾森豪威尔为了限制权力日益膨胀的联邦调查局，所以才组建了国家安全局。所以这两个机构从一开始就是以“竞争对手”的姿态出现的。

但是在“9·11”事件之后，两家情报机构同时被推上了“风口浪尖”，这时他们才明白，只有合作才能避免同类事情的发生。而且绝不能再发生在“9·11”事件之前已经部分掌握了恐怖分子可能袭击美国的情报，但都没有引起重视，或者没有及时相互沟通的错误。

要想避免悲剧再次发生，情报界终于意识到了情报分享的重要性。

为了加强和其他情报部门的协作能力，司法部长艾许克洛夫与FBI局长穆勒决定对联邦调查局进行改组。

首先，联邦调查局高层对自己的目标和任务重新定义，把反恐怖活动放到了一个非常重要的位置上。而且对人员进行了调整，专门设立了和其他情报机构联系的部门，以加强情报分析技能，集中更多力量防范恐怖活动，提高预防和打击恐怖活动的能力。他们还在FBI内部成立一个情报办公室，由CIA直接派人员管理；同时要求CIA抽调一个专家组来协助调查局进行情报的收集和分析工作。

因为恐怖分子越来越“智能”，常常会用一些高科技手段实施恐怖袭击。联邦调查局为了适应新形势的需要，更新了内部的电脑系统，还专门成立一个反网络犯罪部门。

总而言之，“9·11”事件将联邦调查局带入了一个新的领域之内。

在联邦调查局百年的发展史中，他们总是在不断针对新情况做出新的调整，未来他们会走向何方？让我们拭目以待吧！